公認心理師
スタンダード
テキストシリーズ
19

［監修］
下山晴彦・佐藤隆夫・本郷一夫
［編著］
原田隆之

司法・犯罪心理学

ミネルヴァ書房

　多様化する社会のなかで，「心」をめぐるさまざまな問題が注目されている今日において，心の健康は誰にとっても重要なテーマです。心理職の国家資格である公認心理師は，まさにこの国民の心の健康の保持増進に寄与するための専門職です。公認心理師になるためには，心理学に関する専門知識および技術をもっていることが前提となります。

　本シリーズは，公認心理師に関心をもち，これから心理学を学び，心理学の視点をもって実践の場で活躍することを目指すみなさんのために企画されたものです。「見やすく・わかりやすく・使いやすく」「現場に出てからも役立つ」をコンセプトに全23巻からなる新シリーズです。いずれの巻も広範な心理学のエッセンスを押さえ，またその面白さが味わえるテキストとなっています。具体的には，次のような特徴があります。

① 心理学初学者を対象にした，学ぶ意欲を高め，しっかり学べるように豊富な図表と側注（「語句説明」など）で，要点をつかみやすく，見やすいレイアウトになっている。
② 授業後の個別学習に役立つように，書き込めて自分のノートとしても活用でき，自分で考えることができるための工夫がされている。
③ 「公認心理師」を目指す人を読者対象とするため，基礎理論の修得とともに「臨床的視点」を大切にした目次構成となっている。
④ 公認心理師試験の準備に役立つだけでなく，資格をとって実践の場で活躍するまで活用できる専門的内容も盛り込まれている。

　このように本シリーズは，心理学の基盤となる知識と臨床的視点をわかりやすく，学びやすく盛り込んだ総合的テキストとなっています。心の健康に関心をもち，心理学を学びたいと思っているみなさん，そして公認心理師を目指すみなさんに広くご利用いただけることを祈っております。

下山晴彦・佐藤隆夫・本郷一夫

は じ め に
──新しい犯罪心理学へのいざない──

犯罪心理学を学ぶ意味

　犯罪心理学は，心理学のなかでも応用心理学の分野に位置づけられます。それは，心理学の知識を活用し，非行・犯罪の予防や捜査，非行少年や犯罪者のアセスメント，改善更生や社会復帰のための支援，さらには被害者支援や家事事件への支援などを行う分野であるからです。

　犯罪心理学を学ぶ人々には，さまざまな動機があると思います。本書は「公認心理師スタンダードテキスト」シリーズの1冊として刊行されたものですから，公認心理師の資格を取得するためのテキストとして，あるいは公認心理師となった人がさらに学びを深めるために犯罪心理学を学ぶという動機が第一でしょう。また，臨床心理士，臨床発達心理士などほかの資格を取得するために学ぶということもあるでしょう。

　第二に，将来，司法・犯罪領域での仕事を志望する人々が，学問的関心から，さらには公務員試験などの準備のために学ぶということも少なくないと思います。司法・犯罪領域は，数ある心理専門職の仕事のなかでも，その専門性や公務員としての安定性などから人気が高い分野となっています。

　第三に，資格や仕事とは関係なく，犯罪や犯罪心理というものへの知的関心から犯罪心理学を学ぶという人もいるでしょう。

　おそらくは，これらの動機のそれぞれは独立したものではなく，それぞれ重なり合って学習者の動機を形作っていると思われます。

　逆に，本当は犯罪心理学にはあまり興味がないけれども，公認心理師資格取得のために仕方なく学ぶという人もいるかもしれません。しかし，どの分野で仕事をしようとも，公認心理師はその仕事のなかで，必ず非行・犯罪を始めとする行動上の問題や不適応を抱えたクライエントと出会うはずです。そのとき，心理専門職として，最低限の知識が必要なことはいうまでもありません。また，自分では抱えきれず，この分野の専門職にリファーする際にも，それなりの知識が必要となります。

　さらに，犯罪心理学を学ぶことは，どの分野の心理専門職にとっても，人間の心理や行動を理解するうえで，重要な知見を提供してくれることは間違いありません。なぜなら，人間は白く明るい部分だけで成り立っているのではなく，程度の差こそあれ，誰でも黒くて暗い部分も抱えているからです。その両面を知ることによって，初めて人間心

理を深く理解できるようになるのです。犯罪心理学に苦手意識があり，避けて通りたいと思っていても，心理の専門家になるためには，その理解を避けて通ることはできません。したがって，興味のある人はもちろん，今はそれほど興味はなくても，人間の心理や人間社会を一層深く理解するために，犯罪心理学を学んでいただきたいと思います。

犯罪心理学の領域

　本書は，公認心理師のテキストとして十分に活用していただくため，公認心理師カリキュラムを網羅し，さらに公認心理師試験のブループリントにも準拠しています。また，公認心理師の生涯学習のテキストとしても活用していただくため，より実務に踏み込んだ内容にも触れ，さまざまな学びのニーズに応えることができるようになっています。

　犯罪心理学の領域は，冒頭にも述べたように多岐にわたります。公認心理師カリキュラムには，司法・犯罪分野で公認心理師が活動する機関として，警察，家庭裁判所，少年鑑別所，少年院，刑務所，保護観察所，医療観察法指定医療機関，児童相談所，児童自立支援施設，そして市町村や民間団体などがあげられています。これらは，いずれも犯罪心理学の専門家が活躍する機関であるものの，それぞれに対象や活動が大きく異なっています。本書では，各機関や領域の第一線で活躍する専門家がそれぞれの章を担当し，研究と実務の両面から最新の知識を提供していただきました。

犯罪心理学の発展

　この前書きのタイトルを「新しい犯罪心理学へのいざない」としたことには，大きな理由と希望が込められています。

　まず，今犯罪心理学は大きな変貌を遂げつつあり，もはや過去の犯罪心理学とは似ても似つかないものへと進化を遂げているからです。私が学生であったときに犯罪心理学の教科書に載っていたようなことは，ほとんど本書には載っていないといっても大げさではありません。それは，科学的根拠に基づく実践，すなわちエビデンス・ベイスト・プラクティス（Evidence-Based Practice：EBP）の広がりによるところが大きいといえます。

　かつては，専門家の直観，ひらめき，印象などに依拠し，ともすれば思弁的な理論に基づいた実践が，司法・犯罪臨床のみならず，心理臨床のあらゆる場面でのスタンダードでした。しかし，「真に効果があるものは何か」という問いのもとに，質の高い研究によって導き出されたエビデンスに依拠した知のアップデートがさかんになされているのです。

　犯罪心理学は，ほかの心理学分野と比べてもより一層社会的な注目を集め，社会的な責任が大きく問われる分野だといえます。非行や犯罪は，被害者と加害者はもとより，社会全体の問題だからです。裁判員裁判の導入によって，市民が直接，犯罪と対峙する

機会も増えています。

　これはつまり，ほかの分野以上に，公認心理師を始めとする心理専門職の職責に社会的な視線が向けられるということになります。たとえば，刑務所で犯罪者の改善更生のための指導に当たるのは心理専門職です。そのとき，さまざまなプログラムを活用して指導をすることになりますが，それがエビデンスを欠いたものであってよいはずがありません。指導を受けた受刑者が出所したあと，再犯に至ってしまえば，社会の期待に応えることができないばかりか，新たな被害者を生むことになってしまうからです。

　このような社会的期待と責任に応えるために，犯罪心理学は，いち早く EBP を取り入れ，発展してきました。それによって，国民一人ひとりの幸福と安全のみならず，社会全体の幸福と安全のために寄与することができるのです。

　再び公認心理師カリキュラムに目をやると，プロファイリング，心理学鑑定，精神鑑定，矯正・更生（リハビリテーション）とプログラム，認知行動療法などの技法が列挙されています。これらはいずれも，新しい犯罪心理学の実践のために，日々新しいエビデンスを取り入れて発展しているのです。さらには今後，神経犯罪学などの発展により，これまではともすればタブー視されていた犯罪の生物学的要因にも注目が集まっています。

　日本は世界でも有数の治安の良さを誇る安全な国です。しかも，犯罪はここ何年もの間減少の一途をたどっています。とはいえ，犯罪をゼロにすることはできず，残念ながら毎日どこかで犯罪が起こり，被害者が生まれています。

　最近のわが国の犯罪の特徴として，再犯者率の高さということが繰り返し指摘されています。これはしばしば混同されますが，再犯率とは違います。再犯率というのは，ある犯罪を行った者が，再度犯罪を行う割合をいいます。たとえば，覚醒剤使用で逮捕された人々をフォローアップして，その何％が 1 年後，5 年後などに再び覚醒剤で逮捕されるかという指標です。

　一方，再犯者率というのは，ある年に逮捕された者のなかで，再犯者（つまり過去に逮捕されたことのある者）が占める割合のことをいいます。このように，この両者はまったく違う概念であるにもかかわらず，新聞を始め多くのメディアがいまだに混同しています。

　日本で問題になっているのは，再犯者率のほうで，再犯者率は毎年のように増加しているのです。しかし，これは犯罪が減少していることと無関係ではありません。つまり，全体的に犯罪が減っているのは，機会的な犯罪者や初犯者などが減少しているためです。これは社会の成熟や福祉制度の充実などと関連していると考えられます。しかし，その一方でそのパーソナリティなどに大きな逸脱や問題があり，繰り返し犯罪行為に赴く「コア」な犯罪者がいます。これはどの時代にも，どの国にも一定程度いると考えられています。機会的犯罪者が減っても，こうした「コア」な犯罪者はなかなか減りません。

そのために，毎年再犯者率が高くなっているのです。

　すると，日本の犯罪心理学に問われている重要な問いは，こうした「コア」な犯罪者への対策だといえるでしょう。犯罪は社会を映す鏡だといわれます。社会の変化とともに犯罪は変わり，犯罪心理学に問われる問いも変わります。こうした時代や社会の変化に伴って現れる課題や期待，それらに応えるべく，犯罪心理学は大きな進歩を続けているのです。

　　2023 年 6 月

編著者　原田隆之

❪ 本書の使い方 ❫

❶ まず，**各章の冒頭にある導入文（この章で学ぶこと）**を読み，章の概要を理解しましょう。

❷ 本文横には書き込みやすいよう罫線が引いてあります。気になったことなどを自分なりに書き込んでみましょう。また，下記の項目についてもチェックしてみましょう。

　・**語句説明**……重要語句に関する説明が記載されています。

　・**プラスα**……本文で解説している内容に加えて，発展的な学習に必要な項目が解説されています。

　・**参照**……本文の内容と関連するほかの章が示されています。

❸ 本文を読み終わったら章末の「**考えてみよう**」を確認しましょう。

　・**考えてみよう**……この章に関連して調べたり，考えたりするためのテーマが提示されています。

❹ 最後に「**本章のキーワードのまとめ**」を確認しましょう。ここで紹介されているキーワードはいずれも本文で取りあげられているものです。本文を振り返りながら復習してみましょう。

公認心理師
スタンダードテキストシリーズ

司法・犯罪心理学

臨床の視点

　司法・犯罪臨床に専門的に携わる公認心理師は，数としては必ずしも多くはないかもしれません。しかし，どのような場面で臨床を行うにしても，臨床場面では犯罪や非行をはじめとする社会的逸脱行動に及ぶクライエントには必ず出会うはずです。最終的には専門家にリファーすることになるかもしれませんが，それまでの間，あるいはその後の連携において，公認心理師にはやはり，司法・犯罪心理学の知識や技能が必要とされます。また，そうしたクライエントを「異質」な人々として異端視したり，いたずらに危険視したりしては，本来の臨床がおろそかになる可能性もあります。相手が犯罪者や非行少年であったとしても，基本的な臨床の視点は他の分野でのそれと同様であり，相手を一人の人間として尊重し，相互信頼に基づく治療関係を結ぶことが必須です。そして，社会復帰や改善更生に向けた支援を通して，公認心理師は，われわれの社会の安全に貢献することができるのです。

第1章

犯罪心理学の誕生と社会学的犯罪論

かつて犯罪は悪魔・悪霊の仕業とみなされ，犯罪者に対しては過酷な処置が行われた時代もありました。現代でも「犯罪者は治らない」など誤った言説が流布することがあります。犯罪を予防し，犯罪者の立ち直りを支援するには犯罪現象の正しい理解が必要です。犯罪の科学的研究は100年ほど前から本格化しましたが，本章では犯罪原因に関する主要な研究を犯罪心理学と犯罪社会学の古典的理論を中心に解説します。

●関連する章▶▶▶第3章，第8〜11章

1 犯罪行動研究の基本的枠組み

　犯罪心理学は，犯罪行動とそれを行う人を研究する学問分野です。この分野では，犯罪・非行の原因探求，その予防と抑制，犯罪捜査と犯罪者の更生などについて，心理学の見地から研究と理論が展開されてきました。その中で生まれた**犯罪・非行の理論**の中で，本章では**犯罪原因論**に関わるものを主として取り上げます。そこにはさまざまのアプローチがありますが，図1-1はそれらを理解するための基本的枠組みです。

図1-1　犯罪理解の枠組み

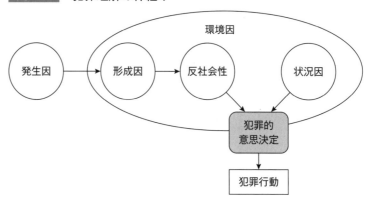

　違法であることを知らずに行われる犯罪行為もありますが，ほとんどは行為者の犯罪的意思決定に基づいて行われます。意思決定において考慮される要因の一つはその場の状況因です。高級時計が無造作に置いてあるなどの促進因，警備員がいるといった抑制因などが行為者の意思決定に影響を与えます。しか

し，同じ状況下でも違法行為を実行する人としない人がおり，それは個人の反社会性*（antisocial propensity）の強度の違いによります。強い反社会性は不遇な生育環境や社会生活のストレスなどによって形成されますが，その形成因の背後にはさらに遺伝などの発生因があると仮定されます。

　反社会性の形成と犯行状況の両方に影響を与えているのが環境因です。たとえば，反社会的文化の強い環境下で育った子どもは反社会性を強める傾向がありますし，監視の緩い荒れた地域環境は犯罪を誘発する状況因とされています。ただし，移住者の例のように，発達期の環境と犯行時の環境が全く異なることもあります。

　犯罪学のなかで犯罪心理学は主として個体要因に焦点を当て，反社会性の構成要素（能力やパーソナリティの特性と構造）とその形成因・発生因の分析に力を注いできました。一方，犯罪社会学では，反社会性の形成に関わる生育環境や犯罪行為を促進・抑制する状況などの社会的環境要因のはたらきを解明することに主眼が置かれてきました。

　なお，図1-1の理論的枠組みは犯罪行動だけでなく人間の行動一般の理解に適用可能です。たとえば，反社会性を利他性に置き換えれば援助行動の発生機序を分析する枠組みとなります。

2 ｜ 初期の犯罪心理学研究

　本節では，反社会性の構成要素とその形成過程の分析を進めてきた犯罪心理学の理論と研究について，初期のものを中心に解説します。

1 生物学的要因論

　反社会性の形成因に関する最も初期の研究はロンブローゾ*（Lombroso, C.）によるものです。19世紀後半，彼は多くの兵士の観察から素行不良の者の身体的特徴を見出し（頭の形が左右非対称，あごや耳が異常に大きいなど），それは彼らの原始性を示すものであるとして，犯罪者は進化の一段階低い人種であろうと考えました。彼はその著書『犯罪人論』（1876）において，現代人のなかに，稀にだが，進化の前段階の形質を有する退化したタイプの人間が先祖返り的に生まれることがあり（隔世遺伝），こうした人たちは現代社会には適応困難で，犯罪者になりやすいと論じました。

　生まれながらにして犯罪者となるべく運命づけられた人たちがいるという彼の**生来性犯罪者説**は多くの批判を浴びました。類似の調査をより大規模に実施したイギリスのゴーリング（Goring, C.）は，犯罪者に特有の身体的特徴は見

語句説明

反社会性
犯罪的意思決定を促す個人要因の総称であり，反社会性という単一の特性があるわけではない。

語句説明

ロンブローゾ，C.
19世紀末のイタリアの精神医学者。兵士の間で素行不良の者とそうでない者の容貌や骨格を比較し，また受刑者の遺体解剖などから生来性犯罪者説を唱えた。犯罪心理学の父とも呼ばれる。

出されなかったとして，この説を否定しました。ロンブローゾもそうした批判を受け入れてしだいに自説を後退させ，当初は生来性タイプは犯罪者の90％と主張していたものを，最終的にはごく一部にすぎないと認めるに至りました。

　しかしながら，反社会性関連の個人要因のなかには，遺伝的影響を受けやすいと思われるものがあります。犯罪歴をもつ男性の子どもの半数近くに犯罪がみられたといったデータもありますが，ここには生育環境の影響が混在しています。後者を取り除くため，里子に出された子どもの養親と実親の犯罪歴を調べたボーマン（Bohman, M., 1996）は，両者がともに犯罪歴をもつ場合にのみ子どもの犯罪が顕著に増加したことを見出し，遺伝要因と環境要因の組み合わせが重要であると主張しました。

　双生児研究[*]も反社会性に遺伝的発生因が含まれていることを示唆してきました。ランゲ（Lange, J., 1929）による古典的研究では，一卵性双生児が2人とも犯罪を起こす犯罪一致率は77％と二卵性双生児の12％よりも顕著に高いものでした。しかし，外見的類似性から周囲が一卵性双生児を同じように扱うためという環境要因も無視できません。近年は，遺伝子検査を含む縦断的研究あるいは双生児データを共分散構造分析など高度な統計手法によって解析する行動遺伝学など，遺伝の影響をより精緻に推定する試みが行われています。それらの結果は，犯罪遺伝子なるものは否定しながらも，不良な生育環境に置かれると反社会性を形成する遺伝的脆弱性をもつ人たちがいるが，良好な生育環境はそのはたらきを抑制するなど，遺伝と環境の相互作用を示唆するものです。

2　精神分析論

　精神分析学の創始者フロイト（Freud, S.）は，人間の多様な欲望の根源には生の本能（エロス）と**死の本能**（タナトス）があると考えました。前者は生命体の成長を促す発展的衝動であるのに対して，後者は自己破壊衝動で，生命体を無の状態に回帰させようとするものです。フロイトは，生の本能と死の本能の妥協によって破壊衝動は外部に向けられ，他者に対する攻撃性になると論じました。精神分析論のように，欲望とその制御を軸に個人の心理過程の分析と行動解釈を試みる立場は精神力動論と呼ばれます。

　フロイト自身は犯罪心理を詳しくは論じませんでしたが，アメリカにおいて精神分析学をポピュラーにした精神医学者のメニンジャー（Menninger, K. A.）は，フロイトの死の本能説を犯罪理解にも応用しました。その著書『おのれに背くもの』（1938）のなかでメニンジャーは，重篤な犯罪者は自罰衝動によって突き動かされているとし，次のような解釈を述べました。彼らの多くは不遇な子ども時代を送り，現実の親に対する敵意と理想の親への憧れをもっています。不当な扱いをする社会に対して彼らは犯罪を通じて復讐しようとしますが，実はそれは自己破壊に至る道です。彼らは犯罪が破滅に到ることを薄々感じな

語句説明
双生児研究
一卵性双生児は遺伝子がすべて同一だが二卵性双生児はそうではないことから，両者の比較によって，ある性質に対する遺伝の影響力を推定することができる。

プラスα
遺伝と環境の相互作用
遺伝か環境か，どちらかの要因だけではなく，両者の組み合わせによってある形質の表れが規定されることを指す。相互作用には，いくつかの異なるパターンが見出されている。

がら，引き返すことができません。自己破滅感に陶酔しつつ，同時に，発覚して処罰されることを密かに願い，彼らは自暴自棄的な行為を止めることができないとメニンジャーは論じました。

　メニンジャーはこの著書のなかで，犯罪以外にも，自殺，事故，過剰な禁欲，慢性病，アルコール乱用などさまざまの自己破壊行為を取り上げ，それらが死の本能の現れであるとの観点から分析しました。健康な人の場合は生の本能が死の本能を抑制していますが，何らかの理由で死の本能が優位になると，こうした行動が現れると彼は主張しました。

　実証研究に基づく非行の精神分析論として，アメリカの児童精神医学者ヒーリー（Healy, W.）の情動障害論をあげることができます。彼は少年審判所や児童ガイダンス・クリニック*に係属された非行のある青少年を一般青少年と比較し，非行者は行動面では不安定な活動性や衝動性，攻撃的，反抗的，強い支配欲などの特徴を，心情面では「自分は家族から愛されていない」「拒絶されている」「自己の存在が認められていない」といった不満感，同胞への劣等感や嫉妬などをもつことを見出しました（Healy & Bronner, 1936）。ヒーリーが**情動障害**と呼ぶこれらの症状は，恵まれない生育環境に由来する未解決の感情的もつれが原因と考えられています。非行者はまた，親との間で愛着（アタッチメント）を形成できなかったことから，超自我*発達の遅れもありました。

　ヒーリーは情動障害をもつ青少年がその不満をぶつけ，満たされない欲望を代償的に満足させるため，暴力や違反行動に駆り立てられると解釈しました。彼は，子どもがもつ生来の資質よりも，不適切な生育環境が情動障害の主たる原因であるとして，非行者を更生させるには，本人に対する施設内での心理療法や矯正指導に加えて，環境改善が必要と考えていました。そこで彼は，親に働きかけて行動変容を促す一方，里親による青少年の受け入れなども積極的に試みました。ヒーリーはアメリカにおいて非行者のための更生施設の改善に努力し，今日広く行われている非行臨床や矯正教育の基礎を築きました。

3　パーソナリティ特性論

　犯罪の個体要因に関する心理学理論の一つはアイゼンク（Eysenck, H. J., 1977）のものです。彼は，人のパーソナリティは外向性，神経症傾向，精神病傾向という3次元によってとらえられると考え（表1-1），これらを測定する質問紙尺度（モーズレイ性格検査：MPI や，アイゼンク性格検査：EPQ）を開発しました。

　彼はまた，これらのパーソナリティ特性が生物学的基盤をもっていると仮定しました。神経症傾向の個人差は，呼吸，消化，血液循環などを含む身体機能全般を不随意的に制御するはたらきをもつ自律神経系（Autonomic Nervous System：ANS）の過敏さの違いを反映しています。アイゼンクによると，内

語句説明

児童ガイダンス・クリニック
1900年代，ヒーリーは，非行少年に対して臨床的対処や矯正教育を実施するため，アメリカ最初の児童ガイダンス・クリニックをシカゴに開設したが，同種の施設は全米に広がり，その後，世界各国に作られる非行者更生施設のモデルとなった。

超自我
道徳的良心にあたり，内的な自己監視者として，悪い考えや感情を抱くだけで罪悪感を発生させ，それによって，道徳規範に従った行動をとるよう個人を促す。

表1-1 アイゼンク理論のパーソナリティ3次元

特性次元	主な特徴
外向性	社交的，積極的，支配的，刺激を求めるなど
神経症傾向	情緒不安定，神経質，不安や恐怖をもちやすいなど
精神病傾向	攻撃性，衝動性，冷淡，低い共感性など

出所：Eysenck, 1977 より作成

的・外的環境に対して非常に敏感に反応して ANS が変化する易動性システム（labile system）をもつ人がいる一方で，非常に安定した ANS をもつ人たちもいます。

外向性の個人差は，中枢神経系（Central Nervous System：CNS）の覚醒水準の違いです。外向的な人は慢性的に覚醒水準が低いため，これを高めようと活動過多になります。一方，内向的な人は慢性的に覚醒水準が高いため，これが過剰に上がらないよう刺激の少ない穏やかな環境を求めます。アイゼンクは，第3の次元，精神病傾向は男性ホルモン（アンドロゲン）の水準と関連しており，これが高い人は攻撃的になりやすいとみていました。

アイゼンクは，犯罪者はこれらの3次元いずれにおいても一般人よりも高得点になるであろうと予測していましたが，実証研究の結果は一貫しておらず，この点で，彼の理論の妥当性は十分には確認されてはいません（Hollin, 2002）。

犯罪と性格の関連に関しては，非行少年と一般少年を比較したグリュック夫妻（Glueck, S. & Glueck, E., 1950）の研究がよく知られています。彼らは非行少年の特徴として，自己主張，攻撃性（破壊性），反抗性，情緒不安定，衝動性，猜疑心（疑惑性）などを見出しました。近年はビッグ・ファイブ[*]（Five Factor Model：FFM）を使った実証研究が増えていますが，非行者・犯罪者は協調性および勤勉性の2次元において低得点であることが見出されています（Lynam et al., 2005）。協調性が低いことは，自己主張が強く敵対的で，また人に対して不誠実であること，一方，勤勉性の低さは，慎重さに欠け衝動的であること，また，根気強さや責任感が低いことを示しています。情緒不安定（神経症傾向）次元と反社会性の関係は二面的です。不安や恐怖の感情をもちやすいことは犯罪行動を抑止しますが，怒りや憎しみの感情をもちやすいことは逆にこれを促進するからです。

さまざまなパーソナリティ特性のうち衝動性あるいは低自己統制（low self-control）を特に重視する犯罪研究者もいます。これは，先々のことを考えず，即座に欲求を満たそうとする傾向で，50年以上にわたる縦断的研究であるケンブリッジ非行発達研究を率いるイギリスの心理学者ファーリントン（Farrington, D. P., 2003）は，反社会的な人々には子ども時代からこの特性がみられると述べています。また，社会学者のゴットフレドソンとハーシー

(Gottfredson, M. R. & Hirschi, T., 1990) は，ほとんどの犯罪が努力なしに即座に欲求を満たそうとする短絡的行為であり，犯罪行動の大半は低自己統制の特徴をもつ人によって行われると主張しました。このように，低自己統制と犯罪の関連性は多くの実証研究によって確認されてきました。

3 | 社会学的犯罪理論の展開

　人の行動や考え方は，周囲の社会的環境によって影響されます。犯罪行動についても同様です。19 世紀末，犯罪の個人要因に焦点を当てた前述のロンブローゾらのイタリア人類学派に対抗し，環境要因を重視するフランス環境学派が台頭しましたが，これが犯罪社会学の先駆となりました。

1 デュルケームのアノミー理論

　フランスの社会学者デュルケーム[*] (Durkheim, É.) の有名な言葉に「我々は，それを犯罪だから非難するのではなく，我々がそれを非難するから犯罪なのである」というものがあります。彼は犯罪を，それ自体が何か固有の性質をもつ行為ではなく，社会の側に存在する規範によってそうであると認定された行為であると主張しました。社会規範は社会変動に伴って変化します。このため，古い規範に則った遵法行為が新しい規範では違反とされるようなことも起こりますが，実は，こうしたことはわが国を含め，あらゆる社会で起こりえます。犯罪は社会変動に伴う不可避の現象であるというのが**犯罪社会学**の始祖とされるデュルケームの犯罪観で，この認識は現代の犯罪社会学者にも受け継がれています。

　デュルケームは，産業革命の波が押し寄せ，伝統的な農村共同体が崩壊し工業化社会に急速に移行しつつあった 19 世紀フランスの社会状況を解析しました。大きな社会変動のなかで，これまで人々を内側から規制していた旧来の社会規範が弱体化し，一方，新しい社会秩序がまだ確立していないという状況においては，人々はもはや「何が正しくて，何が正しくないのか」「何が正当な期待で，何が過大な要求であるのか」などに関する共通の判断基準を失ってしまいます。

　こうした社会では，人々の相互信頼や社会的連帯も緩んでしまい，しばしば見境のない自己利益追求に向かい，違反行為を行う人が多数出てきます。デュルケームはこうした状態を道徳的無規制状態（アノミー (anomie)）と呼び，これが犯罪を誘発する社会的要因であるとみなしました (Durkheim, 1897)。デュルケームは，犯罪はこうした**社会解体**の結果であるとする一方で，犯罪の

語句説明

デュルケーム，É.
社会学の祖とされ，犯罪社会学にも大きな影響を与えた。法律，慣習，規範など個人心理に還元できない社会的事実こそ社会学の研究対象であるとして社会学の学問的確立を目指した。主要著書は『社会分業論』『自殺論』など。

全くない社会があるとしたら，それは発展のない停滞した社会であろうとも論じました。彼の考え方によると，発展する健全な社会には一定の割合で常に犯罪が存在するのです。

2　シカゴ学派の地域研究

19世紀から20世紀にかけて，アメリカでは犯罪社会学の顕著な進展がみられましたが，その中心はヨーロッパからの移民によって急速に人口が増加し，犯罪都市と化したシカゴでした。シカゴ大学に集まった犯罪社会学者たち，いわゆるシカゴ学派は多くの実証研究に取り組みましたが，その一つの成果は，デュルケームが指摘した社会解体が特定地域に生じることを実証的に示したものでした。

パークとバージェスは，動物たちが生息地域をずらして生きているように，都市住民も社会階級によって生活区域を分けて棲み分けているとする人間生態学を提起し，この観点からシカゴ市を図1-2に示すような同心円状の5地区に区分けしました。オフィス・ビルや商業施設が立ち並ぶ「Ⅰ 都心地帯」のすぐ外側に安アパートの密集する貧民街が形成され，これがスラム化して犯罪多発地域になりやすいとされました。この「Ⅱ 遷移地帯（zone in transition）」は，移民やマイノリティなど貧しい人たちが流入する一方，成功して裕福になった者たちは郊外の住宅地に移り住むことから，絶えず住民が入れ変わる流動性の高い地域です。

遷移地帯の存在をより精緻な方法で証明したのはショウとマッケイ（Shaw, C. R. & McKay, H. D., 1931）でした。彼らは，シカゴ市を1マイル四方に区切って非行発生率を比較し，遷移地帯に当たる地域では実際に非行が多発して

図1-2　シカゴ市に適用された同心円地帯理論

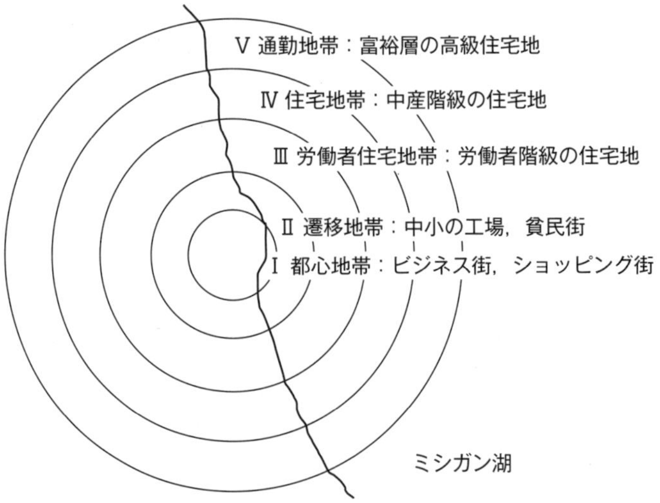

Ⅴ 通勤地帯：富裕層の高級住宅地
Ⅳ 住宅地帯：中産階級の住宅地
Ⅲ 労働者住宅地帯：労働者階級の住宅地
Ⅱ 遷移地帯：中小の工場，貧民街
Ⅰ 都心地帯：ビジネス街，ショッピング街
ミシガン湖

出所：Park & Burgess, 1925 より作成

いることを確認しました。この地域はさまざまの移民集団の一時的な居住に利用されており，貧困であることに加え，共生・信頼関係の弱さ，共通規範の欠如など社会解体要因が顕著でした。

　犯罪社会学では，主に，社会環境による犯罪促進作用として3要因が論じられてきました。第1は，社会解体によって人々の利己的行動を規制する環境統制力が弱体化してしまうことです。第2は，社会生活上のストレスあるいは緊張（ストレイン（strain）とも呼ばれます）で，たとえば，貧困で生活が苦しいとか，教育や就労の機会が制限されて将来に希望がもてないなどの境遇は，人々に対して遵法意欲を失わせます。第3は下位文化（subculture）で，犯罪的価値観の強い地域で暮らす人々の間には犯罪志向性が形成されます。この犯罪的文化は，地域社会のメンバーが変わっても世代から世代へと伝搬されます。

　シカゴ学派の地域研究は，遷移地帯と呼ばれる犯罪多発地域に，これら3種の犯罪社会学的要因が存在することを実証的に示したもので，その意味で，犯罪社会学の発展に寄与したものであるといえます。

3　緊張理論

　ストレスや欲求不満が反社会性の形成を促すメカニズムを，明快な概念を用いて説明したのはアメリカの社会学者マートン*（Merton, R., 1957）のアノミー理論です。この理論では，格差という社会的ストレス状況が注目されています。現代においても，社会には映画，ドラマ，それにCMなど，人々に向けて富や資産の獲得を目指すよう促すメッセージが溢れています。家族や職場での会話でも金銭の魅力が頻繁に語られ，実際，社会的成功者とは資産形成に成功した人のことを指します。こうしたなかで人々は，多かれ少なかれ，資産形成という人生目標を共通に抱くようになります。マートンはこれを文化的目標と呼びました。

　この文化的目標を達成するためには，教育，雇用，金融，人間関係といったフォーマル／インフォーマルな社会制度を利用する必要がありますが，しかし，これらを利用できる可能性は人々の間で偏りがあります。こうした社会制度から疎外され，不利な立場に置かれる人たちも出てきます。それは一般に低階層の人たちです。目標自体は同じなのに，格差社会のなかでこれを達成する手段において差別されているこうした人たちは，目標達成が出来ないことから生ずるストレスや欲求不満を経験していることが多く，これが反社会性を形成する土壌となります。こうした欲求不満を生み出す社会状態をマートンは**アノミー***（anomie）と呼びました。

　ただし，アノミー状態におかれた人がすべて反社会的となるわけではありません。アノミーへの対処の仕方は人によって異なりますが，マートンはこれを

語句説明
緊張（ストレイン）
デュルケームやマートンでは個人に混乱や欲求不満をもたらす社会的状況の特質を指して用いられたが，今日ではこうした状態に置かれた個人が経験するストレスという意味で用いられることが多い。

語句説明
マートン, R.
本名は Schkolnick, M. R. だが，少年時代，奇術師として名乗った舞台名を学者名とした。多様な社会問題を実証的に取り上げ，卓越したアイデアと理論構成によって20世紀のアメリカ社会学を牽引。「相対的剥奪」「自己成就予言」など多数の学術用語を考案。

アノミー
デュルケームの理論では，人々の利己的行動を規制する共通規範が崩壊した道徳的無規制状態を指すが，マートンの理論では，文化的目標と制度化された手段のバランスが崩れ，不遇な境遇の人たちに欲求不満を生じさせている状態を指す。

表1-2 アノミーへの反応

適応様式	目標達成への意欲と具体的な対応
革新	文化的目標の達成を強く望み，非合法な手段も用いる
儀礼	目標を切り下げて，制度的に入手可能な範囲で我慢する
逃避（退行）	目標達成を全く諦め，無気力に生きる
反抗	格差のある社会構造を変革しようと，社会運動に参加する

出所：Merton, 1957 より作成

図1-3 合法的集団と非合法的集団の機能

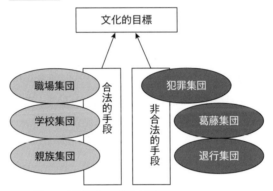

出所：Cloward & Ohlin, 1960 より作図
注：犯罪集団はプロの犯罪者から成る組織的集団，葛藤集団は世間
　　に不満を持つ若者たちの暴力性の強い非組織的集団，退行集団
　　は薬物依存などで現実逃避をはかる者たちの集まり。

適応様式と呼び，表1-2に示すような4タイプがあるとしました。これらの
なかで，犯罪を生み出し得るのは革新です。

　マートンのアノミー理論を受け継ぎ，これを発展させたのはクロワードと
オーリン（Cloward, R. A. & Ohlin, L. E., 1960）の分化的機会構造理論です。
彼らは，アメリカでは社会制度が中産階層出身者に有利に設計・運用されてお
り，低階層出身者は不利な立場に置かれているというマートンの主張を認めた
うえで，しかし，社会にはこうした人たちを受け入れ，支援する非合法的集団
があり，それが犯罪を含め種々の社会病理を拡大しているとして，**緊張理論**に
社会集団という新しい視点を導入しました。

　図1-3の左半分には合法的集団を示しています。そこで適応している人た
ちはその支援を受け，合法的手段を用いて効率的に目標に近づくことができま
すが，不適応な人たちはそれが遅滞するか，あるいは合法的集団からドロッ
プ・アウトしてしまいます。しかし，社会には合法的集団から脱落してきた人
たちを待ち受け，受け皿となる非合法的集団もあります。それは図1-3の右
半分に示されていますが，これらのうち，犯罪集団は非合法的事業などの非合
法的手段によって上げた収益をメンバーに分配し，また階層化された組織のな
かでメンバーの（非合法な）職業訓練をするなど，彼らが富・地位・権力など

の共通目標を達成できるよう支援する役割を果たしています。

　マートンに始まる緊張理論では経済的ストレスが強調されてきましたが、ア
グニュー（Agnew, R., 1992）は、人間には経済的成功以外の欲求もあり（自尊
心や社会的受容など）、それらが妨害・剥奪されたりすることも深刻なストレス
である考え、そうした社会生活上の多様なストレスが犯罪誘因になり得るとす
る一般的緊張理論（general strain theory）を提起しました。彼は、アメリカ
の青少年を対象とする大規模な調査研究において（Agnew et al., 2002）、家庭、
学校、地域のなかで強いストレスを経験している青少年ほど非行が多いことを
見出しました。彼らの経験しているストレスの多くは非経済的なもので、人間
関係に由来するものが大半でした。

4　下位文化理論

　シガゴ学派の地域研究は、犯罪が都市の一定地域に継続的に起こることを見
出し、その背後に反社会的文化の伝承があることを示唆するものでした。犯罪
文化との接触が個人の反社会性を強めることを論じた代表的下位文化[*]理論は、
アメリカの犯罪社会学者サザーランド[*]（Sutherland, E. H., 1939）の**分化的接
触理論**（differential association theory）です。

　個人は多くの集団に属し、それらの間を移動しながら社会生活を営んでいま
すが、その過程で犯罪的文化（反社会的規範や反社会的行動パターン）をもつ集
団と接触することもあります。違法を好ましくないとする定義よりも好ましい
とする定義、つまり親犯罪的言説に高頻度で接触すると、個人の反社会性の形
成が促されます。サザーランドによると、反社会的文化の影響力は、接触期間
が長い、早期から接触している、個人にとって重要な人物が影響源であるなど
の条件によって強められます。

　青年期にある人々は、総じて大人が支配する社会とその規則に反発し、一方、
勇猛なヒーローに惹かれ、反社会的な人物を英雄視する傾向があります。また、
低階層の人々が暮らす貧困地域では、しばしば反社会的文化が身近なものとし
て存在します。このような状況のなかで反社会的文化との接触が深まると個人
の反社会性が強められることは、多くの実証研究によって確認されてきました
が、分化的接触理論はその学習過程を理論化したものでした。

　コーエン（Cohen, A. K., 1966）の**非行下位文化理論**は、緊張理論と下位文
化理論の統合を目指したものです。彼が分析した当時のアメリカでは、非行少
年の大半は低階層の出身者でした。教育やビジネスなど合法的領域で成功する
ためには勤勉、非暴力、合理性などを身に付けなければなりませんが、彼らが
育つ環境はむしろ反対の価値観を有する文化が優勢で、その影響を受けて彼ら
も反社会的志向性をもつようになります。その結果、彼らは学校や職場などの
合法的集団において強いストレス下に置かれ、しばしばそこから離脱して非行

表1-3　集団依存の３要素

物質依存	集団から金銭的・物質的な支援を受ける。
関係依存	集団内で受容，尊重，評価など対人的欲求が満たされる。
役割志向	集団内で一定の役割を果たし，存在感を得る。

出所：Cohen, 1966

集団を形成するか，犯罪組織に加入して犯罪の担い手となっていきます。こうして，彼らの間で反社会的文化が再生産され，継承されていきます。

　コーエンは集団所属を求める人間の欲求は基本的なものであろうと考え，表1-3に示すような集団依存の３要素をあげました。こうした願望を満たしてくれる集団に個人は強く同一化し，その規範や文化を受け入れます。合法的集団に不適応で，そのなかではこうした欲求が満たされないと感じた人たちは，非合法的集団に参加してそれを充足させようとします。学校や職場に不適応な青少年が非行集団などの反社会的集団に向かうプロセスをコーエンは集団依存というメカニズムによって説明しようとしました。

5　統制理論

　多くの犯罪学者が犯罪の起こる原因とメカニズムを明らかにしようとしてきたのに対して，統制理論家は，逆に，なぜ多くの人が犯罪を行うことなく遵法的な生活を送っているのかに疑問を抱きました。人間はみな利己的欲望をもっているのに，それに振り回されて反社会的行動を行わないのは，これを抑える統制（コントロール）要因が働いているからであり，犯罪はそれが弱体化した結果として生ずるものであると統制理論家は仮定しました。

　統制要因には大別すると２種類あり，一方は個人の内側にあって逸脱を自制する社会的絆要因，他方は個人の外側にあり，その行動を監視・規制する環境的統制要因です。後者は近年急速に発展しつつある環境犯罪学などにおいて論じられるようになりましたが，ここでは前者の観点からハーシー[*]（Hirschi, T.）の理論を中心に述べます。

　ハーシー（Hirschi, 1969）は**社会的絆**理論のなかで，所属集団と利害面や情緒面で強く結びついていると感じる人は犯罪を自制すると主張しました。彼が取り上げた絆要因とは，愛着（attachment），コミットメント（commitment），インボルブメント（involvement），規範信念（belief）です。情緒的要因である愛着とは，家族，恋人，友人，教師など，身近な人たちに対する愛情や尊敬の念であり，これは身近な合法的集団に対する心情的な結びつきともいえます。大切な人たちから受け入れられ，尊重されたいという願望をもつ人たちにとって，これらの社会的関係から排斥される恐れのある違反や犯罪は避けるべき行為となります。

　コミットメントとは，合法的生活を維持するために人々が多くの時間とエネルギーを費やしていることをさします。こうした「投資」は，それが現在および将来の報酬（富，地位，安全，快適さなど）に結びついていると信じて行われていますが，もしも犯罪に手を染め，合法的生活領域から排斥されてしまうなら，こうした報酬は失われ，それまで費やしてきた投資は水泡に帰してしまいます。合法的生活の維持によって得ている報酬を失うおそれから，人々は逸脱を自制すると考えられます。

　インボルブメントとは，学業，仕事，育児などで多忙な生活をしている人には，悪いことを企んだり実行したりする時間も余裕もないということです。「小人，閑居して不善を為す」のことわざが示唆するように，合法的領域の活動に巻き込まれている（インボルブ）ことも非合法領域との接触を妨げる一因です。最後に，規範信念とは，善悪の判断や違反を良くないとする認識，これによって違反を自己規制しなければならないという規範意識の強さです。

　ハーシーはさらにゴットフレッドソンとともに，犯罪抑制の中核要因として低自己統制に注目した理論を提起しました（Gottfredson & Hirschi, 1990）。本章の第 2 節で述べたように，**自己統制**とは，自分の行為によってもたらされるコストを考量して意思決定する心のはたらきですが，これが弱い人は目前の快楽に惹かれて違反行動を衝動的に行う傾向があります。ハーシーはまた，低自己統制が犯罪者だけの特別な特性ではないことも強調しました。それは事故，病気，学業や職業上の失敗など多様な不適応行動とも関連しており，非犯罪者の間でも広くみられる一般的特性なのです。

　ハーシーは社会的絆と自己統制は同じものであると述べるなど（Hirschi, 2004），両者の関連については曖昧な点が多いのですが，社会的絆理論と自己統制理論を突き合わせると，両者の間には図 1-4 のような関連があると解釈されます。まず，自己統制は子ども時代の親によるしつけによって形成されますが，親との愛着は，しつけが子どもに与えるストレスを緩和し，しつけの効果をより高めるはたらきをします。その意味で，愛着は自己統制の形成要因です。また，愛着も含め他の社会的絆要因は，違反の誘惑がある状況においてはたらき，個人の自己統制への関心を喚起して違反抑止を強めます。それゆえ，

図1-4　社会的絆理論における犯罪抑止のメカニズム

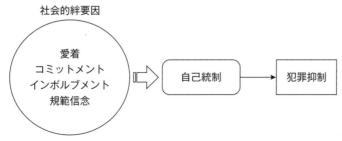

社会的絆要因

愛着
コミットメント
インボルブメント
規範信念
→ 自己統制 → 犯罪抑制

社会的絆要因は犯罪抑止にはたらく個人内の自己統制機構を支える社会的要因を反映したものであるともいえます。

　本章で見てきたように，犯罪原因については，犯罪者個人の側と個人をとりまく社会環境の側の両面から諸要因の探求がなされてきました。どちらの側にも促進要因と抑制要因があることから，犯罪現象の理解には複眼的な視点が必要です。また，近年の犯罪心理学研究では，それら要因間の組み合わせや相互作用の分析に焦点が当てられています。

考えてみよう

1．精神分析論やパーソナリティ特性研究では，犯罪者のパーソナリティについてどんな共通点が見出されているのでしょうか。
2．犯罪社会学で論じられる緊張とは何を指し，どのようなメカニズムで犯罪を促進するのでしょうか。

🪶 本章のキーワードのまとめ

犯罪・非行の理論	犯罪・非行の原因と予防・抑制，犯罪者の捜査と更生等に関する研究から生まれた諸理論。
犯罪原因論	犯罪の原因を探求する研究から生まれた諸理論で，個体要因や環境要因を論じたものが多い。
個体要因	犯罪原因のうち，犯罪者個人の能力と特性，その形成因などを指す。
社会的環境要因	犯罪原因のうち，犯罪者を取り巻く社会的環境の特性や犯行時の状況などを指す。
生来性犯罪者説	生まれながらにして犯罪者になりやすい者がいるとするロンブローゾの説。
死の本能	フロイトが論じた２大本能の一つで，生命体を無の状態に戻そうとする自己破壊衝動。
情動障害論	不適切な親子関係のため基本的欲求が満たされず，不満・劣等感などの情動障害をもつようになり，非行はその代償を求める行動であるとするヒーリーの説。
犯罪社会学	犯罪原因のうち，社会的環境の働きを論じるもので，緊張理論，下位文化理論，統制理論などがある。
社会解体	急速な社会変動などによって人々の行動を規制する社会秩序や規律が崩壊した状態。
遷移地帯	都市のなかで移民やマイノリティなど貧しい人たちが一時的に居住する流動性の高い地域であり，犯罪多発地域。
アノミー	デュルケームの理論では，人々の利己的行動を規制する社会規範が混乱・弱体化した道徳的無規制状態を，マートンの理論では文化的目標とこれを実現する制度的手段が不均衡な状態を指す。
緊張理論	犯罪原因として欲求不満やストレスを強調する理論であるが，そうした心的状態を生み出す社会構造や状況を論じる理論も含まれる。
分化的機会構造理論	緊張によって合法的集団から脱落してきた人々を待ち受け，受け皿となる非合法的集団の機能を論じたクロワードとオーリンの説。
分化的接触理論	違法を好ましいとする定義，つまり親犯罪的言説に高頻度で接触すると個人の反社会性の形成が促されるとするサザーランドの説。
非行下位文化理論	主流文化とは異質な文化のなかで育った低階層の青少年が，中産階級への反発から非行集団を形成し，反社会的行動に向かうとするコーエンの理論。
社会的絆	個人と合法的集団を結び付ける犯罪抑制因で，ハーシーは愛着，コミットメント，インボルブメント，規範信念の４要因をあげた。
自己統制	行為の長期的コストを考量して意思決定する個人の内的な機能。ゴットフレッドソンとハーシーは低自己統制が犯罪の主原因であると主張した。

第2章

新しい犯罪心理学

この章では，現代の犯罪心理学の主な動向を解説します。現代の犯罪心理学の特徴は，エビデンスに基づく実践（エビデンス・ベイスト・プラクティス）や神経犯罪学の発展などにあります。犯罪心理学が安全な社会の実現に貢献するためには，科学的なデータに導かれた理論とエビデンスに基づく実践が何よりも重要です。エビデンスとは何か，それを犯罪心理学の実践にどう活用していくかを理解することは，この後に続く各章の理解を深めるためにも必要になります。

●関連する章▶▶▶第3章，第8〜11章

1 │ 犯罪心理学の進歩

　現代の犯罪心理学は，これまでの発展の基盤のうえに，より一層科学的な傾向を強めているところが大きな特徴です。犯罪心理学は科学であり，その知見は再現可能であること，広く一般化が可能であること，さらにそれが個別のケースにも適用できることなどが求められます。

　そして，犯罪の予防や捜査，犯罪者の処遇や治療，再犯の防止などのさまざまな分野において効果のある対策を提示することで，犯罪心理学は，犯罪のない社会の実現という大きな目標に貢献できる応用科学としての地位を得ることができるのです（原田，2015a）。

　この意味で，かつての犯罪心理学は科学を標榜しながらも，十分に社会的な要請や人々の信頼に応えているとは言い難い面があったことは，残念ながら事実です。これを理論と実践に分けて考えてみましょう。

1 犯罪心理学理論の進歩

参照
犯罪原因論
→1章

　理論面では，犯罪原因論を概観してみると，かつては社会的要因を重視する傾向が顕著でした。それは，犯罪は社会的事象であり，その根本には貧困や差別など恵まれない社会的環境の影響があるという考え方です。確かに，貧困などの社会的環境を背景にして犯罪に赴く人はいます。とはいえ，貧困な状態にあっても犯罪とは無関係の人のほうが大多数です。だとすると，貧困は1つの原因であるかもしれませんが，人が犯罪に至るかどうかを分けるもっと重要な要因があると考えるべきです。

　貧困が犯罪の原因であるという見方は，直観的には正しそうですが，膨大な

研究の結果，それは必ずしも正しくないことがわかってきました。その代わり，反社会的パーソナリティや反社会的価値観などの心理学的要因のほうが重要であることが明らかになっています（第 3 章）。さらに，かつてはタブーであった生物学的要因の探究にも関心が集まっています。このように，科学的データの蓄積によって，より正しい犯罪原因論が導かれているのです。

2　犯罪心理学実践の進歩

　実践面に着目すると，たとえば事件捜査において，犯罪心理学の知見がどれだけ活かされているでしょうか。近年はプロファイリングをはじめとする科学的捜査手法が取り入れられ，成果を上げています。しかし，かつてはいわゆる「刑事の勘」のようなものを頼りにしていた時代がありました。もちろん，長年の経験に基づく知識は貴重ですが，それを過信し頼りすぎることは危険です。人間である以上，どんな専門家でも限界があります。これは，多くの冤罪事件の存在をみても明らかです。

　また，犯罪者のアセスメントには，専門家による面接や投影法などの心理検査が多用されていました。これも長年の訓練や経験に基づくノウハウには貴重なものがあっても，やはり主観や直観に頼る部分が大きいことが問題です。投影法は，今でもさまざまな臨床場面でのアセスメントで活用されていますが，その妥当性や信頼性には大きな問題があります（Lilienfeld et al., 2003）。

　現在では，**リスクアセスメント**などの科学的な方法が広がりつつあります。これは，大規模な研究データをもとにして，犯罪に関連するリスクファクターを見出し，対象となる個人がそのリスクファクターをどれほど有しているかを査定することによって，犯罪リスクの大きさをみきわめる方法です。こうした科学的方法を用いることによって，再犯の予測精度が格段に高まります。

　非行少年や犯罪者の改善更生を図り，再犯予防を目的とする少年院や刑務所，保護観察所などでの処遇にも同様のことがいえます。かつては，精神論に基づいた矯正教育や，心理教育に偏重した指導などが主流でした。しかし，現在では**認知行動療法**などの科学的手法が取り入れられています。

　このように，研究の蓄積の結果，かつては主流であったもの，かつては正しいと信じ込まれていたものの誤りや限界が明らかになり，エビデンスに基づいた科学的な手法が導入されつつあるのです。

　とはいえ，科学も万能ではありません。科学にも限界があり，わからないことや間違っていることが存在するのも確かです。しかし，主観的な方法や個人的経験のみに基づいた方法よりは，はるかに間違いが少なく，訂正も可能です。したがって，「人間は間違うものである」という謙虚な前提に立って科学に頼ることが，現時点では最も望ましい態度だといえるのです（原田，2015b）。

参照
プロファイリング
→11章

参照
リスクアセスメント
→6章

プラスα
認知行動療法
認知（物事のとらえ方）や行動に働きかけて，心理的な問題の解決を図ろうとする心理療法の一種で，多くのエビデンスが集積されている。
→8章，10章参照

2 | 新しい犯罪心理学の潮流

1 エビデンス・ベイスト・プラクティス

　科学的な根拠に基づいてさまざまな実践活動を行うことを，**エビデンス・ベイスト・プラクティス**（Evidence-Based Practice：EBP）といいます。これは医療の分野から始まった動きで，カナダの疫学者ガイヤット（Guyatt, 1991）がこの言葉を用いたのが最初です。彼は，医療分野において検査や治療などの実践を行う際に，直観，好み，長年の慣行など主観的であいまいなものに基づいて方法を選択するのではなく，質の高い科学的研究から導き出されたエビデンスをもとに選択すべきであると主張しました。

　その根本には，人間はどれだけ経験を積んでも，どれだけの専門家であっても，人間である以上，間違いがあるという厳然たる事実があります。したがって，人間の主観に頼るのではなく，客観的で科学的なデータを拠り所にしようという主張なのです。

　また，彼の同僚のサケットら（Sackett et al., 2000）は，EBP には３つの要素があることを明確化しました。それは，最新最善のエビデンス，患者の背景，臨床技能です（図2-1）。この３つの交わるところに EBP があるのです。以下，この３つについて，医療場面に即して説明します。

①最新最善のエビデンス

　科学的な研究やデータであれば何でもエビデンスになるわけではなく，エビデンスとは，厳密な方法論に導かれた質の高い研究データでなければなりません。また，研究は日進月歩で進んでいるため，新しい研究データを用いなければなりません。古いデータは，新しい研究によって修正されている可能性があるからです。

②患者の背景

　１つの病気に対する治療法が複数あって，エビデンスに基づけば，A という治療法に最も効果があることがわかっていても，患者が B の方法を希望することもあります。たとえば，手術で確実に治るというエビデンスがあっても，患者本人は手術ではなく薬で治したいという希望をもっているような場合です。このとき，医師はエビデンスをもとに丁寧に患者に説明するべきですが，それと同時に患者の価値観，好みなどの患者側の背景を丹念に聞き取ることも重要です。その結果，患者は説明を聞いて納得のうえで手術を選ぶこともあれば，やはり薬を希望し続けるこ

図2-1　EPB の３要素

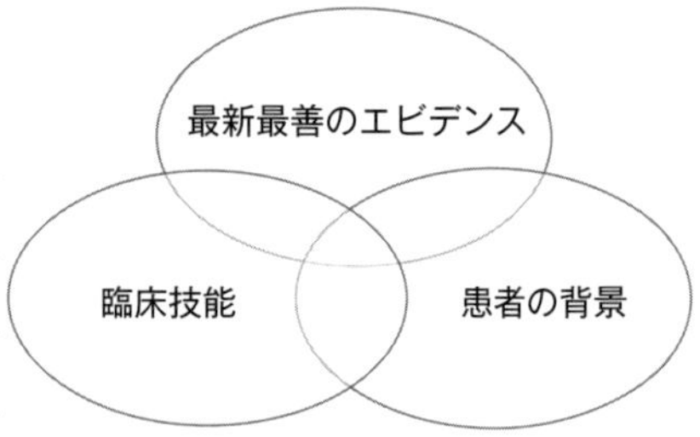

最新最善のエビデンス

臨床技能　　患者の背景

ともあるでしょう。その際は，無理に手術を押し付けるのではなく，今度は薬のなかで一番効果のエビデンスがあるものを選ぶという場合もあります。

EBP は，ともすればデータ偏重の非人間的なアプローチだとの誤解がありますが，それは間違いです。このように，丁寧に患者の背景を聞き取って，それをエビデンスと融合することが重要なポイントなのです。

③臨床技能

これは，医師や医療提供者側に求められるスキルのことです。どれだけエビデンスのある治療法があっても，それを医療提供者が提供できないのでは困ります。エビデンスのある新しい治療法に習熟することが大切なのは当然のことです。したがって，EBP を実践するためには，常に研鑽を行って自分のスキルを最新のものにしておく必要があります。

さらに，最新最善のエビデンスを見つけてくるのも 1 つのスキルです。学会に出かけたり論文などを検索したりして，新しい知識を常に身に付ける必要があるのです。加えて，エビデンスを患者に丁寧に説明することや，患者の希望を懇切に聞き取るスキルなども重要です。

2　犯罪心理学の実践における EBP

それでは，犯罪心理学の実践においては，どのように EBP を活用すべきでしょうか。たとえば，犯罪者の処遇において，かつては厳しい罰を与えれば，犯罪者はそれに懲りて再犯が抑制されると考えられていました。しかし，研究によって，刑罰の犯罪抑止効果は限定的だとのエビデンスが集積されてきています。罰が再犯の抑制になるという考えは，直観的には正しいように思えます。しかし，エビデンスがその間違いを教えてくれたのです。確かに短期的には罰に効果がある場合もありますが，罰を何とも思わないような犯罪者はたくさんいます。

代わりに，前節で触れたように，認知行動療法などの心理療法を行えば，再犯率は有意に低下することが研究によりわかってきました。犯罪者特有の物事のとらえ方（認知）や行動様式を改めることで，再犯抑止につながるというエビデンスが明らかになっているのです。したがって，近年は刑務所や少年院などで，認知行動療法などのエビデンスに基づいた方法を用いて，改善更生のための処遇を行うことが増えてきました。これが，最新最善のエビデンスに基づいた判断です。

しかし，認知行動療法にエビデンスがあるといっても，嫌がる犯罪者に無理やり実施したところで望ましい効果が得られるとは限りません。犯罪者も私たちと同じ人間であることは変わりありません。刑務所などでは，改善更生のための処遇を受けることが法律で義務化されている場合もありますが，その場合であっても丁寧に説明して，相手のモチベーションを高めてから実施すべきで

す。

　また，一般の人々への説明も必要になってきます。刑務所や少年院などで新しい処遇を導入するとき，必要に応じて社会の人々に説明し，理解を得る努力を怠ってはなりません。なぜなら，こうした取り組みは，社会の安全のために行うものであり，それには国民の税金が使われているからでもあります。このとき，導入の根拠としてエビデンスを提示することが大切になってくるのです。

　最後に，犯罪者の処遇を担う人々には，これまで以上に犯罪心理学の知識やスキルを習得することが求められます。これは科学的な「臨床技能」を磨くということになります。威圧的に犯罪者に接するようなスタイルは時代遅れで，人権侵害の恐れも多分にあります。

　このように，犯罪心理学の実践は，今や精神論や直観による非科学的なものではなく，最新最善のエビデンスに導かれた科学的なものになりつつあります。そしてそれこそが，犯罪のない安全な社会をつくるうえで，最も効果的で合理的な方法なのです。

　自分自身が犯罪心理学の実践に関わっていなくても，国民の一人として，犯罪・司法の実践場面でこのような科学的な方法が適切に用いられているかどうか注視することも必要でしょう。

3　実証的研究

①大規模調査研究

　EBP の潮流のなかで，犯罪心理学の分野でも多くのエビデンスが生まれています。かつては，犯罪者や非行少年への面接，犯罪者集団の観察，社会事象の観察などの方法によって犯罪理論がつくられていました。しかし，少数の事例の観察や非系統的な方法では，データに偏りがある恐れがあります。さらに，研究者の主観や信念が混入し，データがゆがめられてしまう恐れもあります。このようにデータをゆがめてしまうさまざまな要因を**バイアス**と呼びます。

　最善のエビデンスは，そのようなバイアスを取り除いた方法で得られたデータでなければなりません。バイアスを最小化するための方法はいくつかあります。1 つは，大きなサンプルをもとにデータを集める方法です。上に述べたように，少数を対象とした方法はデータに偏りや誤差がつきものであるため，できるだけ多くのサンプルを集めることが必要です。

　たとえば，モフィットらによる「ダニーデン研究」は，ニュージーランドのダニーデンという町で 1972 年から 73 年に生まれた子ども 1,037 人を対象として，非行を含む行動上の問題や健康上の問題がどのように生じ，変化していくかを追跡調査しており，今でも継続中です（Moffitt, 1993）。

　この研究で見出された知見の 1 つを紹介します。それは，犯罪者は主に 2つの発達的経路をたどるということです。1 つは，幼少期から問題行動がみら

れ，それが発達につれて多様化と悪化を
繰り返し，生涯にわたって犯罪を続ける
タイプです。これは「**生涯継続型反社会
性**」と呼ばれています。もう1つは，
青年期にのみ非行・犯罪がみられ，成人
期以降は特に問題行動がみられないタイ
プです。これは「**青年期限定型反社会
性**」と呼ばれています（図2-2）。

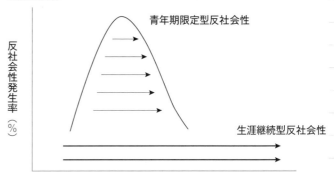

図2-2　生涯継続型反社会性と青年期限定型反社会性

出所：Moffitt（1993）

　生涯継続型反社会性は，数としては人
口の数％しかいませんが，彼らは世のな
かの犯罪の過半数に関わっていることがわかっています。圧倒的に男性が多く，
女性に比べ10倍程度多いとされています。発達の早期から問題行動がみられ
るため，生物学的要因が大きいと考えられていますが，それが環境要因と相互
作用しながら反社会的行動がエスカレートし，生涯にわたって多様な犯罪に手
を染めるのです。

　青年期限定型反社会性は，青年期の発達課題と深く関係しています。青年期
の発達課題は，アイデンティティの確立だといわれていますが，そのために親
からの自立，反抗などがみられます。また，第二次性徴に伴い身体やホルモン
バランスが変化し，心身が不安定になる時期でもあります。こうしたなかで，
非行などの逸脱行動がみられやすくなるわけです。しかし，成人期になるとこ
うした傾向は沈静化します。

　このように，青年期限定型は不安定な青年期に限定して，非行などの問題行
動がみられますが，その程度は比較的軽微なものがほとんどです。そして，男
女差は3：2程度と男性の方が多くなっていますが，圧倒的な差ではありませ
ん。

②ランダム化比較試験

　犯罪心理学における実証研究のもう1つ重要な方法は，厳密な実験（介入研
究）を実施することです。介入の効果を検証するための研究では，**ランダム化
比較試験**（randomized controlled trial：RCT）と呼ばれる研究デザインが最
も頑健なものであるといわれています。これは，薬の治験などに使われる方法
と同じで，対象者をランダムに2つのグループに分けて，片方に効果を調べ
たい介入を実施し，もう片方には何もしないか，別の介入を実施してその結果
を比較する方法です（図2-3）。

　このようなRCTによる知見は，相関関係ではなく因果関係を導き出すこと
ができます。たとえば，調査研究の結果によって，無職であることが犯罪と関
連があるということがわかったとします。この時点では無職であることは，犯
罪と相関関係があるにすぎません。

プラスα

発達課題

健全な発達を遂げるた
めに各発達段階で達成
すべき課題のこと。

プラスα

相関関係

2つの変数間で，一方
が増加すると他方も増
加するような関係のこ
と。

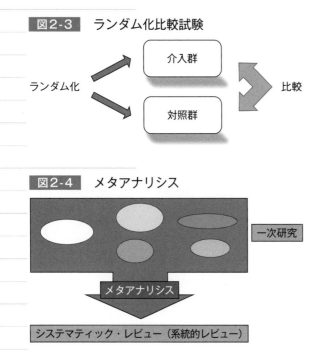

図2-3 ランダム化比較試験

ランダム化

介入群

対照群

比較

図2-4 メタアナリシス

一次研究

メタアナリシス

システマティック・レビュー（系統的レビュー）

そこで，少年院の少年を対象にした RCT を実施することを考えてみましょう。少年をランダムに 2 群に分け，介入群の少年には職業訓練を実施し，就職のサポートをします。対照群には通常の生活指導を実施します。その結果，介入群の少年のほうがその後の再犯が有意に少なかったとすると，職業訓練を実施して職に就いたことは再犯の低下との間に因果関係があったと述べてもよいのです。このとき，逆にいうと，無職であることは犯罪と因果関係がある，犯罪の原因になっているともいえるわけです。

③メタアナリシス

さらに，複数の研究を集めて統計的に統合し，あたかも 1 つの大きな研究のようにする研究手法もあります。その手法を**メタアナリシス**（メタ分析）と呼び，メタアナリシスを使って書かれた論文をシステマティック・レビューと呼んでいます（図2-4）。システマティック・レビューによるデータが，現在のところ最も信頼のおけるエビデンスであると考えられています。

メタアナリシスには，さまざまな種類があります。ボンタとアンドリュース（Bonta, J. & Andrews, D. A.）は，過去に行われた膨大な調査研究のメタアナリシスをしました。その結果，犯罪の主要なリスクファクターである「**セントラル・エイト**」を提示しました（Bonta & Andrews, 2017）。その概要は，表2-1の通りです。リスクファクターとは犯罪と関連がある要因のことですが，「関連」という用語が示すことは，因果関係を示すものではないことに注意が必要です。これら調査研究で見出された要因は，犯罪と相関関係があることしかわかりません。

一方，因果関係を見出すには，セントラル・エイトの意図的な変容を目指した介入を実施するランダム化比較試験を行わなければなりません。たとえば，犯罪者をランダムに 2 つの群に分けて，一方に反社会的態度を変えるような介入を行い，他方には何もしないといったデザインの研究を実施し，その後の犯罪行動を観察します。介入を受けた群の反社会的態度が変化し，犯罪行動が有意に減少すれば，その介入の効果が実証されることに加え，介入のターゲットとなった反社会的態度が犯罪の原因であるということができるのです。

④RNR 原則

ボンタとアンドリュースはさらに，数々の実証的研究に基づいて，犯罪者への効果的な治療に関する三原則，**RNR 原則**を導き出しています（表2-2）。

最初のＲは，**リスク原則**（Risk Principle）です。これは，アセスメントによってわかった再犯リスクの大きさに応じて，指導の強度を変えるということです。つまり高リスクの者には，強力な指導を長時間にわたって実施する必要がある一方で，低リスクの者には最低限の指導でよいということになります。

逆に，低リスクの者に強力な指導をすると逆効果であることもわかっています。その理由はいくつか考えられます。第１に，本人に「犯罪者である」というラベリングをしてしまうことになり，それが社会からの疎外につながったり，ますます犯罪行動に拍車をかけることになったりするおそれがあるからです。第２に，刑務所

表2-1　セントラル・エイトの概要

リスクファクター	概　要
犯罪歴	多様な犯罪に早期から関与，多くの逮捕や前歴
反社会的態度	犯罪を好ましいものととらえる態度，価値観，信念，思考
反社会的交友	犯罪的な他者との交友
反社会的パーソナリティ	衝動性，刺激希求性，攻撃性，冷淡性，多様な問題行動
家族の問題	家族の不和・葛藤，指導監督の欠如
学校・仕事	怠学，無職，学校や職場での希薄な対人関係，成績不良
物質使用	アルコールや違法薬物の乱用
余暇活用	向社会的なレジャーへの取り組みができないこと

出所：Bonta & Andrews, 2017 より作成

表2-2　RNR 原則

原　則	概　要
リスク原則（Risk）	相手のリスクレベルに応じて介入強度を変える
ニーズ原則（Need）	犯罪に関連した要因を標的にした介入を実施する
治療反応性原則（Responsivity）	介入に応じて相手が変化するようなエビデンスに基づいた介入を実施する（認知行動療法など）

などに長期間隔離すると，家族や仕事を失う可能性があり，それがリスクを高めることになってしまいます。家族や仕事がないことは，セントラル・エイトのリスクファクターであるからです。第３に，刑務所などでは，ほかの高リスク犯罪者との交友関係ができたり，彼らから犯罪行動を学習してしまったりすることなども考えられます。

２つ目のＮは，**ニーズ原則**（Need Principle）です。これは，一人ひとりの問題性（治療ニーズ）を標的とし，それに的を絞った指導・治療をするということです。たとえば，セントラル・エイトのなかで，パーソナリティに問題があるのであれば，その変容を図る治療をする必要があります。無職であることが犯罪に関連するのであれば，職業訓練などの支援が必要です。いうまでもなく，リスクの高い者ほど多くのニーズがあるため，幅広い指導が必要となります。

３つ目のＲは，**治療反応性原則**（Responsivity Principle）です。Responsivity というのは，レスポンス（response）から派生した用語ですが，指導や治療に対して，相手が反応するような治療を行うべきだという原則です。せっかく時間や労力をかけて指導をしても，非行や犯罪行動などの反社会的行動を改めさせるうえで効果がないもの，換言すればエビデンスがないものを行って

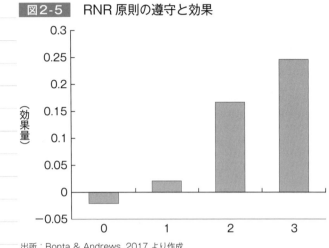

図2-5 RNR原則の遵守と効果

（効果量）

縦軸: -0.05, 0, 0.05, 0.1, 0.15, 0.2, 0.25, 0.3
横軸: 0, 1, 2, 3

出所：Bonta & Andrews, 2017 より作成

も意味がありません。明確なエビデンスがある指導をすべきだということです。現時点で，反社会的行動の変容に効果があるのは，認知行動療法だとされています。

これらの原則に忠実に従うかどうかで，効果は大きく変わることもわかっています。ボンタとアンドリュースによれば，3原則すべてに従った場合，再犯率は30ポイントほど低下しますが，まったく無視した場合は，わずかですが再犯率が上昇してしまいます（図2-5）。

4　犯罪神経学

近年，特に大きな脚光を浴びているのが，**犯罪神経学**と呼ばれる分野です。これは，犯罪者の脳や神経系の特徴など，犯罪に関連する生物学的な要因を探究する学問です。

犯罪心理学の歴史では，生物学的な研究や遺伝に関する研究は，ロンブローゾ以来，長い間タブーでした。確かに，もって生まれた器質によって，「犯罪者」などと決めつけることは大変危険です。それは，ともすれば優生学につながるおそれもあります。そうした懸念から，かつての犯罪心理学では，犯罪の社会的要因ばかりが着目され，生物学的要因に着目することは悪いことだという風潮がありました。前章で紹介した犯罪社会学的な理論は，まさにそのようななかで生まれたものでした。

とはいえ，科学の世界においては，現象に対して開かれた態度で向き合うことが求められます。最初から「良い／悪い」などという価値観を優先して，決めつけた態度で臨めば，真実をみる目が曇ってしまいます。したがって，犯罪の原因を探究する際にも，生物学的要因をタブー視するのではなく，すべての要因に対して開かれた態度で臨むことが大切なのです。

生物学的要因を最初から排除していれば，犯罪に対する理解は，きわめて偏った不十分なものになり，そうなれば，効果的な対処ができなくなってしまいます。犯罪などの問題行動に限らず，およそ人間の行動は生物学的要因と社会的要因の相互作用に基づくものです。

さらに，近年の研究によって，遺伝的傾向は環境によって変化する可能性があることがわかってきました。これを**エピジェネティクス**といいます。遺伝子は，人間の行動やパーソナリティに対して，従来考えられていたほど決定的な影響力をもつわけではなく，環境の影響によってその影響度合いや発現形態が

プラスα

優生学
人間の性質に優劣をつけ，遺伝的に優れた血統を増やそうとすることを研究する学問。

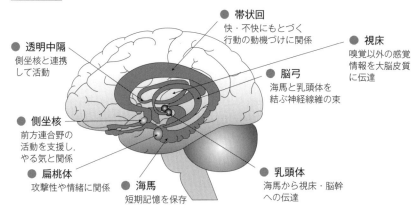

図2-6　大脳辺縁系の働き

● 帯状回
快・不快にもとづく
行動の動機づけに関係

● 視床
嗅覚以外の感覚
情報を大脳皮質
に伝達

● 透明中隔
側坐核と連携
して活動

● 脳弓
海馬と乳頭体を
結ぶ神経線維の束

● 側坐核
前方連合野の
活動を支援し，
やる気と関係

● 扁桃体
攻撃性や情緒に関係

● 海馬
短期記憶を保存

● 乳頭体
海馬から視床・脳幹
への伝達

変化するのです。

①大脳辺縁系

　このような考え方の変化に伴って，神経犯罪学の研究が発展を続けています。レイン（Raine, A.）は，犯罪と関連するさまざまな脳神経系の異常を見出しています。なかでも，**大脳辺縁系**の機能的・構造的異常はその最たるものです。大脳辺縁系とは，文字通り大脳の奥の縁にあり，帯状回，視床，脳弓，海馬，扁桃体などから成っています（図2-6）。これらは情動の表出，食欲や性欲などの本能，血圧や心拍など自律神経系の働き，記憶などの機能に関連する部位です。

　このなかで扁桃体と呼ばれる部位は，情動のコントロールに関連するといわれています。扁桃体の機能異常として，情動のコントロール欠如，攻撃性などがあげられ，いうまでもなくこれらは犯罪行動と大きな関連があります。

②自律神経系

　大脳辺縁系とも関連しますが，自律神経系の異常も反社会性の指標として重要だとされています。自律神経系は，私たちの内臓や血管などの働きをコントロールする神経系で，私たちの意思とは独立して働きます。多くの研究で繰り返し見出されている知見は，粗暴犯罪者には自律神経系の低覚醒状態がみられるということです。この場合，安静時心拍数や呼吸数が少ないことが特徴です。

　これがなぜ犯罪行動と関連するのでしょうか。実は心臓の働きは私たちの良心の働きと深く関連します。子どものとき，いたずらをしたり乱暴な行動をとったりして，親に叱られた経験は誰にもあると思います。そのとき，子どもは恐怖や不安を感じ，心拍数が上昇します。そして，いたずらなどの問題行動と恐怖や不安などの情動や心拍数の上昇が条件づけられます（恐怖条件づけ）。これが良心の源泉です。のちに同じような問題行動をとろうと考えたとき，条件づけられた恐怖心や不安が生起し，心拍数は上昇します。これが良心の働きであり，それによって問題行動が抑制されるのです。

　一方，生理的覚醒度が低い子どもは，親から叱られても心拍数が上昇するこ

とはなく，恐怖心や不安も生まれません。このため，問題行動を抑制する機能をもつ良心の形成が不十分になります。したがって，生理的覚醒度が低い人々には，犯罪行動を抑制するような心理的装置が十分に備わっていないのだと考えられています。

さらに，生理的覚醒度が低い人々は，その覚醒レベルを上げて正常に近づけようと無意識的に刺激的な行動をとりやすくなります。危険で粗暴な行動を行ったり，覚醒剤のような薬物を摂取したりすることの一因はそのためだと考えられます。

3 | 活動の倫理

現代の犯罪心理学において，もう1つの重要なことは，活動における倫理の問題です。これも研究の倫理と実践の倫理がありますので，分けて説明します。

1 研究の倫理

一般に，科学的研究を実施する際には，学会や大学などが出している倫理指針を遵守する必要があります。さらに，それに先立って研究倫理審査を受けなければなりません。その際には，研究目的，研究参加者，研究方法，インフォームド・コンセントの方法，個人情報の保護などの項目を明示する必要があります。

インフォームド・コンセントとは，説明と同意と訳されることもありますが，これは研究実施前に，研究参加者に対して研究目的，研究方法，考えられる有害事象とその防止策，個人情報の取り扱いなどについて文書または口頭で説明し，同意を得るための重要な手続きです。また，個人情報に関しては，研究目的上特に必要な場合を除いて，できる限り収集しないことが望ましいといえます。

犯罪心理学の研究は，加害・被害体験のような侵襲的な内容に踏み込む場合があるので，その際には十分な配慮が必要になります。加えて，少年院や刑務所などに収容されている自由を奪われた立場の人々に対して，施設の職員など権力関係にある人が研究を実施する際は，一般の研究以上の高い倫理性が求められます。特に，自由意思で研究に参加できるかの配慮が重要です。弱い立場にある研究参加者が，研究参加を断ったり途中で辞退したりすれば，評価が落ちるのではないか，悪影響があるのではないかなどという懸念をもつのは自然なことです。こうしたことがないように，またその懸念を抱かせないように十分な配慮をする必要があります。

2 実践の倫理

犯罪心理学の実践分野は多岐にわたります。捜査，裁判，矯正，保護などがその主な分野ですが，これらに加えて児童福祉施設，医療機関，教育機関，相談機関なども重要なフィールドとなります。こうした場所で犯罪心理学の専門家が実践活動をする際には，対象に応じて，そして機関の要請に応じて，さまざまな倫理的配慮が求められます。

表2-3　日本犯罪心理学会倫理綱領（概要）

規範遵守と責任保持	法令，諸規程を遵守し，他者の権利を侵害しないよう留意する。専門職として自らの活動とその影響への責任を持たねばならない。
資質，知識及び技能の向上	専門知識と技術の向上，関連情報の入手，関連法規の学習等に努め，常に資質，知識，技法の向上を図らねばならない。
適正な手続・技法の採用	自らの能力，活動目的，対象者の特質等に照らして，必要かつ適切な手続・技法を採用しなければならない。
説明と同意	活動に当たっては，可能な限り，対象者にその目的や内容を説明し，同意を得ることを原則とする。
個人情報の保護	活動で得た資料の中に対象者の個人情報がある場合，その管理に細心の注意を払わねばならない。研究結果の公表の際は，個人が特定されないような措置を講じなければならない。
公表に伴う責任	活動成果を公表する際は，内容の公正を期し，犯罪心理学の専門性と信頼を傷つけることのないよう配慮しなければならない。

出所：日本犯罪心理学会倫理綱領

日本犯罪心理学会や公認心理師の会など，関連学会や職能団体は独自の倫理綱領を定めています。前者の概要を表2-3に示しました。犯罪心理学の倫理綱領は，研究倫理と実践倫理が一緒になったような内容ですが，そこではまず「規範遵守と責任保持」が定められています。当然のことながら，犯罪心理学の実践は法や所属組織の規程を遵守したうえで行われる必要があります。

また，その専門的活動は，個人や社会に対して大きな影響を及ぼすことがあります。たとえば，少年事件において家庭裁判所調査官が作成する少年調査記録や，少年鑑別所の鑑別技官が作成する鑑別結果通知書は，審判の重要な資料となり，その少年の一生に大きな影響を与える可能性があるものです。したがって，このような実務の遂行にあたっては，大きな責任が生じるのです。

さらに，専門知識や技能の向上を図ることが倫理指針に定められている点に注目する必要があります。これには，専門家としての資質の向上が，倫理的な実践のためにも非常に重要であることが明示されているのです。

考えてみよう

科学は，私たちの思い込みを正してくれるものですが，あなた自身の思い込みが科学的知見によって修正されたという経験はありますか。それはどのようなものでしょうか。

🪶 本章のキーワードのまとめ

認知行動療法	元来はうつ病の治療として始まった心理療法で，さまざまな介入技法によって，不適応的な認知や行動パターンの修正を図ることで，心理的な問題の解決を目指すものである。現在は犯罪や非行などの反社会的行動の治療にも有効だというエビデンスが蓄積されており，広く犯罪者や非行少年の処遇に用いられている。
エビデンス・ベイスト・プラクティス	研究から導かれた最新最善のエビデンスを，クライエントの背景や価値観などと組み合わせて，介入やアセスメントなど臨床実践における意思決定をすることをいう。元来は，医療分野で提起された概念であり，エビデンス・ベイスト・メディシン（エビデンスに基づく医療）と呼ばれていたが，犯罪心理学など他領域で援用される際には，エビデンス・ベイスト・プラクティス（エビデンスに基づく実践）と呼ばれる。
バイアス	人間が元来有する認知的な偏りのことをいう。バイアスは，しばしば正しい認識や判断をゆがめてしまうことになるため，科学においては，系統的にバイアスを排除して，できる限り客観的で正確なデータを収集することが重要である。
生涯継続型反社会性	モフィットが提出した概念であり，犯罪者のうち発達初期から多種多様な犯罪に手を染め，それを生涯通じて反復するようなタイプの犯罪者を指す。このタイプの犯罪者が世の中の犯罪の過半数に関与していると言われている。男性が圧倒的に多く，何らかの生物学的な要因の影響が大きいと考えられている。
青年期限定型反社会性	生涯継続型反社会性と同じくモフィットの概念であるが，青年期に限定して反社会行動がみられるタイプを指す。これは青年期の発達課題と深く関連しており，自己実現，権威への反発などの発達課題に関連して反社会的行動がみられるが，成人期になると収束する。
ランダム化比較試験	介入のエビデンスを導き出すための最も頑健な研究デザインである。何らかの介入の効果をみるときに，研究参加者をランダムに介入群と対照群に割り振ることで，バイアスを統制して介入効果を見ようとする方法である。
メタアナリシス（メタ分析）	過去に行われた複数の研究を統計的に統合して，あたかも大きな1つの研究のようにすることで統計的検出力を高めて，より確からしいエビデンスを導き出そうとする方法のこと。メタアナリシスによって書かれた論文はシステマティック・レビューと呼ばれる。現在のところ，ランダム化比較試験のメタアナリシスが最も信頼のおけるエビデンスとされている。

セントラル・エイト	ボンタとアンドリュースが提出した概念で，メタアナリシスによって導き出した犯罪・非行の主要な 8 つのリスクファクターのこと。犯罪歴，不良交友，反社会的パーソナリティ，反社会的態度，家庭問題，職場・学校の問題，物質乱用，余暇活用の 8 つである。これは，人種，性別，年齢，罪種を問わず共通して犯罪のリスクファクターとなることがわかっている。
RNR 原則	ボンタとアンドリュースによって見出された有効な犯罪者処遇を特徴づける 3 つの原則のこと。リスク原則（Risk），ニーズ原則（Need），治療反応性原則（Responsivity）の頭文字を取って RNR と呼ぶ。この原則に従うか否かで，処遇の効果が大きく変わることも見出されている。
リスク原則	リスクアセスメントによって明らかになった再犯リスクの程度に応じて処遇の強度を変えるべきであるという原則。再犯リスクが小さい場合は最低限度の処遇，大きい場合は強力な処遇を行うべきで，リスクに見合った処遇を行わないと効果がなく，最悪の場合，再犯率が上がってしまうことがわかっている。
ニーズ原則	アセスメントによって明らかになった犯罪者のリスクファクターを標的にして処遇を行うべきであるという原則。リスクファクターのなかには，変化のしないもの（静的リスクファクター・犯罪歴など）と変化するもの（動的リスクファクター：パーソナリティ，態度，交友関係など）があり，後者を特に犯因性ニーズと呼んで，治療のターゲットとする。
治療反応性原則	処遇によって相手が変化するように適切に処遇の方法を選ぶべきであるという原則で，一言でいうと認知行動療法を用いるべきであるとされている。しかし，相手の動機づけの程度，知的レベルなどによって，反応性は異なってくるので，それらも考慮に入れる必要がある。
犯罪神経学	これまで犯罪における生物学的要因を探究することはタブーであるとされていたが，近年犯罪者の脳神経系の構造，機能などを分析することによって，犯罪との関連を研究することが盛んに行われるようになってきた。こうした一連の研究分野を犯罪神経学と呼んでいる。
大脳辺縁系	大脳皮質内側部に位置し，帯状回，扁桃体，海馬，海馬傍回，側坐核等から成る領域。われわれの情動，記憶，本能行動，動機付け，睡眠，自律神経調節などに関連しており，発生学的には大脳の他の部位よりも古い領域である。

第3章 犯罪原因論とリスクファクター

犯罪は，個人のライフコースのなかで生物・心理・社会の次元を異にする諸要因が輻輳（ふくそう）的に影響しあい発現・発展・停止していきます。本章では，一元的な視点から構築されることが多い古典的犯罪原因論の制約や問題点を整理したうえで，疫学的調査から実証的に確認されてきたリスクファクター（リスク因子）等に関する知見を概観し，原因論の検証・発展や臨床実務における意義を学びます。

●関連する章▶▶▶第1章

1 犯罪原因論の系譜

　人はなぜ犯罪に及ぶのか，同様な環境に育っても犯罪をする人としない人がいるのはなぜか，どんな要因が「原因」となって犯罪が起こり，どうすれば効果的に犯罪を**予防**し，犯罪をした者を立ち直らせることができるかといった疑問について，古来からさまざまな説明や対応がなされてきました。犯罪学には，18世紀に罪刑法定主義の考え方を確立させたベッカリーア（Beccaria, C.）らの古典学派と19世紀に生来性犯罪者説を提唱したロンブローゾ（Lombroso, C.）を始祖とする実証学派の2大源流があります。冒頭の疑問への答えは，古典学派においては主に刑法学等の法学的側面から罪と罰のあり方を検討する刑事政策論の形で今日まで継承されています。一方，実証学派は，学問的背景から大別すると犯罪生物学・犯罪心理学・犯罪社会学という分析次元を異にする支流に分岐し，多様な原因論や処遇論等が提唱されてきました。

　犯罪行動にまつわる科学的理論の有用性は，ターゲットとする現象を信頼性や妥当性を備えた形で客観的に記述（測定）でき，当該犯罪行動の生起や再発の予測，その統制（予防や制御（セルフマネジメントも含む））にどの程度役立つかといった視点から評価することができます。また，科学的理論の前提として反証可能性も備えていなければなりません。

　こうした観点から古典的な犯罪原因論を見直すと，今日的意義とともにその制約や問題点がより明確化すると思われます。そこで，本章では，まず代表的な古典的犯罪原因論の一部を取り上げ，意義や制約等を検討します。次に，本章の主眼である非行や犯罪に関連するリスクファクター（リスク因子）や保護因子の解明により，多次元的・複眼的に犯罪にアプローチする手法（疫学的な

プラス*α*

予防
(prevention)
予防は疾病等の問題が生じる前の段階から問題のある人のリハビリ段階まで対策を講じることができる。公衆衛生や予防医学の分野では，問題発生前の未然予防段階の対策を一次予防，リスクが高まっている人の早期発見と深化防止の対策を二次予防，リハビリ段階の再発防止・回復支援を三次予防と呼び，対象者の範囲や介入方法・内容を変え対策を行う。

語句説明

反証可能性
(falsifiability)
科学的理論は客観的な観察や実験を通じ仮説検証ができ，反証される可能性があることが条件となるという考え方。科学哲学者ポパー（Popper, K.）が提唱した。

公衆衛生アプローチ）やそこから得られた知見が，犯罪原因論の検証や犯罪の予防，再犯防止や更生支援のための効果的介入といった臨床実践にどのように役立つかをみていきます。

1　古典的犯罪原因論：心理学的視点からの精神力動論と学習理論

①精神力動論

　フロイト（Freud, S.）によって創始された精神分析学では，人間の心は快楽原則に従うイド（エス），現実原則に従う自我，本能的欲動を抑圧し道徳的禁止を及ぼす超自我の心的機能を仮定し，性欲動の発達段階で心理的外傷により未発達の段階に固着したり，エディプスコンプレックスの処理に失敗したりすると権威像との同一視による良心の形成がうまくいかず，意識下の心理機制を介して犯罪行動が生起するなどの説明がなされてきました。その後，精神分析学派は，文化や社会的側面も重視する新フロイト派に分化し，アドラー（Adler, A.）の劣等コンプレックス（劣等感）の補償概念や自己愛の病理など対象関係論的な概念を用いた犯罪の説明などもなされてきました。特に，わが国の非行臨床実務にも大きな影響を与えたものに，家庭内での愛情欲求不満等，満たされない願望や欲求に起因する情動障害による不適応が非行の主因であるとするヒーリーらの一元論的見方（Healy & Bronner, 1937）があります（山根，1974）。この理論は，水島（1964）による同理論の拡張と非行少年の類型論の整理により発展され，昭和期のわが国の非行臨床実務の理解枠組みの一つでした。

　このように仮説的な心的エネルギーや防衛機制等の精神分析的構成概念に基づき心の動きや行動を説明しようとする立場を精神力動論といいます。精神力動論に基づく犯罪の説明は，動機が了解しがたい事件などでストーリーをわかりやすく提示できるメリットがありますが，客観的にその仮説や因果説明の妥当性を検証することが困難であるなど，反証可能性が乏しく，犯罪行動の予測や犯罪予防面への寄与についてのエビデンスもあまり得られていません。

②学習理論

　学習理論からみた犯罪行動の説明は大別すると 3 つの立場から可能です。第 1 は，パブロフ（Pavlov, I.）の古典的条件づけ理論を重視する立場です。たとえば，アイゼンク（Eysenck, 1964/1966）は，覚醒水準の低い神経症・外向性格者では，ルール遵守の基礎となる条件性制止（禁止＝良心）の古典的条件づけができにくいことが犯罪への親和性を高めると主張しました。第 2 は，スキナー（Skinner, B. F.）のオペラント条件づけに基づく立場です。オペラント条件づけとは，報酬に導く行動は強化され罰に導く行動は一時的に抑止されるということであり，次項に述べる分化的接触理論等の社会学系の犯罪原

因論など各種理論のなかで重視されています。第3は，バンデューラ（Bandure, A.）の社会的学習理論です。社会的学習理論では，個人の認知の過程や対人的相互作用のなかでの学習を重視し，重要他者のモデリング等のプロセスを介して犯罪行動を含めたさまざまな行動の学習が進行するという考え方をとり，非行や犯罪の説明や治療的介入にも応用範囲の広い理論です。

これら学習理論に依拠する原因論の共通のメリットは，外見的な行動レベルで説明概念を操作的に記述・定義でき，介入結果の測定も容易なこと，介入する側とされる側とが共通理解に立ち課題に取り組める点にあります。これらの学習理論は，司法・犯罪領域では，認知行動療法などの形で加害者の更生支援プログラムの実践のほか，犯罪被害者の PTSD 症状等トラウマケアなどにも幅広く応用され，介入効果についてのエビデンスも豊富に報告されている点も見逃せない特徴となっています。

2　古典的犯罪原因論：社会学的な理論

社会学的な犯罪原因論は，犯罪原因を個体の生物学的・心理学的背景よりも社会構造や社会的プロセスなどの社会環境面に焦点づけて理論構築されており，構成概念の分析単位が大きいマクロ理論から心理学的理論に近いマイクロ理論まで幅があり，説明水準も相当異なります（Williams & McShane, 2018）。

マクロな次元の原因論には，住民移動が頻繁で地域社会のインフォーマルな統制も弱い地域の犯罪発生率の高さに着目したショウ（Shaw, C. R.）やマッケイ（McKay, H. D.）ら初期シカゴ学派による社会解体論や，文化目標と制度的手段との不適合に起因する緊張（Strain）に着目したマートン（Merton, R. K.）のアノミー論などがあります（第1章参照）。これらの理論は，時代特有の社会変動や地域特性による犯罪の違いの説明には威力を発揮し，今日でも集合的効力感*といった地域のインフォーマルな統制力の概念化（Sampson et al., 1997）などの形で理論化に成功していますが，同様な環境にありながら犯罪に加担する者としない者との差異を十分に説明できないため，個人的行動の差異や変動の説明や予測に適用しようとすると説明力が低下する傾向にあります。

それでは，もう少し分析のふるいが細かいマイクロ理論をみてみましょう。同じ緊張理論系の理論でも，アグニュー（Agnew, R.）による一般緊張理論は，家庭，学校・職場，地域といったさまざまな社会的場面で生ずる広範な緊張や欲求不満が嫌悪感や猜疑心といった否定的感情をたきつけ犯罪に導くとし，行為主体の心理的側面に沿った形で理論を拡張しました。また，サザーランド（Sutherland, E.）の分化的接触理論（第1章参照）やエイカーズ（Akers, R.）の社会的学習理論では，学習理論の見地から犯罪的行動パターンが深化していくプロセスを検証可能な下位仮説に細分化して整理し心理学的に説明しており，個人レベルの行動説明にも適用可能性を高めています。他方，なぜ人は犯罪を

語句説明

集合的効力感
（collective
efficacy）
サンプソンらが提唱した社会学的次元の説明概念で「地域社会の公共財のために自発的に地域に関与しようとする地域社会の凝集性」と定義される。地域社会のインフォーマルコントロールと同地域の暴力の発生率などとの関連性を調査する際などに説明概念として用いられる。

しないのかという観点から理論構築する立場に，インフォーマルな社会的コントロールを重視する社会的統制理論があり，ハーシー（Hirschi, T.）の社会的絆理論が有名です（第1章参照）。第1章でも説明のあったようにこの理論では，愛着（親など重要他者へのアタッチメント），コミットメント（目標志向的な努力），インボルブメント（社会的活動に忙しいこと），規範信念（社会規範を是とする規範意識）の4要素が，放置しておけば非行に流されやすい少年たちを社会につなぎとめるのだとしました（後に自己統制力を加え理論を拡張修正）。こうした説明概念も操作的に定義し測定可能な形で検証でき，非行予防対策に翻案されています。最後の例としては，サイクス（Sykey, G. M.）とマッツァ（Matza, D.）の中和の技術の概念があります。中和の技術*は，彼らが提唱した非行へのドリフト（漂流）理論の中核的概念であり，非行発症成因はよく説明できませんが，合理化による自分に都合のよい理由づけで罪障感や抵抗感を緩和する認知特徴が非行や犯罪への親和性を高め，心理的ハードルを低くする過程を浮き彫りにし，個人レベルの行動理解にも適用できます。

　以上のように，社会学的な犯罪理論とされているものでも，個人差をより良く説明できる理論は，心理学の構成概念を援用したものが多いといえます。

3　古典的犯罪原因論：多因子論

　古典的な原因論の多くが特定の学問的立場から一元的に非行や犯罪原因の説明を試みてきたのに対し，多因子論は生物・心理・社会の各次元から人間行動を多角的・多面的にとらえようとする立場です。このようなアプローチは，特定学問領域の少数の構成概念から理論構築するアプローチとは違い非理論的で整合性にも欠ける手法だと批判されることもありますが，未知の要因について先入観にとらわれず仮説を構築・検証したり，説明次元を異にする構成概念間の関連性の検討などでは威力を発揮できるアプローチです。

　こうした手法に先鞭をつけた研究が**グリュック夫妻**による「少年非行の解明」（Glueck & Glueck, 1950/1961）です。第1章でも紹介されていますが，ここではより詳細にみていきます。彼らは，米国マサチューセッツ州ボストン地区の非行のある少年群（少年院収容少年）と非行のない少年群各500名を年齢，知能，人種，社会経済的階層からマッチング*して選択し，非行要因として想定される身体面，知能面，情緒・気質面，社会文化面の総計402項目の違いを統計的に検討しました。当初の研究手法は，両群の調査時点における変数の違いを横断的に調査し，非行の発現に関連する幼少期の問題は過去にさかのぼって調査する後ろ向き症例対照研究（ケースコントロール研究）の手法を用いた観察的研究でした（図3-1上部参照）。

　幼少期の問題を遡及的に調べたのは，非行の発現に関連のある要因（リスク因子）を解明し，非行の早期予測が可能かどうかを検証し，少年非行の未然防

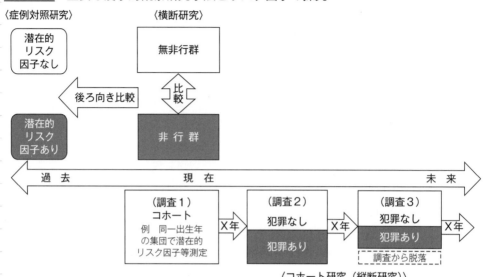

図3-1 主要な疫学的観察研究手法とリスク因子の探究

〈症例対照研究〉

潜在的リスク因子なし

〈横断研究〉

無非行群

後ろ向き比較

比較

潜在的リスク因子あり

非行群

過去　　　　現　在　　　　　　　　　　未　来

（調査１）コホート

例　同一出生年の集団で潜在的リスク因子等測定

X年

（調査２）犯罪なし

犯罪あり

X年

（調査３）犯罪なし

犯罪あり

調査から脱落

X年

〈コホート研究（縦断研究）〉

止に役立つ有効な手掛かりを探る非行早期予測の目的があったためです。

　無非行群との統計的比較で非行群を特徴づけた変数は，体格面では筋肉質の中胚葉型が多いこと，気質・情緒面では外向・過活動的，情緒不安定・衝動的，弱い自己統制，葛藤場面で行動化による問題解決傾向が高いことなど，知能面では語彙・常識・理解といった言語性知能の弱さ，日常生活面では学業成績が劣り，学校内外の不良行動が目立ち，不良行為に親和的な仲間関係が強く，余暇活動が乱れていることなどの特徴でした。さらに，養育基盤である家庭環境では，親の犯罪歴，離婚・別居・死別など幼少期から不利な環境におかれ，しつけは放任的で家族のまとまりも乏しいという特徴がみられました。

　グリュック夫妻の研究は，調査結果の多くを横断的な調査所見の比較から得ているため，非行群を特徴づける相関の高い変数は導き出せても因果推論までは至りにくいなどの問題があります（例：非行少年に筋肉質体型が多かったのは，原因か結果か判然としません）。また，遡及的な調査手法は，調査結果の信頼性や妥当性を低下させる想起バイアスや選択バイアス等各種のバイアスがかかりやすいなどの問題もあり，今日の基準からみると調査の質に問題があります。しかし，これらの特徴の多くが，次節でみる縦断的な調査でも非行や犯罪のリスク要因として確認されており，非行の早期予測因子として指摘された家庭養育上の問題等の要因該当数を単純加算するだけでも，非行のある群とない群を一定精度で予測できるなど（Andrews, 1989），非行・犯罪の予測研究やリスクアセスメントの発展にも多大な貢献をもたらしました。しかも，この研究データ（フォローアップデータも含む）がハーバード大学地下倉庫に保管されていたおかげで，後にサンプソンとラウプは，この調査対象集団の一部が70歳

プラスα

中胚葉型

クレッチマー（Kret-schmer, E.）の体格・性格分類（細長型＝分裂気質；闘士型＝粘着気質；肥満型＝循環気質）にならい，シェルドン（Sheldon, W.）はやせ型の外胚葉型，筋肉質の中胚葉型，丸型の内胚葉型に体型分類した。グリュック夫妻の研究では，中胚葉型は非行群では約60％だったのに対し，無非行群約31％と非行群の構成比は２倍近くであった。

に達するまでの縦断的追跡調査を行い，彼らがいかにして非行や犯罪から離脱（デジスタンス）を果たしたかを調べ，ライフコースの観点から犯罪からの離脱理論構築にも発展させています（Sampson & Laub, 1993, 2003）。

2 ｜ リスクファクター（リスク因子）と保護因子からみた非行・犯罪

1 疫学的研究法とリスク因子・保護因子

　非行や犯罪にまつわる諸要因の調査には，公衆衛生や予防医学を支えてきた疫学の研究手法が利用されています。疫学とは，感染症等の疾病の発生状況を観察・測定し，これに寄与する諸要因を因果関係の観点から解明し，予防対策を策定・実施し，その効果を評価するという一連のプロセスを研究する科学です。疫学では，疾病の発生の可能性を高める方向に関連性をもつ**リスク因子**（リスクファクター）を同定し，そのうち操作や変容が可能なリスク因子を削減・回避することで疾病予防を図るというアプローチをとります（これを公衆衛生アプローチまたはリスク予防パラダイムといいます）。一方，疾病等のマイナスの結果を緩和し予防する方向に関連する諸要因は**保護因子**と呼ばれており，健康増進のためにはリスク因子を減らすだけでなく，保護因子を維持・増進する対応も欠かせません。こうした手法は非行や犯罪の予防対策にも適用できます。

　疫学的手法のメリットは，原因がはっきりと特定できなくても疾病発生にまつわる関連要因を操作することで，予防が可能になる点にあります。その好例は，19世紀半ば，コッホがコレラ菌を発見する30年ほど前にロンドンでコレラが大流行した際，死亡者の発生状況を丁寧に観察し，共同井戸の水が感染源であることをつきとめコレラの流行を食い止めたスノウ医師のエピソード（Hempel, 2006/2009）にみることができます。前節でみたように，非常に多様な原因論が提唱されてきた非行・犯罪領域では，グリュック夫妻の調査のように複合的な要因を多次元的に検討しなければならず，リスク因子や保護因子の解明は犯罪学の分野で重要な研究領域になっています。

2 縦断研究（コホート調査）と発達犯罪学

　犯罪学の分野では，非行や犯罪がまだ発生していない幼少期に選択した特定集団（例：出生年を同じくするバースコホート）に対して，非行や犯罪に関連すると推定される多因子論的仮説因子を継続的に測定し，非行や犯罪の発生状況と先行因子との関連性を逐次検討していく調査手法（**縦断研究**）が用いられて

プラスα

**離脱
（desistance）**
非行や犯罪をしていた人がそれを停止しやめ続けている状態をデジスタンスといい，更生支援上重要な研究分野になっている。サンプソンらは，兵役，就職，結婚といったライフイベントが人生の転機となり離脱が促進されることに着目し，離脱におけるインフォーマルな社会統制の重要性を軸とした離脱理論を提唱した。離脱理論にはこうした転機に加え，まっとうな本来の自分を取り戻すアイデンティティの修正過程が伴うとするマルナの理論（Maruna, 2001）もある。

**リスク因子とマーカー
（risk factor,
maker）**
リスク因子は犯罪等の結果事象予測に役立つ要因群であり，原因とは限らない。リスク因子のうち，原因とはみなし得ない要因だが，結果事象との関連性の目印になる要因はマーカーと呼ばれる（例：男性は女性より犯罪発生率が高いので，性別は犯罪リスクのマーカーになる。同様に人種や年齢もマーカーとしてリスク因子に含まれることがあるが，原因と混同しないよう注意したい（詳細はFletcher, et al., 2014/2016 等の入門書を参照）。

きました（図3-1下図参照）。縦断研究は，人的・物的・時間的コスト等の面で横断研究や症例対照研究よりもはるかに手間がかかりますが，横断研究からわかる単なる相関関係を越えて因果関係の仮説的モデルをつくりやすいことや，人のライフコースに沿って生涯発達の観点から非行や犯罪の発展の経路等を分析できることなどの面で豊かな成果をもたらします。このため，縦断研究は発達犯罪学の支柱となる研究法に位置づけられています。

犯罪学の分野で学問的な知見に大きく寄与した縦断研究は多くありますが，以下にその一部を紹介します。

米国における先駆的な大規模コホート調査では，ウォルフガングらによるバースコホート研究があります（Wolfgang, Figlio, & Sellin, 1972）。この研究は，ペンシルバニア州フィラデルフィアで1945年に生まれた男子で10歳から18歳まで同市居住歴のあった少年集団の縦断的調査です。この調査結果は多岐にわたりますが，少年期に非行で警察との接触のあった者は35%に及び，非行発生率は10歳頃から徐々に上昇し16歳頃にピークを迎えるものの，多くの者が1回限りの非行で終わり，成人期に向けて低下を示す傾向にあること（これを年齢・犯罪曲線といいます），調査集団全体のわずか6%に当たる慢性的非行少年（4～5回以上非行を繰り返す者）が全非行の半数近くに加担していることなどがわかりました。この調査所見は，非行の高リスク集団に対する手当てを早期に講じることの重要性を示唆したほか，その後のコホート調査による非行・犯罪研究の活発化につながりました。

縦断研究には，非常に長い時間的スパンで調査を継続しているものがありますが，調査の進行に伴い，対象者の死亡や所在不明など調査からの脱落の問題がつきものです。調査からの脱落が少なく9割を上回る調査参加者を継続的に確保してきた良質な縦断研究としては，ファリントンらが英国で手がけてきたケンブリッジ非行発達研究（CSDD）やモフィットらによるニュージーランドのダニーデン学際的健康・発達研究（DMHDS）が有名であり，多くの成果を上げています。

CSDDでは，英国南ロンドン地区出身男子400名余りを1961年の調査開始時8歳の時点から50歳に至るまで40年余り調査し，非行の発症，犯罪の持続，犯罪からの離脱までの諸要因が検討されました。この研究でも，調査対象者のわずか7%の者が対象集団全体の半数近くの犯罪歴を占めること，後の犯罪を予測する8～10歳までの低年齢時のリスク因子として，無鉄砲さ（リスクテーキング傾向），学業成績不振，家族の犯罪性，貧困，不適切な養育が目立つこと，非行歴があっても成人前に非行を卒業する者（モフィットのいう青年期限定型の非行少年）は犯罪歴のない者と同様な特性がみられ，非行早発で犯罪経歴の長い者も大部分が犯罪から離脱することなどが確認されています（Farrington et al., 2006）。

語句説明

発達犯罪学
(developmental criminology)
非行や犯罪の消長を，個人のライフコースの側面から継時的に分析する犯罪学の一分野。

プラスα

縦断研究の手法
縦断研究には，動向調査，集団（コホート）調査，パネル調査がある。発達犯罪学では初回調査のコホートを固定し，調査パネルのメンバーを入れ替えずに定期的に追跡するマルチウェーブパネル調査の形で行われることが多い。

年齢・犯罪曲線
(age-crime curve)
犯罪に当たる行為の発生率を縦軸に，年齢を横軸にしてプロットすると10代半ばにピークを迎え，若年成人期に至って大きく低下する形状を示す（ただし罪種によりピークはずれる）。この現象は，心身の発達の早さと自己統制力の発達の遅れとのギャップに起因すると考えられている（Steinberg, 2007）。なお，犯罪白書の「少年非行率の推移」というグラフは年齢・犯罪曲線の一例である。

　一方，DMHDS では，約 5％の者が，児童期早期に非行を早発させ，成人期まで持続的に非行・犯罪に関与し全犯罪の半数程度に加担する生涯持続型の犯罪者になる一方，大部分の者は中学生世代以降に非行化し，成人期までに非行から離脱する青年期限定型非行少年となるとの理論化（Moffitt, 1993）がなされました。このほか，遺伝的要因と環境要因との相互作用など今日まで行動遺伝学等の見地からさまざまな興味深い仮説が生成され検証されています（Moffitt & Caspi, 2006/2013）。

　非行・犯罪関連の縦断研究は，特定の国や地域の特定時期に実施されるため当該地域の法制度や文化，時代の影響も受けます。そこで，特定地域で得られた所見がどこまで一般化できるかは異なる地域や時代ごとに得られた結果を統合して評価する必要があり，リスク因子や保護因子の影響の強さを一般化して推定する場合には，次項でみる類似研究の結果を統合して評価するメタ分析[*]による系統的レビューの知見が欠かせません。

3　少年非行のリスク因子と保護因子

　ライフコースのなかで非行・犯罪の発現や維持・発展に関連するリスク因子や非行・犯罪の防止・削減につながる保護因子にはさまざまなものがあります。人が成長するにつれて発達段階ごとに発達課題は変わっていき，生活空間も家庭から学校，職場，地域社会へと拡大し，リスク因子や保護因子となる要因も推移していきます。行動予測をする場合には，ある時点でどんなリスク因子の布置があるかを横並びにみるだけで大まかなリスク水準の見立ては可能ですが，臨床場面で個人をより良く理解し有効な支援をするためには，発達という時間軸を立てリスク因子や保護因子の布置がどのように綾をなしてきたかもよく吟味する必要があります。また，リスク因子はその数が増えるほど，因子間の相互作用もあいまってもたらすインパクトが大きくなるという特徴があるため，全体の布置をとらえて対策を検討する必要があります。

　表3-1は，非行のリスク因子を学童期に低年齢で発症するタイプと中学生の学齢期に遅れて発症するタイプに分け，それぞれの発達時期のリスク因子を個人特性から地域環境次元の問題までに分けてみたものです。表中の効果量は，主にこの報告書をアメリカ保健福祉省がまとめた際に典拠とした大規模なメタ分析（Lipsey & Derzon, 1998; Hawkins et al., 1998）に基づいています。この表で非行のリスク因子がすべて網羅されているわけではありませんが，着目すべきポイントは，まず，非行がピークを迎える 15〜17 歳頃の非行リスクを予測するリスク因子は，非行の発症時期ごとに異なり，同じリスク因子でも将来の非行との関連性の強さが，非行問題が発症する時期によって異なる点です。非行が低年齢から始まるタイプの場合，犯罪的行動や低年齢での飲酒・喫煙・規制薬物等の物質使用は，ピーク期の非行との関連性が高いことや，生活の中

メタ分析（meta-analysis）
系統的な文献レビューで得られた類似の研究の個々のデータを同一の効果量指標（r, d, OR オッズ比など）に統合して評価する統計解析の方法。エビデンスの水準では最も信頼性が高いとされる。

プラスα
リスク累積モデルと発達カスケードモデル
バートルらはリスク因子間の影響の仕方を累積モデルと発達カスケードモデルに大別して説明している（Bartol & Bartol, 2017）。前者はリスク因子を横断的・並列的にみて，その全体的影響を加算・積算的に検討するモデルである（主効果と交互作用項を含めた重回帰モデルに相当）。後者は，先行リスク因子の流れが小滝のように流れを分岐させながらリスク因子間で継時的に影響を与えていくモデルである（共分散構造分析モデリングに相当）。
例：まとまりのない家庭→学習意欲・成績低下→学校生活離反＋不良交友→反社会的態度・思考の学習促進

表3-1　少年期から若年成人期までの非行・犯罪のリスク因子と保護因子

領域	ピーク期（15～17歳）の非行を予測するリスク因子		若年成人期（18～24歳）の犯罪を予測するリスク因子	保護因子
	早期発症（6～11歳）①	後期発症（12～14歳）①	ピーク期（15～17歳）②	③
個人特性	一般非行犯罪歴　.38 物質使用　.30 攻撃行動*　.21 過活動性　.15 問題行動歴　.13 低いIQ　.12 不正直さ*　.12	一般非行犯罪歴　.26 物質使用　.06 攻撃行動　.19 落ち着きなさ　.20 集中困難*　.18 身体的暴力*　.18 反社会的態度　.16 問題行動歴　.12 低いIQ　.11 リスクテーキング　.09	一般非行犯罪歴　.38 反社会的態度　.29 物質使用　.27 外在化問題　.25 衝動性　.18 低い自己評価　.08	逸脱行動への不寛容な態度 平均以上の知能 家庭・学校生活への肯定的態度 攻撃的でない社会的認知・信条 低い衝動性・穏やかな気質 低いADHD傾向 高い心拍数 高いMAOA活性
家庭生活	低い社会経済的地位　.24 反社会的親の存在　.23 不良な親子関係　.15 厳格すぎ・放任・一貫性 のないしつけ　.13 親との離別　.09 虐待をする親　.07	低い社会経済的地位　.10 反社会的親の存在　.16 不良な親子関係　.19 厳格すぎ・放任・一貫性 のないしつけ　.08 家内葛藤*　.13 虐待をする親　.09	低い社会経済的地位　.03 家庭のまとまり　.15 家族構造　.10	温かく支持的な親や成人との関係 親からの適切な監督指導
学校生活	不良な生活態度・成績 .13	不良な生活態度・成績　.19 学業面での挫折　.14	学業成績　.14 不良な意欲・態度　.09	良好な学業成績 学校生活の絆・関与の強さ 学習意欲・目的指向の高さ 教師のサポート・監督指導
交友関係	社会的絆の弱さ　.15 反社会的交友関係　.04	社会的絆の弱さ　.39 反社会的交友関係　.37 不良集団所属　.31	反社会的交友関係　.36	非逸脱的で慣習的な交友関係 攻撃行動に不寛容な交友関係
地域環境	該当するリスク因子なし	地域犯罪・薬物問題　.17 地域社会解体　.17	掲載情報なし	社会的に不利な地域でないこと 地域のまとまり インフォーマルな社会統制

出所：Office of the Surgeon General（2001）（①部分），Tanner-Smith et al., 2012（②部分）及び Lösel &Farrington, 2012（③部分）から
　　　抜粋・合成し作成
注：表中のリスク因子の数値は非行・犯罪予測の効果量平均値（ピアソンの相関係数 r）を，＊は男子のみ該当をそれぞれ示す。
　　①と②の研究では，リスク因子の命名やグルーピングの仕方が異なる。

心をなす家庭の影響がその後の非行にも色濃く影響することが見て取れます。一方，中学生世代で非行を開始するタイプの場合には，学校や地域における仲間関係の質がピーク期までの非行の遷延化に大きな関連性を有していることが見て取れます（Office of the Surgeon General, 2001）。

　次に，表3-1の少年非行のピーク期（15～17歳）から若年成人期（18～24歳）のデータを若年成人犯罪と関連の高かった因子から効果量の大きさ順にみると，一般非行犯罪歴，反社会的交友関係，反社会的態度，物質使用，外在化問題，衝動性，家庭のまとまり，学業成績，家族構造，低い自己評価，低い社会経済的地位などとなっています。この結果は次項のアンドリュースらの**セン**

トラルエイトリスク・ニーズ因子の妥当性を支持する所見であり，非行・犯罪との関連性からみると，自尊感情や貧困問題へのアプローチより反社会的認知や行動傾向，非行や犯罪に親和的な交友関係の是正のほうが再犯防止面ではより優先性が高いことを物語っています（Tanner-Smith et al., 2012）。

　非行犯罪の予防や立ち直りに関連する保護因子は，リスク因子よりも遅れて研究が始まったこともあって，メタ分析による報告はまだ十分になく，表3-1に効果量の掲示はありません。なお，保護因子には，その因子が存在することで非行・犯罪の低下に直接的な効果を及ぼすもの（例：高い知能）と，リスク因子があるときに限り間接的な形で緩衝効果を及ぼす保護因子（例：児童虐待等のマルトリートメントのリスク因子がある場合，高モノアミン酸化酵素 MAOA 活性は非行リスクを下げる）があります（Lösel & Farrington, 2012）。このほか保護因子では，社会的統制理論の社会的絆要因やソーシャルサポートを与える人的資源（ヒューマンキャピタル）が大切なことも確認されています。

4　成人犯罪のリスク因子と保護因子

　成人犯罪のリスク因子や保護因子も，少年非行同様に観察的な縦断研究や変容可能なリスク因子をターゲットとした介入研究から得られています。リスク因子には，過去の非行・犯罪歴のように固定的なもの（静的リスク因子）と治療的介入等で変容可能なもの（動的リスク因子）があります。再犯予測は静的リスク因子だけでも相当な精度で行うことができますが，犯罪をした人の立ち直りや再犯防止のためには，犯罪に結びつく動的リスク因子（犯因性ニーズ）を減らすとともに，自他を傷つけることなく自分の望むより良い暮らしを維持発展させることのできる強み（ストレングス）を伸ばすことがポイントになります。非行や犯罪をした人への介入では，リスク因子に着目する立場（リスクマネジメント（管理）モデル）とストレングスの伸長に重点をおく立場（**長所基盤モデル**（ストレングスモデル。例：Ward & Maruna, 2007））とが対比され，論争にも発展していますが，社会の安全と本人の立ち直り促進の観点からみると，非行・犯罪の臨床場面ではいずれの視点も欠かせないものです。

　表3-2は，アンドリュースとボンタらが1990年代から提唱してきたアセスメントと治療的介入の枠組み（RNRモデル）のなかで，犯罪の再発に関わる中心的リスク因子を8つにまとめたもの（セントラルエイトリスク・ニーズ因子）です。これらは，再犯防止や更生支援のプログラムの主要目標に据えなければならないニーズ因子でもあります。この8因子は，メタ分析の実証データからみる限り，男女の別，精神障害の有無，一般犯罪・暴力犯罪・性犯罪の区別に関わりなく共通性の高い因子群です（Bonta & Andrews, 2017）。ただし，上述の少年非行のリスク因子の項でみたように，発達時期に応じてリスクの布置や重みは違ってくることがありますし，罪種に固有の特殊なリスク

プラスα
動的リスク因子の下位分類
動的リスク因子のうち，衝動的な行動傾向など時間的安定性の高いものを安定的・動的 stable-dynamic リスク因子といい，一時的な怒りなど状況や場面に応じた一過的リスク因子を急性・動的 acute-dynamic なリスク因子という。動的リスク因子は治療的介入のターゲットとなり，犯因性ニーズともいわれる。急性・動的因子の所見は安定的・動的因子の所見より少ないが再犯防止の監督指導では再犯の引き金要因になるので注意が必要である。

参照
リスクアセスメント
→6章

表3-2　一般犯罪のセントラルエイトリスク・ニーズ要因とストレングス・介入目標

リスク・ニーズ要因	説　明	ストレングスとなり得ること	介入目標例
① 犯罪・非行等問題行動歴	逮捕歴，前科，仮釈放中の遵守事項違反のほか早期からの家庭内外での犯罪的行為を含む。	犯罪的行動がないかごくわずかで犯罪親和的態度にもほとんど影響がないこと。	犯罪・非行歴は履歴因子＝静的因子なので変容不能。再発防止のため，ハイリスク状況での非犯罪的対処行動や更生を支える自己効力感増進を目標に設定し介入する。(例：リラプスプリベンションプログラムの受講等)
② 犯罪親和的態度	犯罪に親和的な態度，価値観，信条，思考，合理化などを含む。(例：犯罪者との同一視，司法制度への否定的態度，犯罪は利益につながるとの信条，犯罪正当化につながる合理化による認知)	犯罪親和的な心情を拒絶し，向社会的なアイデンティティを明確に保持していること。	犯罪親和的な態度や思考の修正(犯罪親和的な思考の削減及び向社会的思考の育成・増進)(例：適切な問題解決に向けた認知スキルプログラムの受講等)
③ 犯罪親和的仲間関係	犯罪に親和的な仲間関係があり，向社会的な対人関係から相対的に隔絶されていること。	親密で頻繁な向社会的対人関係を有しており，犯罪に親和的な対人関係がないこと。	犯罪親和的な対人関係を減らし，向社会的な対人関係を奨励する。例　交友関係見直しと不良な交友関係絶縁のための対人スキル訓練，メンタリング等
④ 反社会的パーソナリティパターン	衝動的，刺激に富む快楽追及的，広範なトラブル，落ち着きに欠け攻撃的，他者に対する冷淡さなど。	高いセルフコントロールと適切な問題解決スキルを有すること。	セルフマネジメントスキル増進，共感性増進，アンガーマネジメント，問題解決スキルの増進(例：上記に焦点づけた介入プログラムの受講等)
⑤ 家庭・婚姻関係	青少年の場合は原家族の親子関係，成人の場合は配偶者との関係性の状況及び犯罪行動に対するしつけや監督指導状況不良。	強い監督指導が存在するとともに養育的配慮もきめ細かなこと。	家族や婚姻関係の葛藤削減，肯定的関係性や監督指導の増進(例：ペアレンティングプログラム等の子育て改善，家族関係改善プログラムの受講)
⑥ 学校・就労生活	学校生活や職場での対人関係の質的な側面に着目した場合，成績不良なこと，学校や職場で有益な関与や満足が得られていないことなど。	学校・職場内の権威的人物や同級生・同僚へのアタッチメントが強いこと。学業や仕事に対する高い成果や満足が得られていること。	学業・就労成績の向上，学校・職場生活関与，報酬，満足の増進(例：補習教育，就労支援プログラム等)
⑦ 物質乱用	アルコールや各種薬物（タバコを除く）の乱用問題（過去の問題より現時点の問題のほうがよりリスクが高い）	危険な薬物乱用が認められず，薬物乱用に対する否定的感情を保持していること。	物質乱用の削減，物質指向的行動に対する個人・対人的サポート，物質乱用に代わる代替行動の増進(例：薬物乱用離脱のための構造的プログラム受講，自助グループの活用等)
⑧ 余暇活動・レクリエーション	向社会的で健全な余暇活動への関与が少なく，そうした活動から満足も得ていないこと。	向社会的で健全な余暇活動に深く参加し満足が得られていること。	健全な余暇活動への参加，報酬，満足の増進(例：健全な趣味やスポーツクラブへの参加，資格取得や大会参加)

出所：Bonta & Andrews, 2017 に基づき，表形式改変・介入具体例を一部付加

（例：性犯罪の場合では，性的関心の偏向等）の関与もあるため，セントラルエイトのリスク・ニーズ因子による一般的犯罪性とともに，暴力や性犯罪等の犯罪内容などにも特化したアセスメントツールで評価することが対象者のリスク因子や必要な働きかけの把握には欠かせません。

5　生物学的なリスク因子：古くて新しいフロンティア

犯罪原因論は，本章冒頭で触れたようにロンブローゾに始まる犯罪生物学的な原因論にルーツがあります。第2章でも紹介されたように，ロンブローゾの理論が実証的裏付けを欠いていたことや初期の犯罪生物学的研究が特定家系の犯罪の世代間連鎖を報告しているなど優生思想や差別を助長しかねないものであったこともあって，生物学的なアプローチより社会学的な諸要因を重視する方向に長らく舵が向いていました。それでも，双生児法や養子研究法等を用いた遺伝と環境の影響の吟味等，犯罪生物学の見地からの研究は続けられており，分子遺伝学，行動遺伝学，脳科学等の近年の進歩は，生物学的なリスク因子や保護因子を積極的に探索する方向に振り子を戻してきています。

非行や犯罪の生物学的なリスク因子として検討されているものを例示すると以下のようなものがあります（Bartol & Bartol, 2017; Peskin et al., 2013; Raine, 2013）。

- 神経伝達物質に影響を与え，攻撃性や粗暴性を助長すると推定される神経毒……マグネシウム，カドミウム，鉛，水銀
- 環境因子との相互作用で攻撃性発現に関連すると推定される遺伝子……モノアミン酸化酵素の低活性型 MAOA-L（第2節3項）
- 非行等のリスクを高めるとの報告がある出生期の問題……母体の低栄養，出産前喫煙，胎児性アルコール症候群（FAS，FASD）等
- 反社会的な行動傾向を助長する冷淡さなどに影響すると推定される精神生理的要因……扁桃体の反応性，否定的な気分を助長するような生来性の気質，自律神経系の低覚醒傾向等
- ほかの領域での機能不全から反社会的行為を助長することにつながり得る神経心理的要因……思考や行動の制御に関わる実行機能障害など

非行や犯罪における生物学的な因子の影響については，そのメカニズムについて解明すべき点も多く，今後さらに解明に向けた進展が期待されている現代犯罪学のフロンティアといえます。

プラスα

成人期発症タイプの犯罪のリスク因子

少年期の非行から続いている犯罪履歴の長いタイプのリスク要因の知見は多いが，少年期に非行がなく成人期や老年期に初発するタイプの知見は比較的少ない。ザラ（Zara, 2012）は，CSDD のデータから少年期に非行の保護因子として機能していた内在化による対処が，成人期に破綻して抑うつや対人関係，職業生活破綻等につながり得ることを報告している。

効果量はセントラルエイトリスク　ニーズ因子より弱いものの精神的健康と再犯との有意な関連性を指摘するメタ分析（Yukhnenko et al., 2019）もあり，メンタルヘルスニーズも臨床実務では軽視できないことを示唆している。

3 | リスク因子アプローチと原因論・臨床実践の未来

リスク予防パラダイムの方法論を端的に処遇実務に反映したものが，アンドリュースらが提唱してきた **RNR 原則** です。RNR 原則では，リスクの高低に応じて介入方法や密度をマッチングさせ（リスク原則），犯因性の動的リスク因子（ニーズ）をターゲットに重点的介入を行い（ニーズ原則），対象者の学習特性に合った対応（処遇応答性原則（レスポンシビティ原則））が充足されたとき，再犯抑止の効果が最も高まることが数々の実証研究で例証されています（Bonta & Andrews, 2017）。また，発達犯罪学の研究では，縦断研究の所見により反抗挑戦性障害から素行障害や反社会的パーソナリティ障害へと進展する経路分析（DBD マーチ）とともにその進展から保護する保護因子を含めたモデル構築もなされており（Loeber et al., 2006/2013），理論面の寄与だけでなくアセスメントや予防的介入といった実践的寄与も大きいと考えられます。

今日の臨床心理学の実践では，エンゲルが提唱した **生物 − 心理 − 社会モデル**（Engel, 1977）に立脚するシステム論的な見立てや介入が大切なことが強調されています。次元を異にするリスク因子や保護因子が非行や犯罪をした対象者と彼らの環境のなかでどのように機能しているかを解き明かす作業は，特定の理論的枠組みから一面的な理解をして大切な作業仮説を見落とすおそれを防ぎ，ホリスティック（全人的）に対象者を理解し，再犯防止や立ち直りを多面的な角度から支援するうえで有益な示唆を与えるものです。

.... 考えてみよう ....

人のライフコースのなかから非行・犯罪対策上あなたが特に重要だと思う時期をひとつ選び，リスク因子や保護因子となり得る事項をいくつか列挙し，有効と考えられる予防対策を述べなさい。

📖 本章のキーワードのまとめ

グリュック夫妻 (Glueck, S. & Glueck, E.)	夫婦ともに 1900 年代半ばに活躍したハーバード大学の犯罪学者。「少年非行の解明」研究で，生物・心理・社会的次元から多因子論的に学際的調査を実施し，非行のリスク因子研究や予測研究の基礎を築いた。
リスク因子 (risk factor)	非行や犯罪の確率を高める方向に関連性を有する各種要因。リスク因子には因果的に影響を与えるものと，因果的な関連性が認められないマーカーとがある。
保護因子 (protective factor)	リスク因子の効果を直接・間接的に低下，緩衝させる関連性が認められる各種要因。非行・犯罪領域では，平均以上の知能をもっていることや，ハーシーの社会的絆要因などが保護因子として機能する。
縦断研究 (longitudinal research)	特定集団（コホート）を将来に向けて定期・継続的に観察する研究法。横断的研究や後方視的な症例対照研究よりも良質のデータが得られるが，因果関係の確定には実験的研究が欠かせない。
予　防 (prevention)	公衆衛生アプローチにおける予防には，問題発症前の未然予防（一次予防），問題の深化を早期に止める予防（二次予防），問題が進んだ場合にその回復支援や再発防止をするもの（三次予防）がある。
リスク管理モデル (risk management model)	再犯防止のため，リスク削減と保護因子の増進に重点をおく非行・犯罪者の介入モデル。リスク・ニーズアセスメントとエビデンスに基づく効果的介入を重視する。
長所基盤モデル (strength model)	個人の価値や人生目標等を中心に据えてより良い生活を確立させようとする介入モデル。トニー・ウォードの提唱するグッドライブスモデルがその一例であり，福祉的介入はこのモデルに立脚する。
デジスタンス (desistance)	非行や犯罪をやめ，それから離脱していくことをいうが，何をもってデジスタンスとするか定義は難しい。結婚等の人生の転機や，アイデンティティの修正を重視する離脱理論がある。
セントラルエイト リスク・ ニーズ要因	非行や犯罪の再発に関連性が高く，再犯防止や更生支援の場合にも重点的な働きかけが必要な主要な 8 つのリスク・ニーズ因子であり，アセスメントや治療的介入の核となる。アンドリュースらが提唱した。
RNR 原則	再犯や再非行防止のために効果的な介入を計画・実施・評価するためにその遵守が必須とされる 3 原則。リスク原則，ニード原則，レスポンシビティ原則の頭文字を略し RNR 原則といい，対象者にふさわしい介入密度，介入目標，介入方法をこの原則に従い検討する。
生物 - 心理 - 社会 モデル	心身医学の立場からエンゲルが生物学的な医学へのアンチテーゼとして提唱したシステム論的なアセスメントと介入のモデル。臨床心理実践でもこうした多面的でシステミックな視点は不可欠である。

第4章 少年非行

この章では，少年非行の現状や動向，少年非行を取り扱っている各少年司法機関の目的や役割，少年司法機関で働いている心理職について説明します。近年，少年非行がどのように推移しているか，非行少年が各少年司法機関によってどのように取り扱われているかを正しく理解しておくことは，非行少年に対する心理支援を適切に行ううえで重要です。

1 │ 少年非行の現状

1 非行少年とは

「少年非行に対する社会の関心は強い。少年非行の発生は，社会の現状——必ずしも病理的な側面だけとはいえないにせよ——を鋭く反映していると同時に，やがて社会の担い手となるべき次の世代のありかたについて不安を抱かせる」(松尾，2007) と述べられているように，少年非行は複雑・多様であるうえに，適切に対応する必要性・重要性が高いため，多くの一般市民の関心を引き付け続ける古くて新しい社会問題といえます。

少年とは，少年法第2条において，20歳に満たない者のこと (14歳未満は刑事責任を問われない) を指していて，男子と女子の両方を含んでいます。このうち，18歳と19歳の者は，選挙権年齢や民法の成年年齢の引下げにより，重要な権利・自由を認められ，責任ある主体として社会に参加することが期待される立場となりましたが，なお成長途上にあり，罪を犯した場合にも適切な教育や処遇による更生が期待できることから，2022年4月1日に施行された改正少年法では，18歳と19歳を新たに「特定少年」として，17歳以下の者とは異なる取扱い (原則逆送対象事件として，たとえば，現住建造物等放火罪，強盗罪，不同意性交等罪，組織的詐欺罪などを追加) がされることになりました。我が国の場合，少年の犯罪捜査は成人とほぼ同様に警察において行われますが，嫌疑が認められた事件 (現行犯の場合を除き，被疑者が罪を犯したことを疑うに足りる相当な理由がある事件) はすべて家庭裁判所に送致され (全件送致主義・家庭裁判所先議主義)，家庭裁判所が刑事手続き・少年審判手続きのどちらで扱う

かを決定しています。刑事手続きとは，家庭裁判所が，保護処分ではなく刑罰を科すのが相当であると判断した場合，事件を検察官に送致して刑事裁判に付すことであり，少年審判手続きとは，家庭裁判所が，非行があるとされる少年について非行事実の有無を確定し，その性格，環境の問題点に応じて，少年院送致等の保護処分かその他の処分かを選択する手続きのことである。

　家庭裁判所の審判に付される少年は，少年法第 3 条によって，①犯罪少年，②触法少年，③ぐ犯少年に区別されており，この 3 つを総称して非行少年と呼んでいます。犯罪少年とは，14 歳（刑法第 41 条において，「14 歳に満たない者の行為は，罰しない。」と刑事責任年齢が規定されている）以上で罪を犯した少年，触法少年とは，14 歳未満で①に該当する行為を行った少年，ぐ犯少年とは，保護者の正当な監督に服しない性癖があるなど，その性格又は環境に照らして，将来，罪を犯し，又は刑罰法令に触れる行為をするおそれがある少年のことです。

　なお，警察では，犯罪少年，触法少年又はぐ犯少年には該当しないが，飲酒，喫煙，深夜徘徊その他自己又は他人の徳性を害する行為をしている少年のことを不良行為少年と呼んで，街頭補導の対象にしており，こうした少年も広義には非行少年に含まれています。

　さらに，校内暴力・いじめといった問題行動や，家庭内暴力（本節 3 項⑥参照）も少年非行の一部として警察庁によって毎年統計に計上されています。

2　少年法

①少年法の歴史

　旧少年法（大正 11 年法律第 42 号）は，米国やヨーロッパ諸国の少年司法制度を手本として 1922 年に制定されました。1948 年 7 月に公布された現行の**少年法**（昭和 23 年法律第 168 号）は，第二次世界大戦後，現行の憲法に基づいて従来の諸法制が抜本的に改革され，非行少年の処遇制度および刑事手続きについても見直しが行われるなか，旧少年法をすべて改正したものです。

　平成に入ると，少年による凶悪重大事件が相次いで発生するなどしたため，少年事件の処分および審判手続きの適正化，さらには被害者等の保護の必要性等が認識されるようになり，法改正の気運が高まりました。こうしたことを背景に，2000 年には，約半世紀ぶりの大規模な改正が行われました。具体的には，刑事処分可能年齢を 16 歳以上から 14 歳以上へ引き下げること，少年院において懲役又は禁錮の刑の執行ができるようにすること，罪を犯したとき 16 歳以上の少年に係る故意の犯罪行為によって被害者を死亡させた罪（殺人罪，傷害致死罪，強盗致死，危険運転致死などの罪）の事件については，原則として検察官に送致する決定をしなければならないとされたこと（いわゆる原則逆送制度），家庭裁判所による保護者に対する訓戒・指導等の措置等について

も定められたことなど，重要な改正が行われました。また，それ以降も，少年非行を取り巻く変化に対応するための改正が重ねられてきました（法務省，2019）。

②少年法の理念

少年法の目的には，「少年の健全な育成を期し，非行のある少年に対して性格の矯正及び環境の調整に関する保護処分を行うとともに，少年の刑事事件について特別の措置を講ずることを目的とする。」（少年法第1条）と，「少年の健全育成」が掲げられています（廣瀬，2011）。その背景には，国親思想（パレンス・パトリエ：parens patriae）があるといわれており（渡辺，1980），少年が成長・発達の過程にあることを踏まえ，非行を早期に発見して，早期に介入しようとしています。そのため，「家庭裁判所の審判に付すべき少年を発見した者は，これを家庭裁判所に通告しなければならない。」（少年法第6条）と非行少年に対する関心や配慮を広く一般市民にも求めています。

3 少年非行の動向

①検挙人員

戦後の少年刑法犯検挙人員（犯罪少年と触法少年の検挙・補導人員を合わせた数値）の推移をみると，1951年の16万6,433人をピークとする第1の波，1964年の23万8,830人をピークとする第2の波，1983年の31万7,438

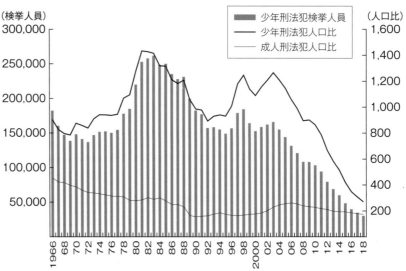

図4-1　少年刑法犯検挙人員・人口比と成人刑法犯人口比の推移

出所：法務省，2019（「犯罪白書（令和元年版）」2-2-1-3図②）をもとに筆者作成
注：1　警察庁の統計，警察庁交通局の資料及び総務省統計局の人口資料による。
　　2　犯行時の年齢による。ただし，検挙時に20歳以上であった者は，成人として計上している。
　　3　触法少年の補導人員を含む。
　　4　「少年人口比」は，10歳以上の少年10万人当たりの，「成人人口比」は，成人10万人当たりの，それぞれの検挙人員である。
　　5　平成14年から26年は，危険運転致死傷を含む。

人をピークとする第3の波という3つの大きな波がみられます（小林, 2008）。その後は，1996年から1998年および2001年から2003年に一時的な増加があったものの，全体としては減少傾向にあり，2012年以降は戦後最少を記録し続けています（法務省, 2019）。

図4-1は，少年刑法犯について検挙人員と少年刑法犯人口比（10歳以上20歳未満の少年10万人あたりの少年刑法犯検挙人員の比率）に加え，成人刑法犯人口比を示したものです。少年の人口比は，成人の人口比よりも常に高い傾向にありますが，2004年以降では，2009年を除いてその差は一貫して縮まる方向で推移しており，2003年と2018年の少年の人口比と成人の人口比を比較すると，それぞれ1,265と229だったのが，270と174とかなり接近してきていることがわかります。成人の犯罪率に大きな変化が生じていない一方で，少年非行には顕著な漸減傾向がみられ，ここ15年以上にわたって少年を取り巻く人間関係や生活環境，態度や価値観が大きく変化していると考えられます。

②少年刑法犯人口比の変化

図4-2は，少年の成長に伴って変化する非行率をみるために，出生年（推計）が1971年から2000年までの7つの生まれ年別（コホート*）について，12歳から19歳までの各年齢時における少年刑法犯人口比（各年齢の少年10万人あたりの刑法犯検挙（補導）人員の比率）をみたものです。これを「年齢犯罪曲線」と呼びます（森・津富, 2007）。これを見ると図4-2のように，いずれの生年においても人口比は，14歳ないし16歳にピークがあります。また，1990年以降の生年では，ほとんどの年齢において少年刑法犯人口比の低下傾向がみられることがわかります。特に，2000年生まれではその傾向が顕著に表れており，最近の少年非行の漸減傾向と符合しています。また，横軸の年齢

語句説明

コホート
同一の性質を持つ集団のこと，ここでは出生年次が同じであることを指しており，同一世代を集団で追跡することが可能となる。

図4-2　少年刑法犯人口比の比較（7つの出生年別）

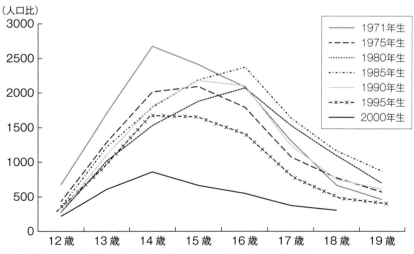

出所：法務省, 2019（「犯罪白書（令和元年版）」2-2-1-3図）をもとに筆者作成

を追ってみると，どの生年でも15歳から18歳にかけて人口比が大きく低下していることがわかります。

③男女別の動向

2003年以降，犯罪少年の検挙人員は，男女ともにほぼ一貫して漸減していて，男子の2003年と2018年の検挙人員は，それぞれ110,602人と20,569人（減少率81.4％），女子では34,846人と3,401人（減少率90.2％）と（法務省，2019），少年非行の漸減傾向は，男女ともにはっきりと認められます。

④罪名別の動向

最近の少年刑法犯の検挙人員を罪名別にみると，いずれの年も，窃盗，横領（自転車の占有離脱物横領が多い），傷害の順に構成比が高く，2018年の構成比は，窃盗58.6％，横領9.5％，傷害8.0％と，この3つで76.1％を占めています。

2003年以降，総数としては漸減傾向が続くなか，増加している罪名もあります。詐欺，不同意わいせつ等，脅迫の検挙人員は，2003年と2018年との比較で，それぞれ55.3％，39.0％，37.3％増加しており（法務省，2019），成人犯罪者の特殊詐欺グループにアルバイト感覚で引き込まれたり，SNS等で知り得た犯罪手口を模倣したりするなど，非行態様が変化してきていることが推察されます。

⑤共犯事件

最近，少年刑法犯では共犯事件の割合が低下しています。2003年と2018年の少年刑法犯の単独犯の比率は，それぞれ72.8％，78.2％と，5.4ポイント上昇しています。特に，粗暴犯である傷害・暴行についてみると，単独犯は18.9ポイント上昇しており（法務省，2019），非行少年の対人関係や不良集団関係等が変化しているものと推察されます。

⑥家庭内暴力

少年による家庭内暴力事件の認知件数の推移（2000年以降）を就学・就労状況別にみたのが図4-3です。認知件数の総数は，2012年から毎年最多を更新し続けており，2018年は10年前の2008年の約2.6倍と少年非行が漸減する一方で，家庭内暴力は顕在化してきています。そのうち，就学・就労状況別では，中学生による事件が最も多く，2015年以降は，次いで，高校生，小学生，無職少年の順となっています。特に，小学生による家庭内暴力事件の増加率は顕著で，2018年は10年前の約6.6倍になっています（法務省，2019）。

家庭内暴力の被害者は，一貫して母親が最も多く，2018年における家庭内暴力事件の対象を同居している家族に限ってみると，母親60.7％，父親10.1％，兄弟姉妹8.9％，同居の親族4.6％の順となっており（法務省，2019），最近の少年刑法犯検挙人員の漸減傾向とは裏腹に，非行問題が家庭内で発生しやすくなっていて，少年による家庭内暴力で苦しむ母親への支援の必要性が大きくなっています。

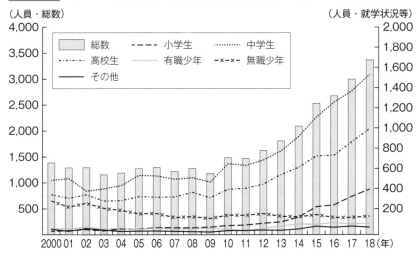

図4-3　少年による家庭内暴力認知件数の推移（就学・就労状況別）

出所：法務省，2019「犯罪白書（令和元年版）」2-2-5-1図」をもとに筆者作成
注：1　警察庁生活安全局の資料による。
　　2　犯行時の就学・就労状況による。
　　3　一つの事件に複数の者が関与している場合は，主たる関与者の就学・就労状況について計上している。
　　4　2008年以降の「その他」は，「浪人生」を含む。

2 ｜ 少年司法機関

1　警　察

　警察は，犯罪少年を検挙した場合，必要な捜査を行って事件を検察官に送致します。検察官はその事件について少年に犯罪の嫌疑を認める場合，又は家庭裁判所の審判に付すべき事由があるときには，事件を家庭裁判所に送致します。

　警察では，非行少年に対しては，「少年警察活動規則」（平成14年国家公安委員会規則第20号）に基づいて，「少年の非行の防止及び保護を通じて少年の健全な育成を図る。」（同規則第1条）と定めており，少年に対する捜査や調査とともに，ぐ犯少年，不良少年に対する補導，注意，指導などの防犯活動，要保護少年の保護も行っています。

　少年警察活動を支えている専門家には，警察署等での少年相談，街頭補導，継続補導，非行防止の広報活動などを行う少年補導職員，複雑な少年相談や少年担当係警察官に対する助言・指導などを行う少年相談専門職員がおり，両者を中心にして，全国の警視庁・道府県警本部と主要都市に**少年サポートセンター**が設置されています。さらに，全国の都道府県警察では，少年警察ボランティアを委嘱しており，少年補導員（警察署長等が委嘱したボランティアで少年の保護，相談，街頭補導等の非行防止活動を行う），少年警察協助員（暴走族等の

参照

警察
→5章

プラスα

少年相談
少年相談では，少年サポートセンターを中心に，少年自身や保護等からの少年問題に関する悩み等について，電話やメール・面接での相談も行い，必要に応じて関係機関や団体を紹介している。

地域不良集団からの少年の離脱促進を図る），少年補導委員（警察が運営する少年補導センターに所属しており，街頭補導，少年相談などを行う）などが活動しています。また，大学生を中心とした少年警察学生ボランティア（修学支援活動や居場所づくり活動等に取り組む）が活躍しています（警察庁生活安全局，2019）。

2 家庭裁判所

非行少年に対する手続きの流れを示したものが図4-4です。一見して，少年司法手続きにおいては，**家庭裁判所**が大きな役割を果たしていることがわか

図4-4 非行少年処遇の概要

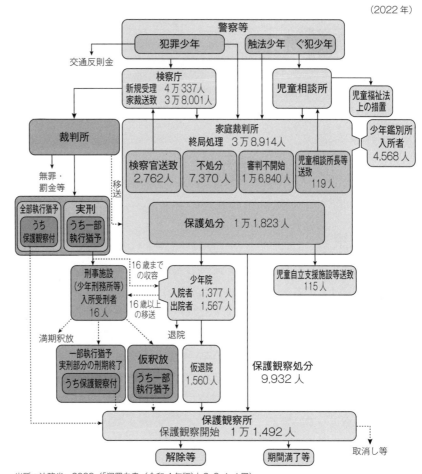

（2022年）

出所：法務省，2022（「犯罪白書（令和4年版）」3-2-1-1図）
注：1 検察統計年報，司法統計年報，矯正統計年報及び保護統計年報による。
　　2 「検察庁」の人員は，事件単位の延べ人員である。例えば，1人が2回送致された場合には，2人として計上している。
　　3 「児童相談所長等送致」は，知事・児童相談所長送致である。
　　4 「児童自立支援施設等送致」は，児童自立支援施設・児童養護施設送致である。
　　5 「出院者」の人員は，出院事由が退院又は仮退院の者に限る。
　　6 「保護観察開始」の人員は，保護観察処分少年及び少年院仮退院者に限る。
　　7 本図及び数値は少年法等の一部を改正する法律（令和3年法律第47号）施行前の手続による。

プラスα

少年警察学生ボランティア

少年警察学生ボランティアは，修学支援活動や居場所づくり活動等に取り組んでいる。

参照

家庭裁判所
→13章

語句説明

観護措置

観護措置とは，主に家庭裁判所に送致された少年の審判を円滑に進めたり，少年の処分を適切に決めるための心理検査や面接を行ったりすることなどが必要な場合に，少年を少年鑑別所に送致し，一定期間そこに収容することをいう。観護措置決定は，具体的な事案に応じて裁判官が決める。少年鑑別所で少年の心身の状況等の鑑別をする必要がある場合のほか，一般的には，少年が調査，審判などに出頭しないおそれのある場合などに観護措置がとられている。

逆送

逆送とは，家庭裁判所が，保護処分ではなく，懲役，罰金などの刑罰

ります。

　少年が起こした事件などには，刑罰を与えることを目的とした成人に対する刑事手続とは異なり，少年法が適用され，成人が起こした事件とは異なる手続が用意されています。家庭裁判所の少年に対する審判は，成人に対する裁判と異なり，少年に対して非行の重大性や自分の問題点などをよく理解させて反省を深めさせ，その健全な育成をはかることを目的としています。

　事件の送致を受けた家庭裁判所では，家庭裁判所調査官（後述）が事件に対する調査を行い，審判不開始，又は審判開始等の決定をします。審判は，非公開で行われますが，一定の重大事件の被害者やその遺族などから審判の傍聴の申出があった場合，家庭裁判所は，その傍聴を認めることができます。また，犯罪少年の事件が重大犯罪の場合，審判に検察官を出席させることができます。

　家庭裁判所は，少年の心身の状況等を検査するなどの必要がある場合，観護措置決定[*]により，少年を少年鑑別所に送致します。また，家庭裁判所は，相当の期間，少年を家庭裁判所調査官に直接観察させる試験観察にすることができます。

　家庭裁判所が，刑事処分を相当と認めるときは，事件を検察官に送致します。なお，犯行時16歳以上の少年による一定の重大事件については，原則として，事件を検察官に送致しなければなりません（いわゆる原則逆送[*]）。それ以外のほとんどの事件に対しては家庭裁判所が保護処分の決定をします。保護処分には，保護観察，児童自立支援施設・児童養護施設送致（18歳未満の少年に限る）又は少年院送致（おおむね12歳以上の少年に限る）があります（法務省，2019）。

　図4-4には，2018年中に家庭裁判所が行った決定とその人員（概数）が示されており，審判不開始と不処分（処分なし）の2つが多いことがわかります。触法少年と14歳未満のぐ犯少年については，児童福祉法上の措置が優先され，児童相談所の判断で，家庭裁判所の審判に付すのが適当な事案のみを家庭裁判所に送致しています。家庭裁判所は，児童福祉法上の措置を相当と認めるときは，事件を都道府県知事又は児童相談所長に送致したり，保護処分としての児童自立支援施設送致等の決定をします。

　なお，少年，その法廷代理人（親権者や後見人）又は付添人[*]は，保護処分の決定に対し，重大な事実の誤認，処分の著しい不当などの理由があるときは，家庭裁判所の審判日から2週間以内に高等裁判所に抗告をすることができます（少年法第32条）。

3　少年鑑別所

　少年鑑別所は，主に家庭裁判所によって観護措置決定があった少年を約4週間収容して，医学，心理学，教育学，社会学その他の専門知識および技術に基づいて，少年の心身の鑑別などを行う，法務省所管の施設です。2014年6

を科すべきと判断した場合に，事件を検察官に送ること。検察官によって起訴され，刑事裁判で有罪となれば刑罰が科される。

保護処分
保護処分とは，少年の更生を目的として家庭裁判所が課す特別な処分であり，刑事裁判所が科す懲役，罰金などの刑罰とは異なるものである。

付添人
付添人とは，事実関係や事件の内容，証拠を確認し，家庭裁判所に対し正しい事実認定が行われるよう主張する役割をもっており，成人の刑事事件における弁護人のような性格があり，通常，弁護士が付添人に選任される。

参照
少年鑑別所
→9章

語句説明
収容審判鑑別
収容審判鑑別とは，観護措置の決定により少年鑑別所に収容されている者に対して行う鑑別という。少年鑑別所では，鑑別面接，心理検査，行動観察，医学的診断の結果に，外部から得られた情報を加えて検討し，保護観察や少年院での処遇に係る判定を行う。判定の結果は，対象者の資質の特徴，非行要因，改善更生のための処遇指針等と共に鑑別結果通知書に記載されて家庭裁判所に送付され，審判の資料となる。

月に**少年鑑別所法**（平成 26 年法律第 59 号）が制定（2015 年 6 月施行）されるまでは，少年鑑別所に関する独立した法律はなく，少年鑑別所の管理運営および在所者の処遇に関しては，旧**少年院法**に数か条の規定があるのみでした。

少年鑑別所法では，その業務として，①専門的知識および技術に基づいた鑑別を実施すること，②在所者の情操の保護に配慮し，その者の特性に応じた観護処遇を実施すること，③地域社会における非行および犯罪の防止に関する援助を実施することが定められています。

少年鑑別所は，家庭裁判所に対応して各都道府県に 1 庁以上が設置されており，全国に 52 庁（2022 年 4 月現在，支所 8 庁を含む）設置されています（法務省，2022）。

①鑑別とは

鑑別とは，非行又は犯罪に影響を及ぼした資質上および環境上問題となる事情を明らかにし，その改善に寄与するため，適切な処遇指針を示すこととされています。鑑別は，家庭裁判所の求めに応じて行う審判鑑別，家庭裁判所以外の関係機関の求めに応じて行う処遇鑑別に大別されます。

審判鑑別のうち，観護措置の決定により少年鑑別所に収容されている者に対して行う鑑別を収容審判鑑別といいます。収容審判鑑別の標準的な流れは，図4-5のとおりです。

少年鑑別所の収容審判鑑別では，鑑別面接，心理検査，行動観察，医学的検査および診察の結果，外部から得られた情報等を総合的に検討して鑑別判定が行われます。そして，鑑別対象者の資質の特徴，非行要因，改善更生のための処遇指針等を記載した鑑別結果通知書が，家庭裁判所に送付され，審判の資料となります。審判の結果，保護観察や少年院送致の決定がなされた場合には，

図4-5 少年鑑別所における収容審判鑑別の流れ

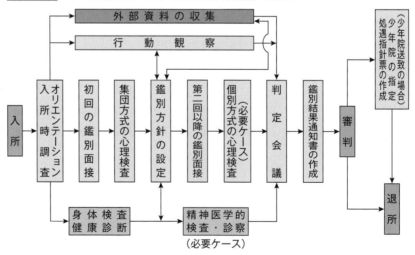

出所：法務省，2022（「犯罪白書（令和 4 年版）」3-2-3-5図）

参照

保護観察所
→10章

語句説明

保護司

保護司は，犯罪や非行

そこでの処遇の参考にされています（法務省，2019）。

②**観護処遇とは**

　少年鑑別所では，各在所者（例：収容審判鑑別の対象者，勾留に代わる観護措置による入所者，勾留状による入所者，少年院在院中の者など）の法的地位に応じた処遇を行うとともに，その特性に応じた適切な働きがけによってその健全な育成が図られています。健全な育成への配慮として，在所者の自主性を尊重しつつ，健全な社会生活を営むために必要な基本的な生活習慣等に関する助言・指導が行われています。また，学習や文化活動等に関する助言・援助を行っており，外部の協力者による学習支援や就労等に関する講話等の機会が設けられています（法務省，2019）。

4　保護観察所

　保護観察所では，家庭裁判所の決定により保護観察に付された少年に対して，原則として20歳になるまで（その期間が2年に満たない場合には2年間）又は保護観察が解除されるまで，保護観察を実施する法務省所管の施設です。保護観察では，保護観察官又は保護司が，改善更生のために必要な指導監督および補導援護*が行われます。保護観察官とは，法務省専門職員（人間科学）採用試験に合格した国家公務員で，地方更生保護委員会や保護観察所に勤務し，犯罪をした人や非行のある少年が社会の中で自立できるよう，彼らを取り巻く地域の力を活かしながら，その再犯・再非行の防止と社会復帰のための指導や援助を行う「社会内処遇」の専門家です。

　家庭裁判所は，少年を保護観察に付する際，短期間の保護観察により改善更生を期待できる者について，短期保護観察又は交通短期保護観察が相当である旨の処遇勧告を行い，これらの処遇勧告がなされた場合，保護観察は，この勧告に従って行われています。短期保護観察は，交通事件以外の非行少年が対象で，非行性の進度がそれほど深くなく，短期間の保護観察により更生が期待できる者を対象とするものです。また，交通短期保護観察は，交通事件による非行少年であって，一般非行性がないか又はその進度が深くなく，交通関係の非行性も固定化していない者を対象とするものです（法務省，2019）。

　少年に対する保護観察は，家庭裁判所の決定による場合のほか，地方更生保護委員会*の決定により少年院からの仮退院*が許された者も，保護観察に付されます。

5　少年院

①**少年院とは**

　少年院は，家庭裁判所が少年院送致の決定をした少年を収容し，矯正教育，社会復帰支援等を行う法務省所管の施設です。少年院での収容期間は，原則と

をした人の立ち直りを地域で支える民間のボランティアであり，法務大臣から委嘱された非常勤の国家公務員である。保護司は，民間人としての柔軟性と地域の実情に通じているという特性をいかし，保護観察官と協働して保護観察に当たるほか，犯罪や非行をした人が刑事施設や少年院から社会復帰を果たしたとき，スムーズに社会生活を営めるよう，釈放後の住居や就業先などの帰住環境の調整や相談を行っている。

補導援護

補導援護とは，対象者が自立した生活を送るため，住居，職業，生活環境などに対する援助・助言のことをいう。

地方更生保護委員会

地方更生保護委員会とは，仮釈放等を許すか否かに関する審理にかかる事務などに当たっている全国に8つ設置されている法務省所管の機関。

仮退院

仮退院とは，収容されている者を，決定によって定められている収容期間の満了前に仮に出院させ，その円滑な社会復帰を促す措置で，仮退院を許された者は，収容期間が満了するまでの間，保護観察を受ける。

参照
少年院
→9章

して 20 歳に達するまでですが，送致決定から 1 年以内に 20 歳に達した者は，送致の決定のあった日から 1 年間に限り，収容を継続することができます。

　少年院は，2022 年 4 月末日現在，46 庁（分院 6 庁を含む）が全国に設置されています（法務省，2022）。

②少年院の種類および矯正教育課程

　現在，少年院には，次の①から④までの種類があり，それぞれ，少年の年齢，犯罪的傾向の程度，心身の状況等に応じて，以下の者を収容しています（法務省，2019）。

① 第 1 種：保護処分の執行を受ける者であって，心身に著しい障害がないおおむね 12 歳以上 23 歳未満のもの（②に定める者を除く。）
② 第 2 種：保護処分の執行を受ける者であって，心身に著しい障害がない犯罪的傾向が進んだ，おおむね 16 歳以上 23 歳未満のもの
③ 第 3 種：保護処分の執行を受ける者であって，心身に著しい障害があるおおむね 12 歳以上 26 歳未満のもの
④ 第 4 種：少年院において刑の執行を受ける者

　少年院においては，在院者の特性に応じて体系的・組織的な矯正教育を実施するため，矯正教育課程が定められています。矯正教育課程は，在院者の年齢，心身の障害の状況および犯罪的傾向の程度，在院者が社会生活に適応するために必要な能力その他の事情に照らして一定の共通する特性を有する在院者の類型ごとに，矯正教育の重点的な内容および標準的な期間が定められています（法務省，2019）。

　なお，在院者については，生活環境の調整を行い，地方更生保護委員会の決定により，収容期間の満了前に仮退院を許されます。この場合，仮退院した後は，収容期間の満了日又は退院の決定があるまで保護観察に付されます。

写真4-1　教科指導（授業場面）　　写真4-2　生活指導（グループワーク）

出所：法務省 HP　少年院「教育活動のいろいろ」から

6 児童福祉機関

①児童相談所とは

　児童相談所は，市町村と適切な役割分担・連携を図りつつ，子どもに関する家庭その他からの相談に応じ，子どもが有する問題又は子どもの真のニーズ，子どものおかれた環境の状況等を的確にとらえ，個々の子どもや家庭に最も効果的な援助を行い，もって子どもの福祉を図るとともに，その権利を擁護することを主たる目的として都道府県，指定都市に設置される児童福祉機関です。児童相談所では，要保護児童（保護者のない児童又は保護者に監護させることが不適当であると認められる児童）の通告を受けて援助活動をするほか，家庭裁判所からの送致を受けて，援助活動を展開することもあります（厚生労働省 HP「児童相談所運営指針」）。

　児童相談所が行う相談の種類としては，養護相談，障害相談，非行相談，育成相談，その他の相談があり，非行相談では，学校等と連携しながら，少年の利益や意向，保護者の意思に配慮しつつ，必要な調査を行います。なお，児童相談所には，子どもの行動が自己又は他人の生命，身体，財産に危害を及ぼしたりもしくはそのおそれがある場合等，緊急保護として，必要最小限の期間，家庭から子どもを引き離す「一時保護」の機能を有しています。

　児童相談所が，児童自立支援施設等への入所措置を行う場合は，親権者である保護者の承諾を得るようにするなど，入所の要件を厳格に吟味しながら，適切に実施するようにしています。

　さらに，触法少年およびぐ犯少年については，専門的観点から判断して家庭裁判所の審判に付することがその子どもの福祉を図るうえで適当と認められる（保護処分の必要性が認められる）場合は，家庭裁判所に事件を送致しています。

②児童養護施設とは

　児童養護施設は，児童福祉法第 41 条によって，保護者のない児童や保護者に監護させることが適当でない児童に対し，安定した生活環境を整えるとともに，生活指導，学習指導，家庭環境の調整等を行いつつ養育を行い，児童の心身の健やかな成長とその自立を支援する施設と規定されています。

　社会的養護が必要な子どもを，できる限り家庭的な環境で，安定した人間関係のもとで育てることができるよう，施設のケア単位の小規模化（小規模グループケア）やグループホーム化などを推進しています。施設数は，全国に611 か所あります（2018 年 10 月 1 日現在，厚生労働省子ども家庭局，2020）。

③児童自立支援施設とは

　児童自立支援施設は，児童福祉法第 44 条によって，子どもの行動上の問題，特に非行問題を中心に対応する施設です。児童自立支援施設は，その起源を明治時代にまで遡ることができ，わが国における児童福祉施設種別のなかでも古

参照
児童相談所
→9章

参照
児童自立支援施設
→9章

い歴史をもつ施設です。1997年の児童福祉法改正により，「教護院」から名称を変更し，「家庭環境その他の環境上の理由により生活指導等を要する児童」も対象に加えました。通所，家庭環境の調整，地域支援，アフターケアなどの機能充実を図りつつ，非行ケースへの対応はもとより，ほかの施設では対応が難しくなったケースの受け皿としての役割を果たす施設として規定されています。

　児童自立支援施設は，職員である実夫婦とその家族が小舎に住み込み，家庭的な生活のなかで入所児童に一貫性・継続性のある支援を行うという伝統的な小舎夫婦制や，交替勤務の職員による小舎交代制という支援形態で展開してきた施設であり，小規模による家庭的なケアを一世紀以上にわたって実践してきました。また，専門性を有する職員を配置し，「枠のある生活」を基盤とするなかで，子どもの健全で自主的な生活を志向しながら，規則の押しつけではなく，家庭的・福祉的なアプローチによって，個々の子どもの育ち直しや立ち直り，社会的自立に向けた支援を実施しています。

　児童自立支援施設は，少年法に基づく家庭裁判所の保護処分等により入所する場合もあり，これらの役割から，児童福祉法では，都道府県等に児童自立支援施設の設置義務が課せられているため，大多数が公立施設となっており，全国に58か所設置されています（2018年10月1日現在，厚生労働省子ども家庭局，2020）。

3 ｜ 少年司法機関で働く心理職

1 家庭裁判所調査官

参照
家庭裁判所調査官
→13章

　少年事件において，家庭裁判所調査官は，審判に付される少年の性格，日頃の行動，生育歴，環境などについて，心理学，教育学，社会学などの専門知識・技法を活用して，調査を行います。この調査は，非行を犯したとされる少年とその保護者に会って事情を聴くなどして，少年が非行に至った動機，原因，などの調査を行うものです。そして，必要に応じ少年の資質や性格傾向を把握するために心理テストを実施したり，少年鑑別所，保護観察所，児童相談所などの関係機関と連携を図りながら，少年が立ち直るために必要な方策を検討し，裁判官に報告します。この報告に基づいて，裁判官は，少年の更生にとって最も適切な解決に向けて審判を行います。また，裁判官が最終処分を決める際に必要に応じて，しばらくの間，少年の様子を見守る「試験観察」という決定をすることがあります。試験観察では，継続的に少年を指導したり，援助しなが

ら少年の行動や生活状況を観察することになります。家庭裁判所調査官になるには，裁判所職員採用総合職試験（家庭裁判所調査官補）を受験して採用された後，裁判所職員総合研修所において 2 年間研修を受けて必要な技能等を修得します。

2　法務技官（心理）

　法務技官（心理）は，国家公務員採用総合職試験「人間科学区分」，または法務省専門職員（人間科学）採用試験の矯正心理専門職区分により採用され少年鑑別所や少年院，刑事施設（刑務所，少年刑務所および拘置所）などに勤務する専門職員です。

　心理学の専門的な知識・技術等をいかし，科学的で冷静な視点と人間的な温かい視点をもちながら，非行や犯罪の原因を分析し，対象者の立ち直りに向けた処遇指針の提示や，刑務所の改善指導プログラムの実施に携わっています。

　法務技官が少年鑑別所で勤務する場合は，主に家庭裁判所の観護措置決定によって送致された少年に対し，医学，心理学，社会学，教育学等の専門知識に基づいて，資質および環境の調査を行います。少年鑑別所では，少年に対して，面接や各種心理検査を行い，知能や性格等の資質上の特徴，非行に至った原因，今後の処遇上の指針を明らかにします。また，審判決定により，少年院に送致された少年や保護観察処分になった少年にも，専門的なアセスメント機能を活用して継続的に関与します。その他，地域の非行および犯罪の防止に貢献するため，子育ての悩みの心理相談に応じたり，学校等の関係機関と連携した非行防止や青少年の健全育成のための取組みにも積極的に関与したりします。

　法務技官が刑事施設で勤務する場合は，受刑者の改善更生を図るため，面接や各種心理検査を行い，犯罪に至った原因，今後の処遇上の指針を明らかにします。また，改善指導プログラムを実施したり，受刑者に対するカウンセリングを行ったりもします。一方，少年院で勤務する場合は，個々の少年に関する矯正教育の計画の策定や各種プログラムの実施，処遇効果の検証等に携わります。

3　保護観察官

　保護観察官は，犯罪をした人や非行のある少年に対して，通常の社会生活を送らせながら，その円滑な社会復帰のために指導・監督を行う「社会内処遇」の専門家です。また，犯罪や非行のない明るい社会を築くための「犯罪予防活動」を促進しています。保護観察官になるためには，国家公務員試験に合格し，法務省保護局又は更生保護官署（地方更生保護委員会又は保護観察所）に法務事務官として採用された後，一定の期間，更生保護行政を幅広く理解するための仕事を経験することが必要です。採用試験には，国家公務員採用総合職試験，

参照
保護観察官
→10章

法務省専門職員（人間科学）採用試験（保護観察区分）および国家公務員採用一般職試験があります。

　保護観察官が地方更生保護委員会に勤務する場合は，刑事施設からの仮釈放や少年院からの仮退院に関する審理のために必要な調査を行うほか，仮釈放の取消しや仮退院中の者の退院，保護観察付執行猶予者の保護観察の仮解除等に関する事務に従事しています。一方，保護観察官が保護観察所で勤務する場合は，家庭裁判所で保護観察処分を受けた少年や仮釈放者等を対象とする保護観察を実施するほか，矯正施設被収容者の出所後の住居や就業先等の生活環境の調整，犯罪予防活動等の業務にも携わります。

4 その他

　その他，少年司法機関で働いている心理職としては，警察の少年相談専門職員，警視庁又は各都道府県警の科学捜査研究所で働く心理技官，児童相談所の児童心理司，各自治体の発達障害者支援センター等で勤務している心理判定員などがいます。

考えてみよう

　少年非行は 2003 年から漸減傾向にあります。少年非行の減少率は，成人犯罪よりも顕著で，少子化（10 歳以上 20 未満の少年人口の減少率は約14%）だけでは説明できません。これには，少年自身の生活観や価値観の変化といった内的な要因だけではなく，少年を取り巻く生活環境（家庭，学校・職場，地域社会等），対人関係（家族，友人・知人），不良集団関係などにも大きな変化がなかったか，多様な検討が必要と考えられます。「犯罪率の低下は，日本社会の何を物語るのか？」（土井ほか，2013）を参照して考えてみましょう。

✎ 本章のキーワードのまとめ

非行少年	非行少年とは，犯罪少年（罪を犯した 14 歳以上 20 歳未満の少年），触法少年（罪を犯した 14 歳未満の少年）およびぐ犯少年（将来，刑罰法令に触れる行為をするおそれがある少年）と少年法は定めている。
少年法	少年法は，少年の健全な育成を期し，非行のある少年に対して性格の矯正および環境の調整に関する保護処分を行うとともに，少年の刑事事件について特別の措置を講ずることを目的として 1948 年に公布された。
少　年	法制審議会では，法務大臣からの諮問（2017 年 2 月）を受け，少年法における「少年」の年齢を 18 歳未満とすることや非行少年を含む犯罪者に対する処遇を一層充実させるための検討が進められた。2022 年 4 月 1 日に施行された改正少年法では，18 歳と 19 歳を新たに「特定少年」として，17 歳以下の者とは異なる取扱いがされることになった。
少年サポートセンター	少年サポートセンターでは，少年補導職員を中心に，繁華街等での街頭補導，面談，電話，メール等による少年相談のほか，非行防止教室などを開催しての広報啓発のほか，継続補導，被害少年支援を行っている。
少年相談	警察では，少年サポートセンターを中心に，少年自身や保護等からの少年問題に関する悩み等について，電話やメール・面接での相談も行い，必要に応じて関係機関や団体を紹介している。
家庭裁判所	家庭裁判所は，家庭内の紛争や少年非行の背後にある原因を探り，非行に及んだ少年が再び非行に及ぶことがないよう，それぞれの事案に応じた適切妥当な措置を講じることなどを理念としている。
少年鑑別所法	2015 年 6 月に施行された少年鑑別所法（平成 26 年法律第 59 号）により，少年鑑別所は，鑑別，観護処遇，および地域援助の業務を実施する旨が定められ，全国に 52 か所設置されている。
少年院法	2015 年 6 月に施行された少年院法（平成 26 年法律第 58 号）により，少年院は，家庭裁判所が少年院送致の決定をした少年（おおむね 12 歳以上）を収容し，矯正教育，社会復帰支援等を行う施設と規定されている。
保護観察所	保護観察所は，全国に 52 か所設置されており，家庭裁判所の決定により保護観察になった少年，刑務所や少年院から仮釈放になった者，保護観察付の刑執行猶予となった者に対して保護観察を行う機関である。

第5章 刑事司法

社会的に望ましくない行為のなかで何を犯罪と定め，その法的責任をどのように追及し，処罰を含めてどのように取り扱うかは社会の根幹ともいえます。そのための体制を刑事司法といいますが，この章では刑事司法に関連する制度・組織とそこに働く人々を知り，現在の刑事処分の実態や最近の動きを理解することを目指します。

1 │ 刑事司法とは何か

1 刑事司法とは

司法制度とは，社会の決まり事を法律の観点・組織から制度としてみたものです。

ひとつの「出来事」があっても，異なる制度のなかでは扱いが異なります。たとえば，ある人がほかの人に暴力を振るって怪我をさせたとしましょう。もし，この暴力が夫婦の間で行われ，そのことで婚姻関係の継続が問題になったとすると「家事事件」となります。個人間の損害賠償という形でみれば「民事事件」ですし，怪我を負わされたとして警察に通報すると傷害罪という犯罪ということになり，「刑事事件」として扱われます。

刑事司法制度では，どのような行為を犯罪とするのか，犯罪の捜査，起訴はどのように行うのか，裁判はどのような形式であるのか（これらを刑事手続といいます），どんな刑罰（刑事処分）を科すのか，科さないのかということを扱います。

以前から，犯罪を行う人は，行わない人に比較して社会的・心理的に負因をもつ場合が多いことは知られていましたが，それらへの対処には刑事処分だけでは十分ではないとの考えから，刑事司法の枠組みのなかでもそのような人々に対して心理的なものを含むさまざまな介入・援助がクローズアップされることが増えてきました。

一方で，ある人を刑事手続の対象とすること，つまり，捜査をしたり，刑事施設に入所させたりするということは，その人権を著しく制限することですか

ら，心理的援助を含め，こうした介入が必要だからといって無制限に行うことが許されるわけではありません。したがって憲法等の法律によって厳格な法的制限や時間的制限が設けられています。介入・援助の必要性と人権保護の要請をどのように調整するかは非常に難しいことですから，公認心理師も刑事司法の機能や実情を知ることが求められています。

2　犯罪とは何か

ところで，刑事司法が対象とする「犯罪」とは一体なんでしょうか。実はこれは意外に難しい問題です。

法律的な定義では，犯罪とは「刑罰法令に該当した違法で有責な行為」とされています。ここでいう刑罰法令とは犯罪にあたる行為を定めた法律のことをいいます。殺人や窃盗など，いわゆる伝統的な犯罪の類型は**刑法**に規定されています。しかし，たとえば，道路交通法や覚醒剤取締法なども一定の行為（スピード違反や法律によって指定された人以外が覚醒剤を使うこと等）に対して刑罰を定めていますし，望ましくはないと思われていても，今まで法律では規制されていなかった行為（たとえば，インターネット上の犯罪など）に関して新たな法律が定められることもあります。これら刑法以外の行為に対して刑罰を定めた各種の法律を**特別刑法**（略して「特別法」）といいます。

犯罪にあたる行為が「違法」なのは当たり前とも思えますが，そのような行為であっても，違法とはならない場合があります。たとえば，ボクサーが相手にパンチを当てることは行為だけみれば刑法上の暴行や傷害にあたりそうですが，ボクシングの試合や練習の場合は職業として行われるものですから，違法ではありません（「正当行為」（刑法第 35 条））。また，人を殴ったという事実があっても，それが相手からの暴行を避けるためにやむを得ない場合などには「正当防衛」（刑法第 36 条）が認められることもあります。これらの例にみられるような状況と行為の違法性を排除するような事情は，**「違法性阻却事由」**といいます。しかし，全く同じ行為（たとえば，ボクサーが人を殴った場合）でも試合や練習場面でなければ，違法性阻却事由は認められず，暴行や傷害といった犯罪になります。

刑罰法規に規定される行為であって，違法性があったとしても，その行為を行った人に責任能力がなければいけません。たとえば，14 歳以下の子ども（刑法第 41 条）や心神喪失の人（刑法第 39 条）など責任能力がないと規定される人の行為は罰することができません（4 節 2 項を参照）。

これらの条件を備えた行為がはじめて犯罪と認定されるわけですが，ここに至るまでの概念の流れを表すと図 5-1 のようになります。

どのような行為を犯罪とみなすかという価値判断は，時代や文化と関係する問題です。ある時代には犯罪とみなされた行為でも今は犯罪ではないもの（た

プラスα

「行為」

「行為」には，何かをすること（作為）だけでなく，ある行為をしないこと（不作為）も含まれる。
どんな行為が犯罪となり，それに対してどんな刑罰が科せられるかについては，あらかじめ法律で規定しなければならない。これを罪刑法定主義（憲法第 31 条）という。

プラスα

心神喪失

心神喪失（精神障害等の理由により行為の善悪の判断がつかない状態）の場合は罰しないとされているが，心神耗弱（精神障害等の理由により行為の善悪の判断の能力が著しく減退している状態）の場合は刑が減軽（軽く）される（刑法第 39 条第 2 項）。

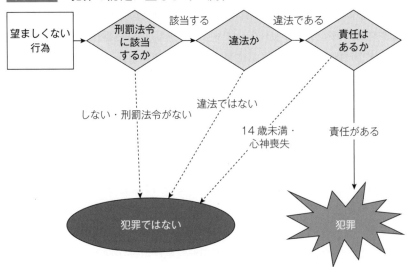

図5-1 犯罪の認定に至るまでの流れ

望ましくない行為 → 刑罰法令に該当するか → 該当する → 違法か → 違法である → 責任はあるか

しない・刑罰法令がない

違法ではない

14歳未満・心神喪失

責任がある

犯罪ではない

犯罪

とえば，第二次大戦前の日本では妻が不貞行為を行った場合，姦通罪として処罰されていました）や，ある地域では犯罪だがほかの地域ではそうではないもの（日本では一般の人が大麻を所持することは犯罪ですが一部の国では合法とされています）もあり，その意味で「犯罪」は相対的な価値判断であるということには注意が必要です。

2 │ 刑事司法に関連する組織の機能と人々

　刑事司法に関連する公的な機関には，警察，検察，裁判，矯正および更生保護があり，弁護士も重要な役割を担っています。以下にそれぞれの機能とそこに働く人々を簡単に紹介します。

1 警察

　警察は，市民にとって一番身近な刑事司法機関であり，個人の生命，身体および財産の保護を目的とし，犯罪の予防，鎮圧および捜査，被疑者の逮捕，交通の取締り，その他の公共の安全と秩序の維持を目的としています（警察法第2条）。

　犯罪があったとき，あるいは被害の申告があった場合，警察官は司法警察職員として犯人および証拠の捜査をします（**刑事訴訟法**（以下，「刑訴法」）第189条）。**警察が捜査を遂げて被疑者を検挙した場合**，微罪処分（犯罪事案が軽微で，検察官からあらかじめ指定されている場合）の対象である場合や比較的軽微な道路交通法違反（スピード違反や駐車違反など）に対する交通反則通告制度に基づ

語句説明
司法警察職員
犯罪を捜査する資格をもった職員。警察官に限らず税関職員，麻薬取締官等は特別司法警察員としてその職域内で司法警察職員の職務を行うことができる（刑訴法第190条）。

く反則金の納付があった道路交通法違反を除いて，全件を検察官に送致しなければなりません。特に，被疑者を逮捕したとき（刑訴法第 199 条）は，その送致は 48 時間以内に行わなければならないとされています（刑訴法第 203 条）。

　一般的に私達になじみのある警察官は，地方公共団体に属する地方公務員ですが，警察庁傘下の国家公務員としての組織もあります。警察官には地域警察，交通警察，刑事警察，生活安全，組織犯罪対策，警備，公安等のさまざまな職域があり，そのほかにも心理職や通訳，建築，機械，各種鑑別技術等の業務を行う警察行政職員も含まれています。

　また科学的捜査の研究を行う**科学警察研究所**及び各都道府県警察に所属して捜査に関連する鑑定，検査等を行う**科学捜査研究所**も警察の機関です。

2　検　察

　検察官は，刑事について公訴を行い，裁判所に法の正当な適用を請求して裁判の執行を監督するなどの事務を行います（検察庁法第 4 条）。検察官も警察官と同じように捜査・逮捕ができますが，司法警察職員等から事件の送致を受け，事件について正式に処罰を求めることを裁判所に請求する「起訴」をするかどうかの権限は検察官だけに与えられており，このことを「**起訴独占主義**」といいます（刑訴法第 247 条）。

　また，検察官は起訴を行うかどうかについて裁量的に決めることができ，これを「**起訴便宜主義**」といいます（刑訴法第 248 条）。起訴処分には正式な裁判を開くことを請求する公判請求手続と略式命令請求があり，不起訴処分には，訴訟条件を欠くもの，心神喪失など事件が罪にならないもの，嫌疑がない又は嫌疑が不十分であるもの，嫌疑が認められても犯人の性格・年齢・境遇・犯罪の軽重および情状等の状況により訴追を必要としないものがあります。

　起訴するかどうかを決定するにあたって被疑者が逃亡したり証拠を隠滅するおそれがあるときには検察官は，被疑者の身柄を拘束する勾留を請求することができますが，これは送致を受けてから 24 時間以内に行わなければならず（刑訴法第 205 条），その後 10 日以内に起訴するかどうかを決定しなければなりません（刑訴法第 208 条）。特に困難な事件にあってはこの勾留期間をさらに 10 日間延長することができます（刑訴法第 208 条第 2 項）。

　また，検察庁で働く職員には，検察庁の事務を行い，検察官の指揮を受けて捜査を行う検察事務官（検察庁法第 27 条）という職種があります。

3　裁判所

　被告人は刑事事件において公平な裁判所の公開裁判を受ける権利を有しています（憲法第 37 条第 1 項）。通常，公判は原則として地方裁判所又は簡易裁判所の公判廷で審理を行う公判手続によって行われます。起訴された刑事事件に

プラスα
公訴
検察官が裁判所に対して，事件の被疑者（俗にいう容疑者）を刑事裁判で裁判にかけることを求める申立てのこと。起訴と同義。

プラスα
被疑者
警察や検察などの捜査機関から犯罪の疑いをかけられ捜査の対象となっている人。

被告人
捜査機関によって犯罪の疑いをかけられ，検察官から起訴された人。

公判
公訴が提起されてから裁判が終了するまでの一連の手続段階。いわゆる裁判手続きのこと。

図5-2 刑事公判廷のイメージ

ついて有罪となった場合は，死刑，懲役，禁錮，罰金，拘留及び科料の刑が言い渡されます（刑法第9条）。懲役や禁錮の判決は一定の場合その全部又は一部の執行を猶予することができ（それぞれ「全部執行猶予」，「一部執行猶予」といいます。刑法第25条および刑法第27条の2），その場合には保護観察をつけることができます。なお，2022（令和4）年に刑法が改正され，今までの懲役と禁錮が廃止され，「拘禁刑」に一本化されました（新しい拘禁刑は改定後3年以内に施行される予定です）。

　通常，裁判を行うのは裁判官ですが，後で述べるとおり，一定の事件においては市民から選ばれた裁判員が裁判に参加することがあります（4節1項を参照）。

　裁判所には裁判官のほかに，裁判所の事件に関する記録や書類の作成および保管等の事務を扱う裁判所書記官（裁判所法第60条）や，裁判所速記官（裁判所法第60条の2）等という職種があります。

4 矯 正

　勾留された被告人や刑の確定した受刑者は刑事施設に収容されます。**刑事施設**には，拘置所，刑務所および少年刑務所がありますが，拘禁は被収容者の人権を

図5-3 府中刑務所

尊重し，その人の状況に応じた適切な処遇を行うことを目的として行われます（刑事収容施設及び被収容者等の処遇に関する法律（以下，「刑事施設法」）第1条）。

　まだ裁判が確定していない未決拘禁者（被告人）の処遇は，逃走および罪証の隠滅の防止と防御権の尊重に特に留意して行われる（刑事施設法第31条）一方，懲役刑又は禁錮刑が確定した受刑者の処遇は，当人の「資質及び環境に応じ，その自覚に訴え，改善更生の意欲の喚起及び社会生活に適応する能力の

育成を図る」（刑事施設法第 30 条）ことが目的とされます。具体的には，刑務所内で矯正処遇としての作業に就いたり，改善指導や教科指導を受けたりします（刑事施設法第 84 条）。

　刑事施設においては，被収容者の拘禁を確保して処遇を実施する刑務官，改善指導等の矯正指導を担当する法務教官，被収容者の資質の調査を行う心理職の調査専門官等が勤務しています。

5　更生保護

　更生保護の機関としては，恩赦の申出をつかさどる中央更生保護委員会，懲役又は禁錮受刑者について刑事施設の申出に基づき仮釈放（刑法第 28 条）の審査を行う地方更生保護委員会および保護観察所があります。**保護観察所**は，保護観察の実施および犯罪予防のための世論啓発ならびに社会環境の改善等を所掌しています（更生保護法第 29 条）。

　保護観察は懲役刑又は禁錮刑の全部執行猶予又は一部執行猶予を受け，保護観察を付された人および仮釈放された人が対象になります（更生保護法第 40 条）。具体的には，対象者の改善更生のために，面接等により情状を把握したり，保護観察中に守るべき事項（遵守事項）を守って生活するよう指示したりする指導監督（更生保護法第 57 条）と適切な住居，医療，就職等の援助や社会生活に適応させるための生活指導等を内容とする補導援護（更生保護法第 58 条）を通じて実施されます。

　また，保護観察所では緊急を要する保護観察対象者に対して，食事，衣料，旅費などを給貸与したり，更生保護施設等に委託して宿泊場所を提供するなどの緊急の措置をとっています。満期釈放者など，保護観察に付されない人に対しても同様の更生緊急保護を行っています。

　更生保護を担う国の職員は保護観察官ですが，その活動は保護司，更生保護女性会，更生保護施設等の多くの民間ボランティアによって支えられています。

6　弁護士

　刑事訴訟においては，刑事被告人は「いかなる場合にも資格を有する弁護人を依頼することができる」とされています（憲法第 37 条第 3 項）。弁護人は特別な場合を除いて弁護士でなければならず（刑訴法第 31 条），重大な事件の審理にあたっては弁護人がいなければ開廷することができないとされており（刑訴法第 289 条），弁護士は刑事被告人・被疑者の権利の防御のため重要な役割を担っています。

　近年は弁護士も訴訟における弁護活動だけではなく，刑事被告人の生活全般に渡った援助をするべきであるとの考えから，福祉的援助も見据えた活動も行っています（三木・淺沼，2018）。

参照

改善指導の内容等について
→9章

保護観察において行われる処遇について
→10章

プラスα

保護観察の職域
保護観察の職域は本文に述べたような伝統的な保護観察にとどまらず，後で述べる心神喪失者の医療観察制度における各種の役割，仮釈放にあたって被害者の意見の聴取等に及んでおり，その職業的アイデンティティが問題になることもある（西瀬戸ほか，2018）。

保護司
民間人ならではの柔軟性と地域性を活かして保護観察官の業務を補う非常勤の国家公務員である。全国で4万人以上が委嘱されている。

更生生活保護施設等
刑務所出所者等のうち，頼るべき人がいないなどの理由で帰るべき場所がない人たちに対して一定期間，宿泊場所や食事を提供する民間の施設である更生保護施設とあらかじめ登録されたNPO法人等が運営する自立準備ホームがある。

3 | わが国の刑事司法の現状

　刑事司法制度の現状を客観的に知る最適な方法は，犯罪白書等の統計情報を
みることです。ここでは，犯罪白書（法務省法務総合研究所，2023）の数値を
元に刑事司法の現状を概観します。

1　犯罪の動向

　図5-4は，わが国における刑法犯の認知件数・検挙人員および検挙率の推移
をみたものです。刑法犯の認知件数は1980（昭和55）年頃から2006（平成
18）年頃までにかけて増加した後，急激に減少している様子がみえます。また，
いつの時代であっても，窃盗犯が刑法犯のなかで最も大きな割合を占めている
こともわかります。また警察が認知した刑法犯のうち，どの程度を検挙したの
かという検挙率は，一旦落ち込みをみせたものの，近年は上昇しています。

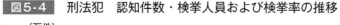

図5-4　刑法犯　認知件数・検挙人員および検挙率の推移

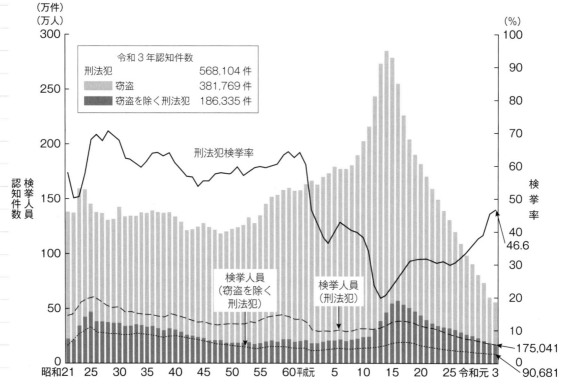

出所：法務省法務総合研究所（2023）『犯罪白書（令和4年版）』
注：1　警察庁の統計による。
　　2　昭和30年以前は，14歳未満の少年による触法行為を含む。
　　3　昭和40年以前の「刑法犯」は，業務上（重）過失致死傷を含まない。
　　4　危険運転致死傷は，平成14年から26年までは「刑法犯」に，27年以降は「危険運転致死傷・過失運転致死傷等」に計上している。

プラスα
犯罪統計
刑法犯認知件数等の犯
罪統計は警察が犯罪と
して記録した数のみを
表すものであり，犯罪
には届けられない被害
（暗数）があることに
注意が必要。

　ここでみたのは，一般刑法犯の動向ですが，特別法犯の検察庁新規受理人員も徐々に減少をみせており，それに伴って，刑事裁判の確定人員や刑事施設の収容人員も徐々に減少しています。

２　刑事司法の実際の運用状況

　図5-5は，犯罪者が検挙されてから検察で起訴され，裁判所で判決を受け，刑事施設に入所し保護観察を受けるまでの流れを，2021（令和 3）年における数値とともにみたものです。図5-5の数値は当該年に各機関が最終的に処理した人員ですから，厳密には相互に対応しているわけではありませんが，その年に各機関でどのくらいの人が「ふるいにかけられて」次の機関での処遇を受けているのかの概要がわかるものです。

　2021 年に警察から検察庁に送致された人は約 76 万人に上ります。起訴されたのは約 24 万人（うち正式に公判請求されるのは 7 万人），そのうち確定判決を受けた人は約 21 万人で，懲役・禁錮の判決を受けたのは 4 万 6000 人ですが，その 75％は刑の執行を猶予されていますから，実際に刑事施設に入所したのは約 1 万 7000 人です。これは，犯罪を行ったとして警察から送致された人々のうち，わずかに 2％程度の人しか刑務所には入らない，ということもできます。

　犯罪を扱うドラマなどでは犯人が逮捕されれば「一件落着」ですが，実際には犯人が逮捕されても，刑事処分が決まっても，それで「おしまい」ではありません。ここでみられるとおり，毎年約 1 万 7000 人が刑務所に入所してそこでの処遇を受けるとともに毎年約 2 万人近くの人が刑事施設から出所し，約 1 万 3000 人の人が保護観察の対象となって社会内で処遇を受けているのです。

4 ｜ 刑事司法の最近のトピック

　刑事司法制度は，社会の根幹に関わる制度であり，比較的安定的に運営されているものですが，それでも社会の変化とともに少しずつ変わっているのも事実です。

　以下に公認心理師にとって関係があると思われる変化をあげます。

１　裁判員裁判の導入

　従来，刑事裁判は裁判官によってのみ行われてきましたが，刑事裁判に国民の視点・感覚を反映させることにより，裁判が身近になり，国民の司法への理

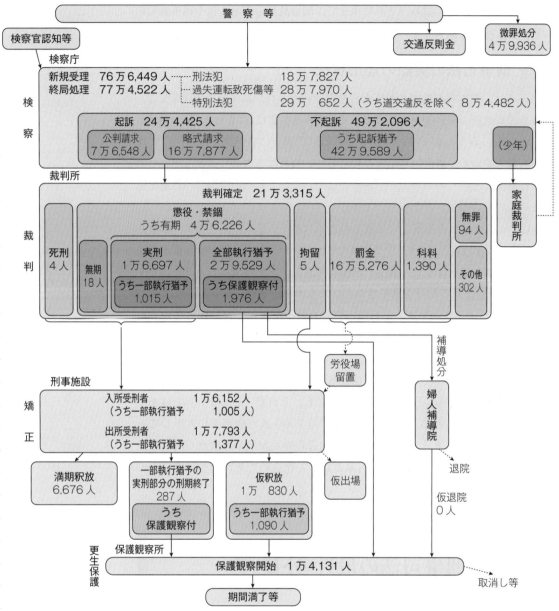

図5-5 犯罪者処遇の概要

出所：法務省法務総合研究所（2023）『犯罪白書（令和4年版）』

注：1　警察庁の統計，検察統計年報，矯正統計年報，保護統計年報及び法務省保護局の資料による。
　　2　各人員は令和3年の人員であり，少年を含む。
　　3　「微罪処分」は，刑事訴訟法246条ただし書に基づき，検察官があらかじめ指定した犯情の特に軽微な窃盗，暴行，横領（遺失物等横領を含む。）等の成人による事件について，司法警察員が，検察官に送致しない手続を執ることをいう。
　　4　「検察庁」の人員は，事件単位の延べ人員である。例えば，1人が2回送致された場合には，2人として計上している。
　　5　「出所受刑者」の人員は，出所事由が仮釈放，一部執行猶予の実刑部分の刑期終了又は満期釈放の者に限る。
　　6　「保護観察開始」の人員は，仮釈放者，保護観察付全部執行猶予者，保護観察付一部執行猶予者及び婦人補導院仮退院者に限り事件単位の延べ人員である。
　　7　「裁判確定」の「その他」は，免訴，公訴棄却，管轄違い及び刑の免除である。

解と信頼を深めるとの期待から 2009（平成 21）年に**裁判員裁判**が開始されました。

　裁判員となる人は選挙人名簿から無作為に抽出されます。裁判員裁判の対象となる事件は死刑又は無期の懲役・禁錮にあたる罪に関するいわゆる重大事件であり，裁判員 6 人が職業裁判官（「構成裁判官」といわれる）3 人とともに合議体を形成して裁判を行います。一般市民である裁判員がその職責を十分に果たすことができるよう，審理を迅速でわかりやすいものにすることに努め（裁判員の参加する刑事裁判に関する法律（以下，「裁判員法」）第 51 条），審理はできるだけ集中して開催されることとされ，事件の争点や証拠を整理する公判前整理手続（刑訴法第 316 条の 2）が必ず実施されます。裁判員裁判における事実の認定，法令の適用，刑の量定等の判断（裁判員法第 6 条第 1 項）は裁判官と裁判員が評議（裁判員法第 66 条）をし，評決（裁判員法第 67 条）によって行います。

2　心神喪失者等医療観察制度

　前述したとおり，責任のない行為は犯罪とはなりません。しかし，心神喪失によって他害行為を行った人が継続的で適切な治療を受け，病状の改善と他害行為の再発を防止して，社会復帰をさせることは重要です。そこで，2005（平成 17）年「心神喪失等の状態で重大な他害行為を行った者の医療及び観察等に関する法律」（以下，「心神喪失者等医療観察法」）が施行されました。

　重大な他害行為（放火，不同意わいせつおよび不同意性交等，殺人，強盗，傷害）について心神喪失を理由に無罪の確定判決を受け，または心神耗弱により刑を減軽された人や不起訴となった人について，検察官の申し立て（心神喪失者等医療観察法第 33 条）によって審判が行われます。審判は地方裁判所において裁判官と精神科医である精神保健審判員が合議で行い，指定医療機関への入院，通院等の医療の要否および処分の終了が決定（心神喪失者等医療観察法第 42 条，第 52 条）されます。対象者の生活環境の調査・調整，精神保健観察の実施および関係機関の連携を確保するのは保護観察所の役割であり（心神喪失者等医療観察法第 19 条），そのため，保護観察所には**社会復帰調整官**がおかれています（心神喪失者等医療観察法第 20 条）。入院施設では一人の患者に対して医師・看護師・心理士・作業療法士・精神保健福祉士といった多機関・多職種の専門家が参画する連携チームが編成されて治療にあたります（厚生労働科学研究分担班，2009）。

3　各種虐待事案への対策

　児童・女性・高齢者・障害者といった社会的弱者の保護を目的として，**児童虐待防止法，配偶者からの暴力の防止及び被害者の保護等に関する法律（DV**

防止法），高齢者虐待の防止，高齢者の養護者に対する支援等に関する法律（**高齢者虐待防止法**），障害者虐待の防止，障害者の養護者に対する支援等に関する法律（**障害者虐待防止法**）といった特別法が立法されています。それぞれの法律でさまざまな対象者の保護措置や違反者の処罰が定められていますが，それらの違反行為（たとえば，配偶者を殴って怪我をさせることは傷害にあたります）そのものは刑法上の犯罪に該当することがほとんどです。したがって，これら虐待事案の動向をみるときは，特別法での立件事案に加えてそれぞれの事案に対応する従来の犯罪の増減にも注意する必要があります。

4 刑の一部執行猶予

従来，刑の執行猶予は刑の全部の期間の執行を猶予する場合にしか認められなかったものですが，いわゆる初犯者については，犯情の軽重や犯人の境遇などの情状を考慮してその刑の一部の執行を猶予し（刑法第 27 条の 2），保護観察を付することができることになりました（刑法第 27 条の 3）。

特に，薬物使用等の罪を犯した人は再犯に及ぶ場合が多いことから，施設内処遇に続いて社会内でもその特性に応じた処遇を実施して依存を改善するために，特別な法律（薬物使用等の罪を犯した者に対する刑の一部の執行猶予に関する法律）が定められ，いわゆる累犯者であっても刑の一部執行猶予の対象となり，その猶予期間中は必ず保護観察に付されることとなりました。これにより，薬物事犯者に対して刑事施設という物理的に薬物を遮断した環境のなかで薬物依存から離脱する改善指導を行い，社会に出てからも引き続きその処遇の効果を維持・強化するためのプログラムを実施することが可能となりました（今福，2013）。

5 再犯防止への視点

法務総合研究所が 1948 年から 2006 年までに有罪が確定した人のうち 100 万人分の犯罪記録を無作為に抽出して調査したところ，全犯罪者の約 3 割を占めるにすぎない再犯者が，全犯罪の 6 割程度を引き起こしていることが明らかになり（法務総合研究所，2007），再犯防止対策の重要性が改めて認識されることとなりました。

その後 2016 年に施行された再犯防止推進法に基づき，再犯防止推進計画が閣議決定されました。その概要は表5-1のとおりです。

6 刑事司法における入口支援

刑務所等から出所する人たちへの支援は，刑事司法制度の最終段階におけるいわば「**出口支援**」と考えられますが，それに加えて，刑務所で受刑した自らの体験を元にした著作（山本，2009）や社会福祉法人の実態調査（田島，

プラスα

再犯の統計

再犯の統計では，再犯者率と再犯率があげられるが，「再犯者率」は検挙人員中，過去に検挙されたことのある者の割合を示すものであり，「再犯率」は刑事処分を受けた者が再び犯罪を行った場合の割合であって，よく混同されるが全く異なる。

再犯防止に向けた取組

受刑者等の出所時の就労の確保に向けて刑事施設に就労支援スタッフが配置され，刑事施設，保護観察所およびハローワークが連携する刑務所出所者等総合的就労支援対策が実施されている。また，出所者の雇用を希望する企業と就職を希望する受刑者のマッチングを行う矯正就労支援情報センター室も設置されている。更生保護の分野では更生保護就労支援事業が行われ，犯罪をした者等の自立および社会復帰に協力することを目的として雇用を行う協力雇用主の数も増加している。

表5-1　再犯防止推進計画の概要

5つの基本方針	
1	「誰一人取り残さない」社会の実現に向け，国・地方公共団体・民間の緊密な連携協力を確保して再犯防止施策を総合的に推進
2	刑事司法手続のあらゆる段階で切れ目のない指導及び支援を実施
3	犯罪被害者等の存在を十分に認識し，犯罪をした者等に犯罪の責任や犯罪被害者の心情等を理解させ，社会復帰のために自ら努力させることの重要性を踏まえて実施
4	犯罪等の実態，効果検証・調査研究の成果等を踏まえ，社会情勢に応じた効果的な施策を実施
5	再犯防止の取組を広報するなどにより，広く国民の関心と理解を醸成
7つの重点課題	
1	就労・住居の確保
2	保健医療・福祉サービスの利用の促進
3	学校等と連携した修学支援の実施
4	犯罪をした者等の特性に応じた効果的な指導の実施
5	民間協力者の活動の促進，広報・啓発活動の推進
6	地方公共団体との連携強化
7	関係機関の人的・物的体制の整備

出所：閣議決定（2017）

2009）などがきっかけになって，刑事司法制度のなかでの高齢者や障害者のおかれている実態が知られることとなり，逮捕・勾留段階や公判段階においても司法と福祉が連携して支援を行う必要性が理解されることとなりました。

　刑事司法の各段階においてさまざまな取り組みがなされていますが，たとえば，各検察庁においては，その規模に応じて「社会復帰支援準備室」を設立したり，社会福祉士等の専門職員を雇用する等して，高齢者や障害者が起訴猶予となった場合に弁護士や福祉専門職，保護観察所等の関連機関や団体と連携して，身柄釈放時に福祉サービスに紹介するなどの「**入口支援**」を実施しています。同様の試みは弁護士が独自に行うこともあります。

　刑事司法は，どんな行為が犯罪なのか，犯罪をどのように取り扱うかを規定する制度であり，そこにはさまざまな機関が関わっています。そこでは犯罪を行った人を処罰するだけではなく，再び同じことを起こさないように社会復帰や改善更生に向けた支援をするべきとの考えも発展しつつあり，その担い手として心理職に期待される役割も大きくなっています。

　しかし，人を刑事手続に従わせ処罰する刑事司法は，同時に対象者の人権を大きく制限する側面ももっているため，刑事司法手続や刑罰の執行には厳格なルールが設けられており，心理職もその機能や限界を理解しておく必要があります。

1. 刑法犯の認知件数は最近減少傾向にあり，特別法犯も同じような傾向にあるといいますが，マスメディアで報じられる世論調査などでは，犯罪状況は悪化しているともいわれているようです。果たして犯罪は本当に減っているのでしょうか。

2. 犯罪を行った人は自分の快楽や利益のために法律に違反したとも考えられます。そのような人々に心理的な援助を含めた支援を行うのはどうしてでしょうか。

本章のキーワードのまとめ

刑　法	広くは刑罰を定める法規全般を指すが，狭義には刑法典そのものを指す。
特別刑法	刑罰を定めた法規のうち，刑法ではない法律を指し，「特別法」とも呼ばれる。
刑事訴訟法	刑事訴訟のあり方を規定する法律。
科学警察研究所	科学捜査についての研究・実験およびこれらを応用する鑑定・検査，犯罪の防止および少年非行防止についての研究・実験ならびに交通事故の防止その他交通警察についての研究・実験を行う警察庁の機関。
科学捜査研究所	犯罪捜査に関連する鑑定および検査およびそれらの研究に関すること，科学的検査および実験に関することを行う各地方警察の機関。
刑事施設	拘置所，刑務所および少年刑務所があり，拘置所は勾留されている被告人を拘禁する一方，刑務所は刑が確定した受刑者を拘禁して矯正処遇を行う。刑務所のなかでも概ね 26 歳未満の成人の受刑者や少年の受刑者を収容するものを少年刑務所という。
保護観察所	保護観察所は，保護観察および更生緊急保護を実施し，犯罪予防のための世論啓発，社会環境の改善，地域住民の活動を実施する事務をつかさどる。
裁判員裁判	刑事裁判に国民の視点・感覚を反映させるため，国民から無作為に抽出された裁判員が裁判官と共に合議体形成して裁判を行う制度。
医療観察制度	心神喪失等の状態で重大な他害行為を行った人がその心神喪失等のために無罪や不起訴となった場合に，裁判所の関与の下で組織的に適切な治療を受け，他害行為の防止と社会復帰をさせる制度。
児童虐待防止法	児童に対する虐待の禁止，児童虐待の予防および早期発見その他の児童虐待の防止に関する国および地方公共団体の責務，児童虐待を受けた児童の保護および自立の支援のための措置等を定める法律。
配偶者からの暴力の防止及び被害者の保護に関する法律（DV 防止法）	配偶者からの暴力に係る通報，相談，保護，自立支援等の体制を整備し，配偶者からの暴力の防止および被害者の保護を図ることを目的とする法律。「配偶者」は婚姻の届けをしていない「事実婚」や離婚後の関係を含む。
高齢者虐待防止法	高齢者の権利利益の擁護に資することを目的に，高齢者虐待の防止とその早期発見・早期対応の施策を，国および地方公共団体の公的責務のもとで促進する法律。
障害者虐待防止法	障害者に対する虐待の禁止，予防および早期発見その他の障害者虐待の防止等に関する国等の責務，虐待を受けた障害者に対する保護および自立の支援のための措置，養護者の負担の軽減を図ることを目的とする法律。
入口支援	逮捕・起訴前の段階等，刑事司法の「入口」において，再犯防止を目的にして行われる支援。
出口支援	刑事施設からの出所等，刑事司法の「出口」に近い場所において再犯防止を目的にして行われる支援。

第6章　アセスメント

この章では，犯罪・非行分野での臨床場面で，対象者をどのように査定（アセスメント）し，処遇・教育プランの策定を行うかを述べていきます。そこでは，一般的なカウンセリング，心理療法の場面と同様の手法も用いられますが，再犯の防止がいずれの場合でも重要な課題になるという点で，犯罪・非行臨床では，一般の臨床とはアプローチに異なる部分があり，特にリスクアセスメントという考え方が必要になります。

1　非行・犯罪のアセスメント

　司法・犯罪領域の臨床場面では，目の前にいる成人の犯罪者や非行少年と直接相対しますが，その際にはさまざまな疑問が生じることでしょう。「この人はどうして犯罪に及んだのか」「自身の行為についてどう考えているのか」「被害者についてはどう思っているのか」「犯行場面では何を考えていたのか」「犯罪は常習化しているのか」「自身の行為を反省しているのか」「どういった性格なのか」「人格に大きな偏りはないのか」「家族や友達との関係はどうか」「学校や職場ではどう振る舞っているのか」等，対人援助に携わる臨床家としては知りたいことが数多くあるわけです。このように対象者について多面的な情報を得て，更生に必要な処遇，支援計画を立てることが，司法犯罪領域の臨床場面におけるアセスメントとなります。

　アセスメントへのアプローチは，臨床心理学において一般的な諸技法が主として用いられます。すなわち，対象者と直接対面して話を聞く面接法，心理テストの実施による検査法，実際の行動場面を対象とした観察法によって成り立つものです。面接場面では，受容と共感を中心としたアプローチをしたり，質問を投げかけて対象者の認知・態度・思考の側面を把握したりします。心理検査であれば，MMPI，Y-G といった質問紙法による性格検査，WISC，WAIS などの知能検査，ロールシャッハ，TAT，バウムテスト，文章完成法検査（SCT）などの投影法が用いられます。ほかにも発達障害を査定するために ADHD-RS や PARS-TR，日本版感覚プロファイル，日本版 AQ などが用いられることもあります。また，少年鑑別所・少年院・刑務所・児童相談所・児童自立支援施設などの施設では，対象者の行動を綿密に観察して行動観察記

録を取り，対象者の特性を把握することに努めています。

　司法犯罪領域のアセスメントは，臨床心理学，司法心理学，司法精神医学や犯罪学など関連諸科学の知見や技法を利用し，対象者がなぜ犯罪や非行を起こしたのか，その要因を対象者および対象者を取り巻く環境の双方の観点から多元的に分析・理解し，犯罪や非行にまつわる問題性の深さ・広がりや今後の動向等を評価する方法です。そのため裁判所等の処分決定機関の意思決定や，刑務所，少年院，保護観察所などの執行機関における対象者の処遇の計画を支援し，究極的には再犯防止や立ち直りを支援する手段となるのです（寺村，2007: p. 194）。したがって，そのアセスメントにあたっては，隣接する学問領域に関する広範な知識や司法・行政の各種機関，精神科医など多職種との連携が必要になります。

2 ｜ リスクアセスメント

1　リスクアセスメントとは何か

　司法犯罪領域のアセスメントでは，先に述べたような一般的な臨床心理学における手法に加えて，**リスクアセスメント**と呼ばれる方法論を用いる必要があります。司法犯罪領域におけるリスクアセスメントとは，犯罪の性質や個別の状況，犯罪者の態度，信念を評価し，それによって犯罪者が将来的に法律に沿った生活ができるよう援助するのに必要な介入のタイプを明確にすることです（Youth Justice Board, 2006）。端的には，対象者の性質を調べて再犯を防ぐ手立てを示すことがリスクアセスメントであり，したがって，いかなる形であれ，法に触れる行為を行った対象者への取り扱いや働きかけを決めるためには，このリスクアセスメントが必須となります。わが国の司法犯罪領域でリスクアセスメントという用語が広まってきたのは 21 世紀になってからであり，比較的歴史は浅いのですが，警察・検察庁・裁判所・少年鑑別所・少年院・刑務所・保護観察所・児童相談所等の公的機関において，そこで働く実務家はそれと意識しているか否かにかかわらず，長年にわたってリスクアセスメントを行ってきたわけです（森，2010）。リスクアセスメントの方法は，それぞれの機関によってさまざまですが，実はわが国では 2010 年代あたりから，エビデンス（科学的根拠）に基づいてリスクアセスメントを実施しようとする機運が高まるようになりました。これは歴史としては浅く，手法の開発に先行したカナダ，アメリカ，イギリスといった欧米諸国の後を追う形となっています。

　現代のリスクアセスメントは，保険統計学（actuarial statistics）と呼ばれる

数理的な理論，分析手法を用い，犯罪者のデータを分析して得られた結果を元に，科学的根拠のあるリスクアセスメントの体系を構築しています。保険統計学は，保険や年金などの経済的な計画を立て，負債を計算し，リスクを評価する際に用いられる統計学です（The Cambridge Dictionary of Statistics, 2010）。保険統計学では応用への性質上，人の死亡率を分析する手法が整備されており，この死亡率を再犯率に置き換えて分析することで，再犯という事象を数理的なモデルのうえで扱えるようになるわけです。ただし，統計分析を使えば，簡単にリスクアセスメントができるようになるわけではありません。現在のようなリスクアセスメントの体系が出来上がるまでには，エビデンス集積のために長い時間がかかっています。以下ではリスクアセスメントがこれまでどのように発展してきたのかをみていくことにします。

2 第1世代のリスクアセスメント

リスクアセスメントは第1世代と呼ばれるものから第4世代と呼ばれるものまで，4つの段階を経て発展してきたと考えることができます（Andrews et al., 2006）。第1世代のリスクアセスメントは，主として専門家が行う非構造的な判断によるアセスメントのことをいいます。典型的な第1世代のリスクアセスメントとは以下のようなものです。

ある社会科学の領域で訓練された専門家（臨床家）が，犯罪者にあまり構造化されていないやり方で面接を行います。その専門家（臨床家）は，すべての犯罪者に対して共通する基本的な質問をいくらかは用いるかもしれませんが，ほとんどの部分で，犯罪者によって異なる質問を行うような柔軟性をもって面接を行います。

時には心理テストが用いられます。心理テストは，対象者によって実施される種類が変えられます。報告書は，専門家（臨床家）の自由な裁量によってまとめられます。情報収集が終わった後に，専門家のメンバーで，その犯罪者の社会への危険性や処遇の必要性に関して判定を行います（Andrews & Bonta, 2006: p. 286）。

このように第1世代のリスクアセスメントは，臨床的・専門的・主観的・直感的な判断によって行われますが（Gottfredson & Moriarty, 2006），そうした専門家によるリスク判断は，高度な訓練を受けたものであってもあまり正確ではありません（Bonta & Andrews, 2016/2018）。専門家がそれまでの臨床経験のみによって犯罪者のリスクの見積もりを行おうとすると，過去に自分が経験した個別の事例に引っ張られた判断をしてしまうかもしれません。また，一見すると再犯に結びつきやすいように思われても，実際にはエビデンスの支え

のない要因を重視してしまうかもしれません。たとえば，自尊感情の低さや不安は，再犯との関連が十分に示されてはいませんが，犯罪者を面接していて，何かにつけて自信がなかったり，情緒面が不安定な様子を頻繁にみせたりした場合に，臨床家は再犯の可能性を高めに見積もってしまうかもしれないわけです。特に，臨床家が過去に，自尊感情が乏しく不安が強い犯罪者が再犯に及んだ事例に接していた場合，そうした特徴をもつ犯罪者は再犯の可能性が高いという判断をしやすくなるでしょう。

　20 世紀の後半になると，こうした問題点については司法精神医学領域におけるメタアナリシス（メタ分析）研究によって，再犯，保護観察といった予後予測において，第 1 世代のやり方よりも，第 2 世代以後で開発された保険統計学を用いたアセスメントの方が正確であるという結果が示されるようになりました（Grove et al., 2000）。

　もちろん，対象者のアセスメントを行う際に，担当者が個別に面接を行ってきめ細かな配慮，対応をしていくことは必須であり，保険統計学を用いて行われた研究結果を元に機械的にリスクを判定すればよいということにはなりません。リスクアセスメントの理論や手法がエビデンスに基づいて進歩を遂げていっても，面接をおろそかにしたり，対象者に対する個別的な配慮を欠いたりしてよいわけではないことには留意してください。ただし，臨床的な感覚，直感に大きく判断を委ねる第 1 世代のやり方は，今日的には採用を続ける必要性は薄いといえるでしょう。

3　第 2 世代のリスクアセスメント

　第 2 世代のリスクアセスメントは，保険統計学的手法を用い，対象者の将来の犯罪行為に結びつくことが科学的な根拠をもって確認された犯因論的リスク要因を使って行うアセスメントです。ここで第 2 世代といった場合には，主として犯因論的リスク要因のなかでも静的リスク要因を利用し，動的リスク要因は利用しない方法を指します。静的リスク要因とは，犯罪歴，性別，年齢のように，後から働きかけを行って変化させることができない要因のことです。一方，不良者との交際，職場・学校での適応状況のように，介入によって変化可能な要因を動的リスク要因と呼びます。

　以下に，保険統計学的方法を用いて再犯リスクの評価を行った最初期の試みであるバージェス（Burgess, 1928）を例に，再犯のリスクをどのように見積もるのか具体的にみていきましょう。表 6-1 は，刑務所に入所した犯罪者を分類し，各分類での保護観察失敗率，すなわち再犯率が示されています。これをみると，初犯→機会犯→常習犯→プロ的（犯罪によって生計を立てている者）の順番に刑務所を出て社会内に戻った後の再犯率が高くなっていることがわかります。バージェス（Burgess, 1928）は，施設での違反歴，婚姻状況等の 21

プラスα

メタ分析
複数の研究の結果を統合し，それに基づいて知見を得る手法である。得たいと考えている知見に即した研究を適切に選別しつつ，多数の研究を集め，そこに示された統計数値を統合して分析することで，より質の高いエビデンスを得ることが可能となる。
→ 2 章参照

| 表6-1 | 犯罪者の分類と保護観察失敗率 |

犯罪者の分類	保護観察失敗率
初犯	15.8
機会犯	24.2
常習犯	39.1
プロ的	52.4

出所：Burgess, 1928 を元に作成

プラスα

the Offender Group Reconviction Scale (OGRS)

イングランド及びウェールズで使用されているリスクアセスメントツールであり，保護観察官が犯罪者についての処遇意見を裁判官に提出する際に，プレセンテンス・レポート（Pre-Sentence Report: PSR）と呼ばれる書類を作成するが，その際に参考となる情報を提供するために作成されたツールである。

ロジスティック回帰分析

古典的な線形回帰モデル（重回帰分析）では，従属変数・目的変数と呼ばれる変数はマイナス∞からプラス∞までの値をとる連続変数となっており，0 or 1 のような2値変数が従属変数・目的変数となるようなデータに対して，そのまま当てはめるのには支障がある。ロジスティック回帰分析は，リンク関数と呼ばれる関数を介して，0 or 1 のデータに対応できるようにしたモデルとなっている。このような古典的な線形回帰モデルを拡張したモデル全般のことを，一般化線形モデルと呼んでいる。

の再犯に関連する項目を用意して，それぞれの犯罪者に対して各項目への該当の有無からリスク得点を計算しました。その結果，高リスクの群では76%が再犯しているのに対し，低リスクの群では1.5%しか再犯をしていないことがわかりました。犯罪者の社会的予後に関連する項目を見つけ，それらの項目を組み合わせて得点を算出することで，再犯を実証的に予測することが可能になるのです。

　保険統計学的手法によるリスクアセスメントでは，ある犯罪者の性質を示す変数とその犯罪者が再犯をしたか否か，というデータの組を数多く収集し，分析することで，再犯を予測する数理的なモデルを作成します。バージェス（Burgess, 1928）の例では，クロス表を用いて再犯に結びつく要因を判別していましたが，統計手法と計算機の進歩が進むにつれ，多変量解析を用いて再犯を予測するモデルを作成する試みが行われています。

　英国で開発された犯罪者集団再犯尺度（the Offender Group Reconviction Scale：OGRS）と呼ばれるリスクアセスメントツールは，ロジスティック回帰分析と呼ばれる手法を用いて再犯のリスクとなる要因を抽出して作成されています（Copas & Marshall, 1997）。このツールでは，年齢，性別，21歳以下までに行われた拘留判決の数，裁判所に係属したすべての回数，現在の有罪判決を受けた年齢，最初に有罪判決を受けた年齢，犯罪の種類（性犯罪・薬物犯罪・暴力犯罪・財産犯等）から，将来犯罪に及ぶ確率を算出できるようになっています。

　また，第2世代のリスクアセスメントツールでは，性犯罪に特化したツールも開発されています。Static-99（Hanson & Thornton, 2000）というツールでは，過去に性犯罪歴がある，性犯罪ではない暴力犯罪歴がある，被害者と面識がない等の10項目を査定して得点化が行われています。

　このように第2世代のリスクアセスメントでは，臨床家の経験や直感のみに頼るのではなく，科学的な根拠に基づいて作成されたリスクアセスメントツールを用いて行うため，再犯リスクの査定を客観的に行うことができます。しかし，その再犯リスクの査定では，対象者に影響を与えると考えられる現在の家族や学校，職場等の社会的な要因や，対象者の認知・行動傾向等への働き

かけを行うことで変化が可能な動的リスク要因が含まれていません。犯行時の年齢や過去の犯罪歴は，後からの介入によって変化させることが不可能であり，犯罪者の再犯リスクを低くするためには，どのようなところに目標を掲げて処遇を行っていけばよいかという問いに答えることは困難です。

4　第3世代以後のリスクアセスメント

第3世代のリスクアセスメントでは，犯罪者が有しているどのようなリスク要因に働きかけを行えば再犯を防止できるかに関して，情報を提供することができます。すなわち，第2世代に含まれていた静的リスク要因に加えて，動的リスク要因を査定することで，科学的根拠に基づいた処遇プランを策定することが可能になっています。

①第3世代のリスクアセスメント

第3世代のリスクアセスメントツールとしては，アンドリュース＆ボンタ（Andrews & Bonta, 1995）が作成した処遇レベル質問紙改訂版（Level of Service Inventory-Revised：LSI-R）があり，動的リスク要因を含んだツールとなっています。動的リスク要因の内容として，セントラル・エイトと呼ばれる8つの中核的な要因があることが知られています。これは，①犯罪歴，②反社会的態度，③反社会的交友，④反社会的パーソナリティ，⑤家族，⑥学校・仕事，⑦物質使用，⑧余暇活用から構成されています（Bonta & Andrews, 2016）。第3世代のリスクアセスメントでは，これらのリスク要因のうち，どの領域について犯罪者が有しているか，動的リスク要因のうち，犯罪者がどの部分のリスクを有しているか査定し，処遇の方針の策定をしていくことになります（表6-2）。

第3世代のリスクアセスメントツールにも，性暴力のアセスメントに特化したツールが開発されています。SVR-20（Boer et al., 1997）では，児童虐待経験の有無，薬物使用の問題，就労の問題，犯罪に対する極度の矮小化・否認，将来の設計性等についてアセスメントを行うことで，性暴力を起こす可能性を査定します。

②RNRモデル

さて，再犯防止を効果的に行うための矯正処遇の条件を示したものに，ボンタ＆アンドリュース（Bonta & Andrews, 2016）が提唱したRNRモデル（Risk Need Responsivitymodel）と呼ばれる理論的枠組みがあります。このモデルはリスクアセスメントに関する包括的な理論であり，今日の犯罪者処遇のあり方に大きな影響を与えている重要なものとなっています。RNRモデルは，リスク原則，ニーズ原則，治療反応性原則を中核的な原則として構成されています。

リスク原則は，犯罪者の再犯リスクの程度と，提供される再犯防止のための

参照
セントラル・エイト
→2章

参照
RNRモデル
→2章

表6-2 セントラル・エイトのリスク・ニーズ要因と望ましい
治療ターゲット

犯罪歴
多様な状況における早発かつ継続的な数多くの種々の反社会的行為への関与。
治療目標：危険な状況での代替となるような非犯罪的行動を身につける。

反社会的態度
犯罪を支持するような態度，価値観，信念。怒り，鬱憤，反抗心のような認知的，情緒的状態。
治療目標：犯罪指向的認知を減らし，危険な思考や感情を認識し，代替となる向社会的思考や感情を築き上げ，向社会的アイデンティティーを抱くようにする。

反社会的交友
犯罪的な他者との緊密な関係。犯罪に対する向社会的なサポートからの孤立，犯罪に対する身近な社会的支持。
治療目標：犯罪的な他者とのかかわりを減らし，向社会的な他者とのかかわりを増やす。

反社会的パーソナリティ
冒険的な快楽希求性，弱い自己統制力，落ち着きがなく攻撃的。
治療目標：問題解決スキル，自己マネージメントスキル，アンガーマネージメント，コーピングスキルの構築。

家　族
２つの重要な要素は，養育・ケア，監督・指導である。
治療目標：対立を和らげ，良い関係を築き，指導監督を向上させる。

学校・仕事
学校・仕事での成績と満足感が低いこと。
治療目標：成績，報酬，満足感を高める。

余暇活用
向社会的な余暇活動の実行が不十分で満足感が低い。
治療目標：関与，報酬，満足感を高める。

物質使用
アルコールとその他ドラッグの乱用。
治療目標：物質乱用を低減し，薬物中心の行動を支える個人的・対人的要因を減らし，物質乱用の代替手段を強化する。

出所：Bonta & Andrews, 2017/原田，2018 を一部改変
注：重要性の低いリスク・ニーズ要因には，以下のものがある。個人的・精神的苦痛，重大な精神障害，身体的健康問題，公的処罰への恐怖，身体的条件づけ，低い IQ，低い社会階級，現在の犯罪の重大性

サービスの水準（密度）を一致させるというものです。ここでいう処遇の密度とは，その実施頻度，処遇を受ける期間の長さ，提供される内容によって決められます（Prendergast et al., 2013）。リスクが低い者には，そもそも介入の必要性がないこともあります。たとえば，わが国の家庭裁判所では非行少年に対して保護処分を行わない不処分という審判決定が行われています。それよりも密度が高い処遇としては，保護観察のような社会内の資源を活用した介入が

あり，さらにリスクが高い者には，少年院における矯正教育のように，施設に収容する密度の高い処遇が行われます。施設内での処遇であっても，刑務所における性犯罪再犯防止指導（R3プログラム）では，その期間・回数・教育内容によって低密度，中密度，高密度のプログラムが用意され，対象となる性犯罪者のリスクに応じた処遇が行われています。このようにリスク原則は，再犯リスクのレベルと処遇および教育のレベルを一致させなければならないという原則ですが，これを守らないで処遇，教育を行った場合は処遇効果が無効になったり，さらには逆効果となったりすることさえあります。したがって，再犯防止のためには，対象となる犯罪者の再犯リスクを正確に測る必要があり，臨床家が経験的，直感的に見積もるという第1世代のやり方ではなく，実証的な根拠がある第2世代以後のリスクアセスメントが必須となるわけです。

　ニーズ原則は，将来の犯罪と関連性が強く，介入によって変化可能なリスク要因を処遇のターゲットにしなければならないというものです。つまり，再犯防止のためには，先ほど説明したセントラル・エイトのような動的リスク要因を，対象となる犯罪者がどの領域にどの程度有しているかを査定する必要があるので，静的リスク要因のみを用いる第2世代のやり方ではなく，第3世代のリスクアセスメントツールが必要になるのです。

　治療反応性原則は，処遇を実施する際には，犯罪者の能力や学習スタイルに合ったやり方で行わなければならないという原則です。犯罪者の能力や学習スタイルに合うとは具体的にはどんな意味なのか，以下に説明していきます。まず，治療反応性原則は，一般反応性原則と特殊反応性原則に分かれます。一般反応性原則は，犯罪であれ，喫煙や過食などの生活習慣であれ，個人の問題行動を変化させるには，人間というものが本来もっている性質上，その認知と動機づけのパターンを変化させるように働きかけることが効果的であるというものです。そのため，犯罪者への教育，すなわち反社会的行動の変容には，ロールプレイやスキルの習得，歪んだ認知の修正といった技法を用いる認知行動的アプローチを行うことが有効になるのです。次に，特殊反応性原則ですが，これは犯罪者にはそれぞれ異なる人格傾向・長所・能力があり，処遇に対する反応は人によって異なるので，その違いを考慮しながら介入の方法を考えるという原則です。たとえば，知的能力が低い対象者に対して，通常行われている認知行動療法の処遇プログラムを実施しようとすれば，期待されるような処遇効果が得られないことは容易に想像がつくでしょう。

③第4世代のリスクアセスメント

　さて，治療反応性原則は，再犯リスクと処遇ニーズ以外での，処遇に関する一般的な条件と個別化の原則を示しているといえますが，この部分への対応は第2世代と第3世代のリスクアセスメントには組み込まれていませんでした。再犯リスクの定量的な測定と，対象者が抱える再犯に関わるリスクの領域をと

らえるだけではなく，肯定的なものも含めて犯罪者の個別の事情や特性を把握し，統合的に考慮して処遇プランを策定し，実施していく必要があります。そして，処遇が計画に沿って行われているかを検証し，把握できた課題の改善をするといったマネジメントを行っていくことが必要になります。これに対応したものが第4世代リスクアセスメントになります。

　第4世代リスクアセスメントは第3世代までに採用された静的リスク要因と動的リスク要因の査定に加えて，処遇プランの策定，処遇目標の達成度の評価，動的リスク要因の改善度の評価といったフォローアップまでを統合的に管理するシステムを指します。第4世代のツールは，このようなシステムにおいて利用できる統合的な内容となっており，その例としては，処遇レベル・ケースマネジメント質問紙（Level of Service/ Case Management Inventory：LS/CMI）（Andrews et al., 2004）があげられます。第4世代のツールは，アセスメントとケースマネジメントとの連携を強調したものになっており，向社会的な方向付けをするうえでの個人的なストレングスの役割，治療効果を最大限にするための個別的反応性要因のアセスメント，そして指導開始から終了まで，個別のケースに対して構造化されたモニタリングをすることの重要性に着目したものになっています（Bonta & Andrews, 2016/2018）。

プラスα

LS/CMI
ツールの具体的な内容は，著作権の問題があるため，ここに載せることができない。興味のある人は Bonta & Andrews （2016/2018）に短縮サンプルが掲載されているので，参照してほしい。

3 　わが国の現状と
リスクアセスメントのこれから

1 　わが国の現状

　わが国の犯罪者に対するアセスメントは，通常の臨床心理学を用いた手法で行われていた時代が長く続きました。先に説明したように，司法・犯罪領域では再犯を防止するための科学的な根拠があるリスクアセスメントが必須になりますが，わが国では少なくとも20世紀の間は，それが実際の犯罪者処遇の現場に取り入れられることは，ほぼなかったといってよい状態でした。欧米では第1世代から第2世代，第3世代とリスクアセスメントが進歩を遂げる一方で，わが国では臨床経験による直感に頼ることも少なくなく，統計学的な手法を用いたリスクアセスメントツールの開発は遅れていました（生島，2011）。20世紀中にも，欧米の進んだ研究をわが国に紹介する試みは行われていましたし，研究のレベルでは保険統計的手法を使った再犯予測の試みが行われたりしていたのですが，犯罪者処遇の現場で実用化されることはなく，第1世代のリスクアセスメントが長く続きました。

　わが国のリスクアセスメントが第1世代を脱却したのは，以下の2つの出

表6-3　MJCA 項目の抜粋

<table>
<tr><td>

静的領域 24 項目から抜粋
（S1　生育環境）
家族に少年を虐待する者がいた。
家族に家庭内暴力をする者がいた。
本件時に家出や浮浪の状態にあった。
他 2 項目
（S2　学校適応）
学業不振があった。
学校内で問題行動を頻発していた。
他 1 項目
（S3　問題行動歴）
小学生時に喫煙又は飲酒があった。
小学生時に家出又は無断外泊があった。
他 4 項目
（S4　非行・保護歴）
初回の警察補導等の措置を受けた年齢が 13 歳以下である。
財産非行がある。
他 4 項目
（S5　本件態様）
本件は指導・監督を受けている期間中の再非行である。
本件は同種事案の再非行である。
他 4 項目

</td><td>

動的領域 28 項目から抜粋
（D1　保護者との関係性）
保護者は少年に対して高圧的である。
保護者に反発している。
他 5 項目
（D2　社会適応力）
学校又は職場内で必要とされる決まりを軽視している。
学校生活又は就労生活に対する意欲が乏しい。
他 7 項目
（D3　自己統制力）
欲求不満耐性が低い。
感情統制が悪い。
他 3 項目
（D4　逸脱親和性）
犯罪性のある者に親和的である。
反社会的な価値観や態度に親和的である。
法律を軽視している。
他 4 項目

</td></tr>
</table>

出所：森ほか，2014 より作成

来事によると考えられます。一つは，刑務所に在所中の性犯罪受刑者に対して性犯罪者処遇プログラムが開始された 2006 年です。このプログラムは，リスクアセスメントツールを用いて対象者の再犯リスクを測定し，それによって対象者が受講するプログラムの処遇の密度を決定するという RNR 原則に基づく手法がとられました（ただし，このプログラムに一定の効果があることが実証的に確認されたのは 2012 年になってからのことです）。

　もう一つは，法務省矯正局が開発した法務省式ケースアセスメントツール（Ministry of Justice Case Assessment tool：MJCA）の運用が開始された 2013 年です。MJCA は，第 3 世代リスクアセスメントツールであり，表6-3に示したように，静的リスク要因の査定に用いる 5 領域 24 項目，動的リスク要因の査定に用いる 4 領域 28 項目から構成されています（森ほか，2014）。再非行の可能性および教育上の必要性を定量的に把握するための鑑別実施上の支援アセスメントツールであり，全国の少年鑑別所および少年院で非行少年に対して用いられています。

　こうした流れを受けて現在，一般の受刑者には，受刑者用一般リスクアセスメントツール（Gツール）が開発され，2017 年から全国の刑務所で運用され

ています。Gツールの男性受刑者版は本件，前歴，家族・パートナー，地域，学歴・仕事，飲酒の6領域18項目，女性受刑者版は本件，前歴，家族・パートナー，学歴・仕事，精神障害，飲酒の6領域16項目から構成されています。受刑者の再犯の可能性等を客観的，定量的に把握することを目的に開発されたもので，犯罪傾向の進度の判定や刑務所での処遇プランの策定の際の基礎資料として活用されています。一方，社会内で犯罪者の更生を図る制度である保護観察では近年，再犯防止のためのより効果的な指導・支援を行うためのアセスメントツールであるCFP（Case Formulation for Probation/Parole）が開発され，2018年から試行が開始されています。CFPは再犯・再非行誘発要因・改善更生促進要因，その背景要因・相互作用を分析し，保護観察処遇の焦点と留意事項を明らかにするために用いられており（法務総合研究所，2019），対象者の長所となる保護的因子の考え方が採用されたツールになっています。2021年の段階では，わが国の犯罪者に対するアセスメントも，非行少年の調査，処分の決定を行う家庭裁判所以外の領域では，おおむね実証的な根拠に基づいた第2世代以後の手法が取り入れられるようになってきている現状にあります。今後もこうした流れが進展していくことが期待されます。

2 リスクアセスメントの今後について

　これまでみてきたようにリスクアセスメントは漸次，発展をしてきました。科学的根拠に基づいた犯罪者処遇を行わなければならないという認識が今日では定着し，そのなかでRNRモデルは中核的な理論として位置づけられています。RNRモデルは，リスク管理モデルと呼ばれることもあり，プログラム評価の文脈では，予測研究により確定した再犯リスク要因を個別に診断し，診断に沿って介入（インプット）を行い，その介入によって再犯リスク要因（アウトプット）を変容させ，再犯要因の変容によって再犯（アウトカム）を減少させるというロジック・モデル（因果連鎖モデル）に支えられた枠組みであるととらえることができます（津富，2017）。現代のリスクアセスメントは，明確な理論的枠組みをもち，しかも多くの実証的な知見の積み重ねによって支えられ，そして現場での実践に広く応用されていますが，それでは，司法犯罪領域のリスクアセスメントは今後どのような方向に発展していくのでしょうか。

　一つの方向性として，対象者の有している肯定的な面に目を向けるアプローチが近年，注目されてきています。RNRモデルにも，ストレンクスを査定するという原則が含まれていますが，それとは別に，保護的因子と呼ばれる要因を想定して積極的に査定し，再犯予測と処遇に活用していこうとする研究が行われています。保護的因子は，その機能や作用機序の解明等が未だ研究の途上にありますが，「リスク要因の否定的な影響を引き下げたり，または暴力的なアウトカムが起こる可能性を減らしたりする働きをもつ要因」（Borum et al.,

2006),「将来の暴力行為のリスクを軽減する，個人の特性，環境及び状況」
(de Vogel et al., 2014) といった定義が提案されています。再犯リスクではな
くて，再犯を防ぐというプラスの働きをもつ要因を探っていこうとする試みで
あり，SAPROF と呼ばれる保護的因子を測定するためのツールが開発されて
います (de Vogel et al., 2014)。このツールでは，対象者について幼年期の安
全な愛着（アタッチメント）形成や治療への動機づけ等の要因が査定されます。
非行少年向けのリスク・ニーズアセスメントツールである SAVRY (Borum et
al., 2006) には向社会的な関わり，強い社会的支援，強いアタッチメント等，
保護的因子を測定する項目が含まれています。対象者のポジティブな面に着目
して支えることで，対象者と処遇に携わるスタッフに前向きな動機づけの効果
を与え，対象者の強みを生かすことが再犯の防止に結びつくという枠組みです。
　このような方向性としては，良き人生モデル（Good Lives Model：GLM）
も有力な処遇理論としてあげられます。GLM は，人としての財を向社会的に
手に入れるための犯罪者の能力を強化すれば，その結果として，反射的に，一
般的に目標とされている動的なリスク要因を消滅あるいは減少させることにな
ると主張しています (Laws & Ward, 2011/2014)。現状では，RNR モデルと
比べて，これらの枠組みが再犯を効果的に防止するという実証研究は少ないで
すが，有力な潮流の一つとして今後の実証研究が待たれるものです。
　また，別の方向性としては，リスク要因の働きをさらに精密に分析していく
というアプローチも行われています。一つの取り組みとして，リスク要因は原
則として男性と女性とで共通しているという考えのもとに査定が行われること
が多かったわけですが，女性には女性特有のリスク要因（Gender responsive
needs）が存在するという研究があります。たとえば，家族および社会での他
者との関わりに関連するリスク要因は，男子の非行少年と比べて女子の非行少
年にとってはより重要となる，女子の非行少年はメンタルヘルスの問題を示す
可能性が高い，反社会的仲間の影響は男子非行少年の方が強いという主張があ
ります (Hilterman et al., 2016)。また，成人の女性犯罪者は，犯罪行動を誘
発するような人間関係に巻き込まれやすい，抑うつ・不安などのメンタルヘル
スの問題が多くみられる，母親としての養育に関するストレスが犯罪に関係が
あると主張されています。(Van Voorhis et al., 2010)。女性特有のリスク要因
については，未だ研究の量は十分とはいえない状態であるため，今後の研究が
待たれるところです。
　リスク要因の働きを，いくつかの要因による影響を考慮して分析していく方
向性としては，性別のほかに対象者が犯した犯罪の種類による違いを分析する
という視点が考えられます。アメリカでは，従来用いられてきたリスクアセス
メントツールに，性別，罪種の違い，アセスメントに用いられる各項目の重み
づけを検討し，現代的な統計手法を用いてツールを作り替えるという試みが行

プラスα

非行少年

犯罪，非行を取り扱う
領域では，男子も女子
も少年と呼び，少女と
いう言葉を使うことは
ほとんどない。慣例と
いってもよいと思われ
るが，一つの根拠とし
ては，少年法による規
定があげられる。少年
法第 2 条では「この法
律において「少年」と
は，二十歳に満たない
者をいう。」とされ，
男子も女子も全て「少
年」という用語で統一
されている。

われており，こうした改良によってツールの予測性能の向上が図られています (Hamilton et al., 2019)。また，RNR 原則では，リスク原則，ニーズ原則に関する研究の蓄積が膨大である一方で，特殊反応性原則の研究が少ない状態です。良質な処遇プログラムが適切に運用されていても，すべての対象者に等しく効果を発揮するわけでは必ずしもありません。そうした違いについて非犯因論性ニーズを用いて説明しようという試みが行われており，処遇への動機づけが低いことが処遇プログラムの効果を減衰させる可能性があることが指摘されています（Higley et al., 2019）。

　このように，犯罪のリスクアセスメントは。これまでの発展を土台としながら，今後も少しずつ，着実に科学的な知見を積み重ね，進歩していくことになるでしょう。

考えてみよう

非行・犯罪のリスクアセスメントが，我々の社会において，どのような意味をもつのか考えてみましょう。

🖋 本章のキーワードのまとめ

リスクアセスメント	リスクアセスメントは，他領域においても使われる言葉であるが，司法，犯罪領域における リスクアセスメントは，犯罪の性質や個別の状況，犯罪者の態度，信念を評価し，それに よって犯罪者が将来的に法律に沿った生活ができるよう援助するのに必要な介入のタイプを 明確にすることである（Youth Justice Board, 2006）。ここで注意したいのは，リスク アセスメントは，単に再犯のリスクを査定するだけでなく，介入プランの策定までを含めて いることである。対象となる犯罪者を調べ，どのような方法で犯罪者の更生を図っていくか， その計画を立案することまでがリスクアセスメントになる。
第 1 世代のリスク アセスメント	第 1 世代のリスクアセスメントでは，実証的な根拠に基づいたリスクアセスメントツール を用いずに行われる。典型的な例としては，以下のようなものとなる。 　ある社会科学の領域で訓練された専門家（臨床家）が，犯罪者にあまり構造化されていな いやり方で面接を行う。その専門家（臨床家）は，いくらかは全ての犯罪者に対して共通す る基本的な質問を用いるかもしれないが，ほとんどの部分で，犯罪者によって異なる質問を 行うような柔軟性を持って面接を行う。時として，心理テストが行われる。心理テストは， 対象者によって実施される種類を変えながら行われる。報告書は専門家（臨床家）の自由な 裁量によってまとめられる。情報収集が終わった後に，スタッフのメンバーで，その犯罪者 の社会への危険性や処遇の必要性に関して判定を行う（Andrews & Bonta, 2006）。
第 2 世代のリスク アセスメント	対象者の将来の犯罪行為に結び付くことが科学的な根拠を持って確認されたリスク要因を用 いて行うリスクアセスメントを指す。一般的には，ツールの形で再犯リスクを計量的に算出 してアセスメントに用いる。ただし，そこで用いられる再犯リスクは，処遇によって変更が できない静的なリスク要因（たとえば，性別，年齢，過去の逮捕歴等）のみが用いられ，動 的なリスク要因（たとえば，反社会的認知，不良交遊の問題など）は用いられていない。そ のため，処遇プランの策定には使いにくいという短所がある。
第 3 世代のリスク アセスメント	静的リスク要因のみならず，動的リスク要因を取り込んで再犯リスクの査定を行うやり方を 指す。動的リスク要因を含んだ，リスクアセスメントツールを用いる。それにより，犯罪者 のどのような部分に焦点を当てて処遇を行うことで，再犯リスクを低減させることができる かを，科学的な根拠をもって示すことができる。
第 4 世代のリスク アセスメント	第 3 世代までのリスクアセスメントに加えて，処遇プランの策定から，処遇目標の達成度 評価，改善度の評価等のフォローアップまでを統合的に管理する体制が構築されたもの。
MJCA	法務省式ケースアセスメントツール（Ministry of Justice Case Assessmenttool）の略 称である。法務省矯正局が開発した静的・動的リスク要因によって構成された全 52 項目か らなるリスク・ニーズ・アセスメントツールである。対象となる非行少年について，再非行 の可能性及び教育上の必要性を定量的に把握するために，統計的な分析結果を検討して作成 された。

第7章

精神障害

精神障害と犯罪との関連については，いろいろと複雑な問題があります。本章では，精神障害と犯罪との関連，および責任能力について解説します。さらに，さまざまな精神障害についての基本的な事項を説明します。

1 | 責任能力と医療観察制度

　刑事裁判において精神障害がクローズアップされるのは，責任能力との関連においてです。刑法における責任能力とは，犯罪行為をした者が自らの刑法上の責任を負うことができる能力のことであり，その能力は 2 つに分類されます。1 つは，物事の是非善悪を判断することができる能力を指し，もう 1 つはその判断にしたがって行動できる能力を指します。これらのいずれか，または両方が欠けていることを責任無能力といい，刑法では**心神喪失**[*]と呼びます。それらが減退していることは，限定責任能力と呼ばれ，刑法では**心神耗弱**[*]と呼ばれます。

　裁判において精神障害が疑われた場合，多くは，精神科医や公認心理師を含むメンタルヘルスの専門家の協働によって精神鑑定が行われることとなります。この際，単にある精神障害を有していることが診断できたからといって，直ちに責任能力の議論に結びつくわけではありません。精神疾患における世界共通の診断基準の一つである，アメリカ精神医学会による『精神疾患の診断・統計マニュアル』（Diagnostic and Statistical Manual of Mental Disorders 5th edition：DSM-5）では，その前文で「その人の行動制御能力の低下が診断の特徴である場合ですら，診断を有すること自体が，特定の個人が特定の時点において自己の行動を制御できない（あるいはできなかった）ということを示しているわけでない」と注意喚起がされています。

　いくつかの精神疾患は，行動制御能力の低下が症状の 1 つとして規定されていますが，そのような疾患を有しているからといって，責任能力に問題があるなどと結論することはできず，全体的傾向として「その精神障害によって，

犯行時に全自我による意思決定がどの程度，阻害されていたのかを吟味しなければいけない」（古茶，2020）とされています。また，精神鑑定などにおいて，精神科医やメンタルヘルスの専門家は，専門家としての意見を述べるにすぎません。心神喪失や心神耗弱は刑法上の概念であるため，最終的な認定は裁判官が行います。

刑法第 39 条では，「心神喪失者の行為は，罰しない」「心神耗弱者の行為は，その刑を減軽する」と規定されています。多くの場合，統合失調症などの幻覚妄想状態によって，本人の病前性格とはかけ離れた行為が行われたようなケースで，心神喪失との認定がなされることがありますが，その認定は無罪を意味するものであるだけに，法律の専門家と医療の専門家双方が，非常に慎重な手続きを踏んで判断する必要があることはいうまでもありません。

心神喪失による無罪判決が下された場合や不起訴処分となった場合，「心神喪失者等医療観察法」の対象となります。これは，心神喪失や心神耗弱の状態で重大な他害行為を行った者に対して，適切な医療を提供し，治療と円滑な社会復帰を促進することを目的とした制度です。ここでいう重大な他害行為には，殺人，放火，強盗，不同意性交等，不同意わいせつ，傷害が含まれます。医療観察法を適用するかどうかは，検察官が地方裁判所に申し立てを行い，裁判官と精神科医の合議体による審判によって決定されます。

審判の結果，入院の決定を受けた者は，指定入院医療機関において医療を受けるとともに，保護観察所の社会復帰調整官による生活環境の調整などが行われます。入院期間には法の規定はありませんが，おおむね 18 か月程度とされています。また，通院の決定を受けた者は，指定通院医療機関に通院しながら同様の処遇を受けることとなります。通院期間は原則 3 年とされていますが，さらに 2 年まで延長することができます。

2 ｜ 精神障害と犯罪

精神障害を有する者によって犯罪が行われたとき，センセーショナルな報道がなされ社会に大きな動揺が生じることがあります。それによって，人々は精神障害者に対し，いたずらに恐怖や不安を抱くことが少なくありません。しかし，実際は精神障害者による犯罪が健常者に比べて多いという事実はありません。犯罪白書（法務省，2022）によれば，2021 年の検挙人員総数 17 万 5,041 人のうち，精神障害を有する者（疑いを含む）は 1,254 人でわずか 0.7%です。一方厚生労働省（2020）の調査では，精神疾患を有する総患者数は約420 万人で，総人口に占める割合は約 3.5%となっています。

プラスα

**医療観察法にみる
精神疾患の状況**

心神喪失者等医療観察法による入院対象者の状況について，厚生労働省ホームページ（https://www.mhlw.go.jp/stf/seisakunitsuite/bunya/hukushi_kaigo/shougaishahukushi/sinsin/nyuin.html）にて確認をすることができる。現時点（令和 2 年 4 月 1 日）では，ICD-11 の F コードによる診断基準に基づけば，最多は F2「統合失調症，統合失調型障害および妄想性障害」の606名，ついで F3「気分（感情）障害」の 50 名，F1「精神作用物質使用による精神および行動の障害」の 43 名となっている（2023年5 月時点で，ICD-11 はまだ正式な日本語版が発売されていないので，ICD-10 を用いて紹介した）。

また，犯罪のリスクファクターに関するメタアナリシスをみても，精神障害の犯罪（再犯）に対する効果量は r ＝－ 0.03~0.01 程度であり，犯罪のリスクファクターとはいえません（Skeem, Manchak & Peterson, 2011）。

もちろん，精神障害者による犯罪が皆無であるわけではなく，その犯行に精神障害が影響している場合もないわけではありません。そのようなケースでは，犯行の動機や態様が不可解な場合もあります。しかし，本当に犯行に精神障害が影響しているのか否かは，精神鑑定のような綿密な調査をしなければわかりません。したがって，最初から犯行を精神障害と安易に結び付けて論じたり，理由なく危険視することは，大きな偏見であり厳に慎むべきことです。

3 ┃ さまざまな精神障害

この章では，司法・犯罪心理学に関連する可能性のあるさまざまな精神障害について説明していきます。

1 統合失調症

統合失調症とは，思考や行動，感情がまとまらなくなり，そのために本人が困難や苦痛を感じ，回復のために治療や援助を必要とする状態です。発症率は，全世界的におおむね人口の 0.7% 程度とされ，思春期から 40 代までに発症することが多い病気です。最近の研究では男性のほうが，発症率がわずかに高いとされています。比較的頻度の高い疾患であるにもかかわらず，未治療で放置され，偏見や差別，非人道的治療にさらされてきた歴史があります。早期発見・早期治療によって，よりよい治療効果，予後も期待されており，これはほかの疾患と同様です。

統合失調症の病因は明確には判明されていませんが，脳内で情報を伝達する際に用いられるドパミン・NMDA などの**神経伝達物質**のバランスが崩れてしまうことが原因の 1 つとされています。また遺伝子の関与も指摘されていますが，単に遺伝子だけの問題ではなく，環境要因も含めさまざまな要因が関与していると考えられます。

症状は急性期に生じる，幻覚（実際にない感覚を現実の感覚をして知覚すること）・妄想（事実ではないことに対して，強い確信をもち，訂正ができないこと）・緊張症状など派手で生産的な**陽性症状**と，消耗期に生じる，感情鈍麻・平板化・意欲の喪失など正常機能の低下，欠陥となる**陰性症状**とに大きく分類されます。

アメリカ精神医学会の DSM-5 によると，以下のような症状が特徴的とされます（表7-1）。

プラスα
神経伝達物質
神経伝達物質は，神経細胞間の領域であるシナプスにおいて情報伝達を介在する物質である。これら神経伝達物質の機能異常が，統合失調症発症の一因とされている。

語句説明
精神保健指定医
精神科医療においては，本人の意思によらない入院や，一定の行動制限を行うことがあるため，これらの業務を行う医師が，患者の人権にも十分に配慮した医療を行うに必要な資質を備えている必要がある。そのため，一定の精神科実務経験を有し，法律等に関する研修を終了した医師のうちから，厚生労働大臣が指定する。

表7-1　統合失調症の診断基準（DSM-5）

A.以下のうち 2 つ（またはそれ以上），おのおのが 1 カ月間（または治療が成功した際は
より短い期間）ほとんどいつも存在する。これらのうち少なくとも 1 つは(1)か(2)か(3)
である。
(1)　妄想
(2)　幻覚
(3)　まとまりのない発話（例：頻繁な脱線または減裂）
(4)　ひどくまとまりのない，または緊張病性の行動
(5)　陰性症状（すなわち情動表出の減少，意欲欠如）
B.障害の始まり以降の期間の大部分で，仕事，対人関係，自己管理などの面で 1 つ以上
の機能のレベルが病前に獲得していた水準より著しく低下している（または，小児期
や青年期の発症の場合，期待される対人的，学業的，職業的水準にまで達しない）。
C.障害の持続的な徴候が少なくとも 6 カ月間存在する。この 6 カ月の期間には，基準 A
を満たす各症状（すなわち，活動期の症状）は，少なくとも 1 カ月（または，治療が
成功した場合はより短い期間）存在しなければならないが，前駆期または残遺期の症
状の存在する期間を含んでもよい。これらの前駆期または残遺期の期間では，障害の
徴候は陰性症状のみか，もしくは基準 A にあげられた症状の 2 つまたはそれ以上が弱
められた形（例：奇妙な信念，異常な知覚体験）で表されることがある。
D.統合失調感情障害と「抑うつ障害または双極性障害，精神病性の特徴を伴う」が以下
のいずれかの理由で除外されていること。
(1)　活動期の症状と同時に，抑うつエピソード，躁病エピソードが発症していない。
(2)　活動期の症状中に気分エピソードが発症していた場合，その持続期間の合計は，疾
病の活動期および残遺期の持続期間の合計の半分に満たない。
E.その障害は，物質（例：乱用薬物，医薬品）または他の医学的疾病の生理学的作用によ
るものではない。
F.自閉スペクトラム症や小児期発症のコミュニケーション症の病歴があれば，統合失調症
の追加診断は，顕著な幻覚や妄想が，その他の統合失調の診断の必須症状に加え，少な
くとも 1 カ月（または，治療が成功した場合はより短い）存在する場合にのみ与えら
れる。

出所：American Psychiatric Association, 2013/2014

　診断には上記の A の症状のうち，2 つ（またはそれ以上），おのおのが 1 カ
月間（または治療が成功した際はより短い期間）ほとんどいつも存在すること
とされています。なお，これらのうち少なくとも 1 つは(1)か(2)か(3)です。

　令和 4 年版における犯罪白書（法務省，2022）では，「精神障害者」を「統
合失調症，精神作用物質による急性中毒若しくは依存症，知的障害，精神病質
又はそのほかの精神疾患を有する者をいい，**精神保健指定医**[*]の診断により医療
及び保護の対象となる者に限る」と定義しており，2018（平成 30）年では検
挙人員総数に占める精神障害者等（精神障害者と精神障害の疑いのあるものを含
む）の比率は 1.3% でした。

2　双極性障害

　双極性障害とは，通常の気分をはさんで，躁症状（気分の異常な高揚が続く状
態）と抑うつ症状（抑うつ気分，興味，喜びの著しい減退を主体とする症状が続く
状態）の病相を繰り返す精神疾患です。全世界での生涯有病率は 3% といわれ

表7-2 躁病エピソード（DSM-5）

A.気分が異常かつ持続的に高揚し，開放的または易怒的となる。加えて，異常かつ持続的に亢進した目標指向性の活動または活力がある。このような普段とは異なる期間が，少なくとも１週間，ほぼ毎日，１日の大半において持続する（入院治療が必要な場合はいかなる期間でもよい）。

B.気分が障害され，活動または活力が亢進した期間中，異常の症状のうち３つ（またはそれ以上）（気分が易怒性のみの場合は４つ）が有意の差をもつほどに示され，普段の行動とは明らかに異なった変化を象徴する。

(1) 自尊心の肥大，または誇大

(2) 睡眠欲求の減少（例：３時間眠っただけで十分な休息がとれたと感じる）

(3) 普段より多弁であるか，しゃべり続けようとする切迫感

(4) 観念奔逸，またはいくつもの考えがせめぎ合っているといった主観的な体験

(5) 注意散漫（すなわち，注意があまりにも容易に，重要でないまたは関係のない外的刺激によって他に転じる）が報告される，または観察される。

(6) 目標指向性の活動（社会的，職場または学校内，性的のいずれか）の増加，または精神運動焦燥（すなわち，無意味な非目標指向性の活動）

(7) 困った結果につながる可能性が高い活動に熱中すること（例：制御のきかない買いあさり，性的無分別，またはばかげた事業への投資などに専念すること）

C.この気分の障害は，社会的または職業的機能に著しい障害を引き起こしている，あるいは自分自身または他人に害を及ぼすことを防ぐため入院が必要であるほど重篤である，または自分自身または他人に害を及ぼすことを防ぐため入院が必要であるほど重篤である，または精神病性の特徴を伴う。

D.本エピソードは，物質（例：乱用薬物，医薬品，または他の治療）の生理学的作用，または他の医学的疾患によるものではない。

注：抗うつ治療（例：医薬品，電気けいれん療法）の間に生じた完全な躁病エピソードが，それらの治療により生じる生理学的作用を超えて十分な症候群に達してそれが続く場合は，躁病エピソード，つまり双極性Ⅰ型障害の診断とするのがふさわしいとする証拠が存在する。

注：基準Ａ〜Ｄが躁病エピソードを構成する。少なくとも生涯に一度の躁病エピソードがみられることが，双極Ⅰ型障害の診断には必要である。

出所：American Psychiatric Association, 2013/2014

表7-3 軽躁病エピソード（DSM-5）

A.気分が異常かつ持続的に高揚し，開放的または易怒的となる。加えて，異常かつ持続的に亢進した目標指向性の活動または活力がある。このような普段とは異なる期間が，少なくとも４日間，ほぼ毎日，１日の大半において持続する。

B.気分が障害され，かつ活動または活力が亢進した期間中，異常の症状のうち３つ（またはそれ以上）（気分が易怒性のみの場合は４つ）が持続しており，普段の行動とは明らかに異なった変化を示しており，それらは有意の差をもつほどに示される。

(1) 自尊心の肥大，または誇大

(2) 睡眠欲求の減少（例：３時間眠っただけで十分な休息がとれたと感じる）

(3) 普段より多弁であるか，しゃべり続けようとする切迫感

(4) 観念奔逸，またはいくつもの考えがせめぎ合っているといった主観的な体験

(5) 注意散漫（すなわち，注意があまりにも容易に，重要でないまたは関係のない外的刺激によって他に転じる）が報告される，または観察される。

(6) 目標指向性の活動（社会的，職場または学校内，性的のいずれか）の増加，または精神運動焦燥

(7) 困った結果につながる可能性が高い活動に熱中すること（例：制御のきかない買い

　　　あさり，性的無分別，またはばかげた事業への投資などに専念すること）
　C.本エピソード中は，症状のないときのその人固有のものではないような，疑う余地の
　　ない機能的変化と関連する。
　D.気分の障害や機能の変化は，他者から観察可能である。
　E.本エピソードは，社会的または職業的機能に著しい障害を引き起こしたり，または入院
　　を必要とするほど重篤ではない。もし精神病の特徴を伴えば，定義上，そのエピソード
　　は躁病エピソードとなる。
　F.本エピソードは，物質（例：乱用薬物，医薬品，または他の治療）の生理学的作用，ま
　　たは他の医学的疾患によるものではない。
　注：抗うつ治療（例：医薬品，電気けいれん療法）の間に生じた完全な軽躁病エピソー
　　　ドが，それらの治療により生じる生理学的作用を超えて十分な症候群に達してそれが
　　　続く場合は，軽躁病エピソードと診断とするのがふさわしいとする証拠が存在する。
　　　しかしながら 1 つまたは 2 つの症状は不十分であり，双極性の素因を示唆するには
　　　不十分であるという点に注意を払う必要がある。
　注：基準 A〜D が躁病エピソードを構成する。少なくとも生涯に一度の躁病エピソー
　　　ドがみられることが，双極Ⅰ型障害の診断には必要である。

出所：American Psychiatric Association, 2013/2014

ており，自殺リスクが高く発症から 20 年後の自殺率は 6% を超えるとされて
います。さらに生涯では 10% 以上といわれています。躁病エピソードのある
双極Ⅰ型障害，軽躁病エピソードのある双極Ⅱ型障害から構成されます。

　双極Ⅰ型障害の診断には躁病エピソードの存在が必要となり，双極Ⅱ型障害
には軽躁病エピソードとうつ病エピソードの存在が必要となります。診断基準
として DSM-5 の躁病エピソード（表7-2）と軽躁病エピソード（表7-3）の
診断基準を示します。最近は，このような双極性障害の概念をさらに広くとる
双極スペクトラムの考え方が浸透しつつあります。

3　知的障害

　知的障害とは，「発達期（幼少期から青年期）に，読み書きや数字，論理的思
考，知識や問題解決といった概念的領域，対人コミュニケーションや社会的判
断，自己制御などの社会的領域，金銭管理や行動の管理などの実用的領域とい
う，3 つの領域における知的機能と適応機能の双方に明らかな制約が認められ
る障害」と定義されています（DSM-5）。診断においては，医学的な基準にお
いて全般的な知能障害と日常の適応能力の障害によって評価されます。一般的
に知能検査（IQ 検査）により評価をされ，−2 標準偏差以下として IQ65〜75
以下が一つの目安とされますが，現在はより社会的な適応性の観点に基づいて
評価されることが多くなっています。

4　発達障害

　発達障害（神経発達障害：DSM-5）とは，特定の技能や一連の情報の獲得・
保持・応用が妨げられ，注意力・記憶力・知覚・言語・問題解決能力・対人関
係に支障が出る神経学的病態です。これらは「注意欠如・多動性障害

表7-4	注意欠如・多動性障害（ADHD）

不注意症状：
- 細部に注意を払わない，または学業課題やその他の活動を行う際にケアレスミスをする
- 学校での課題または遊びの最中に注意を維持することが困難である
- 直接話しかけられても聴いていないように見える
- 指示に従わず，課題を最後までやり遂げない
- 課題や活動を順序立てることが困難である
- 持続的な精神的努力の維持を要する課題に取り組むことを避ける，嫌う，または嫌々行う
- しばしば学校の課題または活動に必要な物を失くす
- 容易に注意をそらされる
- 日常生活でもの忘れが多い

多動性・衝動性症状：
- 手足をそわそわと動かしたり，身をよじったりすることが多い
- 教室内またはその他の場所で席を離れることが多い
- 不適切な状況で走り回ったり高い所に登ったりすることがよくある
- 静かに遊ぶことが困難である
- じっとしていることができず，エンジンで動かされているような行動を示すことが多い
- 過度のおしゃべりが多い
- 質問が終わる前に衝動的に答えを口走ることが多い
- 順番を待てないことが多い
- 他者の行為を遮ったり，邪魔をしたりすることが多い

出所：DSM-5 を一部改変

（ADHD）」「自閉症スペクトラム障害（ASD）」「限局性学習障害（SLD）」らに大別されます。

①注意欠如・多動性障害（ADHD）

注意欠如・多動性障害（ADHD）とは，発達年齢にそぐわない不注意（活動に集中できない・物をなくしてしまう・順序を立てて活動に取り組めない）と多動-衝動性（じっとしていられない・静かに遊べない・待つことができなくて人に干渉する）の行為が頻繁に認められて正常な社会的関わりが維持できない病態とされます。

DSM-5 の診断基準は，9つの不注意症状および9つの多動性・衝動性症状を含みます（表7-4）。この基準による診断には，少なくとも1グループにおける6つ以上の症候が以下の条件を満たす必要があります。

- しばしば6カ月以上認められる
- 患児の発達水準から予測されるよりも著しい
- 少なくとも2つ以上の状況（例，家庭および学校）でみられる
- 12歳前に（少なくともいくつかの症状が）みられる
- 家庭，学校，または職場での機能を妨げている

不注意優勢型と診断するには，6つ以上の不注意症状が必要です。多動性・衝動性優勢型と診断するには，6つ以上の多動性・衝動性症状が必要です。混合型と診断するには，不注意と多動性・衝動性のそれぞれで6つ以上の症状が必要です。

②自閉症スペクトラム障害

自閉症スペクトラム障害とは，対人コミュニケーションが困難で興味や行動に著しい偏りをみとめる病態とされ，DSM-5 における自閉症スペクトラム（ASD：Autism Spectrum Disorder）の診断基準では表7-5の a, b, c, d を満たしていることとされます。

また，「アスペルガー障害」もこの診断区分に含まれます。アスペルガー障害の診断名自体は，DSM-5 からなくなりましたが，アスペルガー障害とは ASD の3兆候である社会性の障害，コミュニケーションの障害，想像力の障害およびそれに基づく行動の障害のうち，コミュニケーションの障害の部分が

軽度の群を指します。言語発達の遅れは少なく，知的には正常である一方，社会性の障害が目立ち，成人では，仕事の人間関係，仕事をしていくなかで問題が目立って気づかれるケースが多いようです。

③限局性学習障害

限局性学習障害とは，全般的な知的発達に問題がないにもかかわらず，読む，書く，話す，計算する，推論するなどの特定の行為に極めて大きな困難，障害をみとめる病態」です。

基本的には全般的な知的発達に遅れはありませんが，聞く，話す，読む，書く，計算する又は推論する能力のうち特定のものの習得と使用に著しい困難を示すさまざまな状態が含まれます。

- 読字障害（ディスレクシア：dyslexia）／読みの困難
- 書字表出障害（ディスグラフィア：dysgraphia）／書きの困難
- 算数障害（ディスカリキュリア：dyscalculia）／算数，推論の困難

の 3 種類に大別されます。

表7-5　自閉症スペクトラム障害

a：社会的コミュニケーションおよび相互関係における持続的障害（以下の 3 点で示されます）
1. 社会的・情緒的な相互関係の障害。
2. 他者との交流に用いられる非言語的コミュニケーション（ノンバーバル・コミュニケーション）の障害。
3. 年齢相応の対人関係性の発達や維持の障害。

b：限定された反復する様式の行動，興味，活動（以下の 2 点以上の特徴で示されます）
1. 常同的で反復的な運動動作や物体の使用，あるいは話し方。
2. 同一性へのこだわり，日常動作への融通の効かない執着，言語・非言語上の儀式的な行動パターン。
3. 集中度・焦点づけが異常に強くて限定的であり，固定された興味がある。
4. 感覚入力に対する敏感性あるいは鈍感性，あるいは感覚に関する環境に対する普通以上の関心。

c：症状は発達早期の段階で必ず出現するが，後になって明らかになるものもある。

d：症状は社会や職業その他の重要な機能に重大な障害を引き起こしている。

出所：DSM-5 を一部改変

先述のように精神障害者が犯罪を行ったとき，司法の分野ではその責任能力，現実検討能力が問われることがよくあります。その際に，精神障害の診断の有無だけで判断するのではなく，犯行の時点で行動を制御する能力があったかどうかに着目をして評価をすることが大切です。公認心理師として，精神障害それぞれの診断基準，また生物学的，心理学的知識を備え，偏見に惑わされることなく，正しく理解し支援していくことが求められます。

5　反抗挑戦性障害・素行障害

子どものころにさまざまな問題行動や反社会的な行動を呈するようなケースでは，反抗挑戦性障害（oppositional defiant disorder）や素行障害（conduct disorder）の診断が下されることがあります。

反抗挑戦性障害（反抗挑発症）では，情緒面と行動面にその特徴がみられ，特に怒りっぽく，口論が多いことがあげられます。しばしば権威のある人物（親や教師など）と口論したり，反抗したりすることも少なくありません。執念深く，怒りや恨みの感情を持続させやすいことも特徴です。こうした問題が，

家庭や学校などでの適応に大きな影響を与えている場合，反抗挑戦性障害の診断が下されます。

　素行障害（素行症）は，他者の基本的人権を侵害したり，社会的規範を破ったりすることが顕著な行動様式がみられる障害です。その診断基準は4つのカテゴリーに分かれる15の基準のうち，少なくとも3つが過去12か月の間にみられ，1つは過去6か月の間にみられることが必要です。4つのカテゴリーとは，人および動物に対する攻撃性（いじめ，取っ組み合いの喧嘩，凶器の使用，動物虐待など），所有物への放火・破壊，虚偽性や窃盗（住居侵入，他人をだます，万引きなど），重大な規則違反（夜間外出，家出，怠学など）を指します。

　素行障害のサブカテゴリーとして，小児期発症型と青年期発症型がありますが，これは発症の時期が10歳より前か後かで区別します。一般に，低年齢で発症する場合のほうが問題行動が遷延化しやすく，18歳以上になると反社会性パーソナリティ障害の診断を受けるようになるケースも少なくありません。

6　衝動制御障害（放火症・窃盗症）

　衝動制御障害とは，情動や行動の自己制御障害とされ，自分または他人に危害を与えるような行為に至る衝動・欲動・誘惑に抵抗できないことを基本的特徴とします。DSM-5では「秩序破壊的・衝動制御・素行症群」に分類され，放火や窃盗といった行為に対する衝動の制御障害とされます。これらの診断カテゴリーは，個人の行動特性や性別，文化などの影響を大きくうけるものであり，どこまでが精神疾患とみなされるか，一概に線引きをすることが難しく，疾患としての特異性に未だ多くの議論があります。

　DSM-5では4つに分類されており，以下のような特徴があります。

- 間欠性爆発性障害は，攻撃的行動に抵抗しきれない。
- 窃盗癖は，金銭の価値にも用途にも関係なく，盗もうという衝動に抵抗できない。
- 放火癖は放火自体に喜びを覚えている。
- 特定不能の衝動制御の障害。

7　物質関連障害および嗜癖性障害

　これは一般にいわれる「依存症」のことですが，DSM-5からは「依存」という用語がなくなり，「物質関連障害」となりました。そして，従来の物質への依存に加えて，行動嗜癖としてギャンブル障害が加わったことも大きな特徴です。これらをまとめて，「物質関連障害および嗜癖性障害群」というカテゴリーになっています。

　物質関連障害には，アルコールやタバコ，違法薬物などへの依存が含まれま

す。嗜癖性障害に含まれるのは，DSM-5 ではギャンブル障害のみですが，ICD-11 ではゲーム障害も含まれています。これらの嗜癖性行動は，一見物質依存症とはその病像が大きく異なっているようにもみえますが，その病因，経過，治療，予後などが類似しているというエビデンスの集積によって，嗜癖性障害として同じカテゴリーにまとめられることになったのです。

　ここに含まれる障害のなかには，それ自体が犯罪を構成するもの（違法薬物使用）もあれば，それ自体は犯罪ではないが，犯罪のリスクを高めるものがあります。たとえば，アルコール使用はその脱抑制作用によって，粗暴行動のリスクを高める場合があります。また，ギャンブル障害も，過剰なギャンブルによる借金が原因となって，犯罪のリスクを高めることがあります。

　対象が物質であるにしろ行動であるにしろ，「依存症」となる場合は脳の機能障害の存在が考えられます。快感をもたらすような物質を摂取したり，行動をとったりすると，大脳辺縁系にある報酬系と呼ばれる神経回路が興奮し，ドパミンが多量に分泌されます。これが反復されることによって，報酬系がきわめて過敏な状態に陥ります。これが「依存症」です。

　代表的な物質関連障害として，アルコール使用障害の診断基準は表7-6のとおりで，以下のうち少なくとも2つが，12カ月以内に起こることにより示されます。

プラスα

ICD
「疾病及び関連保健問題の国際統計分類：International Statistical Classification of Diseases and Related Health Problems」は，異なる国や地域から，異なる時点で集計された死亡や疾病のデータの体系的な記録，分析，解釈及び比較を行うため，世界保健機関憲章に基づき，世界保健機関（WHO）が作成した疾病分類である。

表7-6　アルコール使用障害（DSM-5）

(1)　アルコールを意図していたよりもしばしば大量に，または長期間にわたって使用する。
(2)　アルコールの使用を減量または制限することに対する，持続的な欲求または努力の不成功がある。
(3)　アルコールを得るために必要な活動，その使用，またはその作用から回復するのに多くの時間が費やされる。
(4)　渇望，つまりアルコール使用への強い欲求，または衝動
(5)　アルコールの反復的な使用の結果，職場，学校，または家庭における重要な役割の責任を果たすことができなくなる。
(6)　アルコールの作用により，持続的，または反復的に社会的，対人的問題が起こり，悪化しているにもかかわらず，その使用を続ける。
(7)　アルコールの使用のために，重要な社会的，職業的，または娯楽的活動を放棄，または縮小している。
(8)　身体的に危険な状況においてもアルコールの使用を反復する。
(9)　身体的または精神的問題が，持続的または反復的に起こり，悪化しているらしいと知っているにもかかわらず，アルコールの使用を続ける。
(10)　耐性，以下のいずれかによって定義されるもの：
　(a)　中毒または期待する効果に達するために，著しく増大した量のアルコールが必要。
　(b)　同じ量のアルコールの持続使用で効果が著しく減弱。
(11)　離脱，以下のいずれかによって明らかとなるもの：
　(a)　特徴的なアルコール離脱症候群がある。
　(b)　離脱症状を軽減または回避するために，アルコール（またはベンゾジアゼピンのような密接に関連した物質）を摂取する。

出所：American Psychiatric Association, 2013/2014

8 パーソナリティ障害

　ドイツの精神病理学者シュナイダー（Schneider, K.）は、「その異常性のためにみずから悩むか、あるいは社会が悩む異常人格」を精神病質と定義し、昂揚型、抑うつ型、気分不安定型、爆発型、自己顕示型、自信欠乏型、狂信型、意志欠如型、情性欠如型、無力型の10類型を提唱しました。

　その後、DSMにおいてパーソナリティ障害の概念がさまざまな変遷を遂げながら精緻化され、現在DSM-5ではA群（奇異なタイプ）、B群（激烈なタイプ）、C群（内向的なタイプ）の3つのカテゴリーのなかに、合計10のパーソナリティ障害がリストアップされています。このなかでも、特に犯罪と関連が深いのはB群のパーソナリティ障害です。B群には、反社会性パーソナリティ障害、境界性パーソナリティ障害、演技性パーソナリティ障害、自己愛性パーソナリティ障害があります。ここでは、最初の2つについて説明します。

①反社会性パーソナリティ障害

　これは、文字通り反社会性が顕著で、それゆえに犯罪と結びつきやすいパーソナリティ障害です。診断は18歳以上でなければできません。また、15歳以前に素行障害の証拠があることが必要です。つまり、幼少期から素行の問題性が目立ち、それが成人になってからも継続している場合に診断されます。

　特徴は、他人の権利を侵害するような行動の特徴がみられることで、表7-7に示すうち、3つ以上に当てはまる必要があります。

表7-7　反社会性パーソナリティ障害（DSM-5）

(1) 法にかなった行動という点で社会的規範に適合しない。逮捕の原因となる行為を繰り返し行う。
(2) 虚偽性。繰り返し嘘をつく、偽名を使う、自分の利益や快楽のために人をだます。
(3) 衝動性。将来の計画を立てられない。
(4) いらだたしさ、攻撃性、身体的な喧嘩または暴力を繰り返す。
(5) 自分または他人の安全を考えない無謀さ。
(6) 一貫して無責任である。仕事を安定して続けられない、経済的な義務を果たさないなどを繰り返す。
(7) 良心の呵責の欠如。他人を傷つけたり、いじめたり、盗んだりしたことに無関心であったり、それを正当化したりする。

出所：American Psychiatric Association（2013/2014）

②境界性パーソナリティ障害

　これは、対人関係、自己像、感情などが非常に不安定で、著しい衝動性がみられるパーソナリティのパターンです。たとえば、対人関係において相手を必要以上に理想化して持ち上げたかと思うと、ちょっとしたきっかけでこき下ろしたりするような激しい両極端を揺れ動くことがあります。これをスプリッティングと呼びます。また、衝動性が顕著であるゆえに、自傷行動、浪費、放縦な性行動、物質乱用、無謀運転などの行動がみられます。感情の不安定さゆえに、激しい怒りを制御できないことも多く、そのために粗暴な言動に出ることも少なくありません。これらの根底には、見捨てられることへの不安や慢性的な空虚感が

表7-8　境界性パーソナリティ障害（DSM-5）

(1) 見捨てられ不安
(2) 不安定で極端な対人関係（理想化とこき下ろし）
(3) 同一性の混乱（不安定な自己像、自己意識）
(4) 自己を傷つける可能性のある衝動性（浪費、性行為、物質乱用、無謀運転、過食など）
(5) 自殺の行動、そぶり、脅し、自傷行為の繰り返し
(6) 感情の不安定性（通常2~3時間持続する強い不快、イライラ、不安）
(7) 慢性的な空虚感
(8) 不適切で激しい怒り、怒りの制御の困難（かんしゃく、取っ組み合いのケンカ）

出所：American Psychiatric Association（2013/2014）

あるといわれています。表7-8に示すうち，5つ以上に当てはまる必要があります。

9　パラフィリア障害

パラフィリアとは，無生物，小児，または合意のない成人に対して，あるいは自分自身やパートナーに対する苦痛や屈辱に対して，性的な興奮をもたらす常習的な強い衝動，行動をもつことを指します。そのパラフィリアが，本人に苦痛をもたらしているか，日常生活に支障をきたしているか，または他者に危害をもたらしている可能性があるものをパラフィリア障害といいます。

パラフィリア障害には，性的対象の逸脱があるものとして，小児性愛障害，フェティシズム障害などがあります。また，性的満足の方法に逸脱があるものには，窃視障害，露出障害，窃触障害，性的マゾヒズム障害，性的サディズム障害，小児性愛障害，フェティシズム障害，異性装障害，他の特定されるパラフィリア障害，特定不能のパラフィリア障害などが含まれます（表7-9）。これらのうち，同意のない相手に対する性行動，子どもに対する性行動などは，その人部分が性犯罪にあてはまります。

診断に際して DSM-5 では，個人的嗜好か精神疾患かを鑑別することを目的にすべての性嗜好に共通する第一段階の診断基準が設けられています。

(1)　当人が自分の性的嗜好によって，心的な葛藤や苦痛を持ち，健康な生活を送ることが困難であること。
(2)　当人の人生における困難に加えて，その周囲の人々，交際相手や，所属する地域社会などにおいて，他の人々の健全な生活に対し問題を引き起こし，社会的に受け入れがたい行動等を抑制できないこと。

精神疾患として診断されるためには，上記(1)(2)を同時に満たさなくてはなりません。つまり，当人が何らかの性的嗜好をもっているとしても，そのこと

プラスα
性の多様性と性の異常

現在は，性や性愛の多様性に価値を認める時代である。かつては，性と言えば男性と女性の2つに限定され，成人の異性間の性愛でなければ「異常」だとみなされていた。たとえば，かつては同性愛が異常性愛として DSM にも記載されていた時代があった。しかし，時代の流れとともに，そして当事者らによる啓発活動や運動の結果，さまざまな性のあり方に価値を認めるようになっている。その一方で，どれだけ時代が変わっても，社会的に容認できないような性の問題もある。それは子どもに対する性的行動や，同意に基づかない性的行動である。その意味で，パラフィリア障害の多くは，精神障害であるにとどまらず，性犯罪としてみなされるものもある。

表7-9　パラフィリア障害（DSM-5）

- 窃視障害（Voyeuristic Disorder）
- 露出障害（Exhibitionistic Disorder）
- 窃触障害（Frotteuristic Disorder）
- 性的マゾヒズム障害（Sexual Masochism Disorder）
- 性的サディズム障害（Sexual Sadism Disorder）
- 小児性愛障害（Pedophilic Disorder）
- フェティシズム障害（Fetishistic Disorder）
- 異性装障害（Transvestic Disorder）
- 他の特定されるパラフィリア障害（Other Specified Paraphilic Disorder）
- 特定不能のパラフィリア障害（Unspecified Paraphilic Disorder）

出所：American Psychiatric Association, 2013/2014

に葛藤や苦痛がなく，第三者や社会的秩序にとって脅威や問題とならない場合は，精神医学的にも社会的にも許容範囲の性的嗜好とみなされ，医学的には正常な性的嗜好となされることから，これら(1)(2)に対するアセスメントを正確に行うことが大切です。DSMでは下記下位項目に分類されます（表7-9）。

考えてみよう

精神障害を有する者によって犯罪が行われたとき，その責任能力について議論されます。精神障害者は必ずしも責任能力なしと判断されるわけではありません。責任無能力である「心神喪失」と限定責任能力である「心神耗弱」はどのような点を考慮したうえで判断されるのか，統合失調症を中心に考えてみよう。

📑 本章のキーワードのまとめ

心神喪失	精神の障害により，物事の是非の弁別能力または行動を制御する能力を欠くことをいう。刑法では，心神喪失が認定されたときは，その行為を罰しない（無罪）と規定されている。
心神耗弱	心神耗弱（こうじゃく）とは，精神病理学および心理学の観点から「事物の是非について弁別する能力が著しく劣っている場合」と定義している。刑法では，心神耗弱が認定されたとき，その刑を減軽すると規定されている。
統合失調症の陽性症状と陰性症状	統合失調症には，健康なときにはなかった状態が表れる陽性症状と，健康なときにあったものが失われる陰性症状がある。陽性症状の典型には，幻覚と妄想などがある。幻覚のなかでも，周りの人には聞こえない声が聞こえる幻聴が多くみられる。陰性症状には，感情の平板化，意欲の低下などがある。
神経伝達物質	神経伝達物質は，神経細胞間の領域であるシナプスにおいて情報伝達を介在する物質があり，ドパミン，セロトニンなどがある。これら神経伝達物質の機能異常が，統合失調症発症の一因とされている。
精神保健指定医	精神科医療においては，本人の意思によらない入院や，一定の行動制限を行うことがあるため，これらの業務を行う医師は，患者の人権にも十分に配慮した医療を行うに必要な資質を備えている必要がある。そのため，一定の精神科実務経験を有し，法律等に関する研修を終了した医師のうちから，厚生労働大臣が精神保健指定医を指定し，これらの業務にあたる。
医療観察制度	医療観察制度は，心神喪失又は心神耗弱の状態で，殺人，放火等の重大な他害行為を行った人の社会復帰を促進することを目的とした処遇制度である。地方裁判所において本制度による処遇の要贊否と内容が決定し，指定入院医療機関または指定通院医療機関にて治療と地域社会における処遇の調整が行われる。
ICD	「疾病及び関連保健問題の国際統計分類：International Statistical Classification of Diseases and Related Health Problems」は，異なる国や地域から，異なる時点で集計された死亡や疾病のデータの体系的な記録，分析，解釈及び比較を行うため，世界保健機関憲章に基づき，世界保健機関（WHO）が作成した疾病分類である。
DSM	「精神障害／疾患の診断・統計マニュアル：Diagnostic and Statistical Manual of Mental Disorder」は，精神障害の分類のための共通言語と標準的な基準を提示するものであり，アメリカ精神医学会によって出版されている。

第8章

犯罪・司法臨床と認知行動療法

この章では，司法・犯罪分野の臨床場面において，認知行動療法がどのように活用されているかについて述べます。再犯防止などの支援を考える際には，「社会的望ましさ」などの影響を受けて，要支援者に否認や抵抗が生じやすいという特徴があります。これに対して，認知行動療法においては，どのような工夫をしながら支援が行われるのかという点にも着目しながら読み進めてみてください。

1 │ 認知行動療法の理論と技法

　まずは，認知行動療法とはどのような心理療法なのかについて学んでいきます。認知行動療法とは，不適応的な行動のパターンや認知のパターンを変容させることによって，問題行動や症状を改善し，セルフコントロール（自己制御）を促進していくことを目指す心理療法です。認知行動療法の最大の特徴としては，ほかの心理療法と比較して，さまざまな問題行動の変容や症状の改善に関するエビデンス（データによる証拠）の蓄積が多いことがあげられます。

　たとえば，わが国の矯正領域における「特別改善指導[*]」においても，認知行動療法が中核的な指導方法の一つとして位置づけられており，性犯罪や薬物事犯の再犯防止プログラムとして実施されています。認知行動療法は，司法・犯罪分野以外にも，保健医療，福祉，教育，産業・労働といった公認心理師が活躍するほぼすべての分野で用いられています。

1 認知行動療法の理論

　認知行動療法は，要支援者の問題行動や不適応症状に関する行動的・情動的・認知的・身体的問題を治療的支援のターゲットとして，「学習理論」をはじめとする行動科学の諸理論や行動変容の諸技法を用いて，不適応的な反応を軽減するとともに適応的な反応を学習させていくことを試みていきます。

①行動療法と認知療法の融合

　一般的に認知行動療法は，「行動療法」に起源をもつ流れと「認知療法」に起源をもつ流れの総体を指します。それぞれ，基盤となる理論が異なっており，行動療法は連合理論（行動理論）という刺激と反応の結びつきの枠組み，認知

語句説明
特別改善指導
諸事情によって，改善更生および円滑な社会復帰に支障があると認められる受刑者に対し，その事情の改善に資するように，特に配慮して行う改善指導である（法務省性犯罪者処遇プログラム研究会，2006）。

図8-1 行動療法と広義の認知療法の
ABC 分析の例

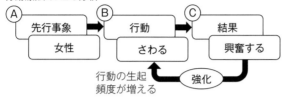

行動療法のABC分析

A 先行事象 / 女性 → B 行動 / さわる → C 結果 / 興奮する

行動の生起
頻度が増える ← 強化

認知療法のABC分析

A 賦活事象 / 女性 → B 信念 / さわっても大丈夫！ → C 結果 / さわる

療法は認知理論という知覚体系の体制化あるいは再体制化という認知の変容の枠組みによって説明されます。いずれも「学習」を基礎においている理論という点で共通していますが，異なる部分も少なくありません。

　たとえば，問題行動や症状の生起，維持の理解に関しては，両者は同じ略称で表現される「**ABC 分析**」を実施します。行動療法の枠組みにおける ABC 分析は，A：Antecedent（先行事象），B：Behavior（行動），C：Consequence（結果）という強化随伴性の理解を試みることを指し，どのようなときに（A），どのようなことをしたら（B），どうなったのか（C），を整理します。そして，本人にとっての結果（C）が「快」の環境変化であればその直前の行動（B）は増加し，結果（C）が「不快」の環境変化であれば行動（B）は減少するという前提を利用します。この行動療法の枠組みにおける ABC のつながりを三項随伴性と呼びます。

　一方で，広義の認知療法の枠組みにおいては，A：Activating event（賦活事象），B：Belief（信念），C：Consequence（結果）という認知的情報処理の影響性について記述的理解を試みることを指し，どのようなときに（A），どのようなことを考えたら（B），どうなったのか（C）を整理します。信念（B）に「認知の歪み」があると，結果（C）の不適応的な反応が増大すると考えるため，認知の歪みの変容（修正）を行うことに治療的支援の主眼がおかれます。非行や犯罪行為に関しても，これらの ABC 分析からの理解が可能です（図8-1）。

②認知行動療法の変遷

　近年は，認知行動療法を理解する際に，「波」や「世代」という表現が使われることがあります。その際には，行動療法の第 1 の波（第 1 世代）は，学習理論に基づく行動療法，第 2 の波（第 2 世代）は，個人差変数としての認知を治療的支援に積極的に取り入れた認知行動療法のことを指します。

語句説明
強化随伴性
行動の直後の状況の変化によって，その行動が将来にわたって繰り返される状態にあることである。

そして，第3の波（第3世代）には，その代表格として，ACT（Acceptance & Commitment Therapy; Hayes et al., 1999）と呼ばれる心理療法があります。ACTは「心理的柔軟性」と呼ばれる心のあり方の創造に主眼をおき，**マインドフルネスとアクセプタンス**のプロセス，および**コミットメント**と行動の変化のプロセスを重視しています。ACTのメカニズムとしては，学習された認知の「内容」の変容にはこだわらず，認知と行動との「関係性」（機能）を変化させるという前提があります。そのため，たとえば頭に浮かんできた考えによって行動が振り回されなくなることが当面の目標となります。これを具体的に達成するプロセスの一つが「マインドフルネス状態」の獲得であり，少年院の性非行防止プログラムなどにも採用されています。

2 認知行動療法の技法

認知行動療法の技法としては，大きくは行動的技法と認知的技法に分けることができます。そこで，代表的な行動的技法である系統的脱感作法とエクスポージャー法，ソーシャルスキルトレーニング（SST）に加え，認知的技法として広く用いられている認知再構成法（認知的再体制化）について紹介していきます。

①系統的脱感作法

ウォルピ（Wolpe, J）によって体系化された系統的脱感作法は，不安症の症状などに対して用いられ，たとえば，緊張場面に伴って生じる症状がしだいに生起しなくなるように働きかけていきます。具体的な手順としては次のとおりとなります。

> Ⅰ 最も強く不安を感じる場面を100点，まったく不安を感じない場面を0点とし，段階的に不安の程度が高まる場面をリストに書き出して「不安階層表」を作成します。
> Ⅱ 体の緊張を緩め，不安の「拮抗反応」としてのリラクセーションを行います。
> Ⅲ 「不安階層表」で不安度10点とした場面を思い浮かべて，リラクセーションによって緊張を緩めます。緊張が生じずにその場面を思い浮かべられるようになったら，次に20点の場面を思い浮かべて緊張を緩め，リラクセーションを行います。このように，順次不安の程度が低い場面から高い場面へと進めていきます。

なお，**リラクセーション**は，不安や緊張と拮抗する身体の筋肉の弛緩によって心をリラックスさせる方法です。具体的には力の解放を利用した漸進的筋弛緩法，暗示文を用いる自律訓練法，深呼吸を意図的に行う呼吸法などが用いられます。

②エクスポージャー法

エクスポージャー法（曝露法）は，不安や恐怖を引き起こす刺激に曝すことは系統的脱感作法と同じであるものの，「拮抗反応」を必ずしも用いなくても，そのような刺激に曝されても何もしない，すなわち刺激に対して無強化である

語句説明
心理的柔軟性
意識的な人間として今現在と全面的に接触し，自分の価値に沿った行動をしていく能力のことである。

アクセプタンス
思考，感情，身体的感覚が生じた際に，その体験を判断することなく自覚し，積極的に受け止めることを指す。

コミットメント
特定の領域において，本人にとって価値のある生き方に沿ったゴールを定め，ゴールに基づいて行動することを指す。

マインドフルネス状態
今この瞬間の外的・内的現実に対する気づきと，意識野でとらえるもの全体に均等に気を配る状態である。

語句説明
拮抗反応
不安と同時に起こりえない心身の反応のことである。

語句説明
漸進的筋弛緩法
特定の筋肉を緊張させてから弛緩することを繰り返し，その身体的部位を徐々に広げていくリラクセーション技法の一つである。

ことが重要であるという知見を踏まえ体系化された技法で，現在の技法の主流を占めています。

　エクスポージャー法は，馴化*の原理を用いて，不安や恐怖を引き起こしている状況や脅威刺激に要支援者を曝すことによって，不適応的な反応が生じないようにすることを狙いとしています。脅威刺激に直面させる方法には，直接的な現実エクスポージャーと，イメージ等を用いたイメージエクスポージャーなどがあり（対人場面に不安を感じる際に，現実場面としては実際に人前で発表を行い，イメージ場面としては人前で発表する場面を思い浮かべる），いずれの方法においても，回避行動を行わせずに，不安や恐怖が十分に低減するまでその状況にとどまらせることが必要となります。司法・犯罪分野では，薬物依存などに対する治療的支援として，きっかけとなる刺激であるキュー（注射器など）に一定時間曝すことによって，渇望などの条件反応を消去するキュー・エクスポージャーとして用いられている。

　また，エクスポージャー法は，犯罪（加害）者のみならず犯罪被害者の心的外傷後ストレス障害（Post Traumatic Stress Disorder; PTSD）の治療的支援にも用いられています。トラウマに焦点を当てた持続エクスポージャー法は，トラウマに関連した内外の刺激への曝露を中心とした治療的支援であり，心理教育，呼吸再調整法，イメージエクスポージャー，現実エクスポージャーという4つの要素から構成されています。イメージエクスポージャーでは，トラウマを受けた場面の記憶に向きあい，現実エクスポージャーでは，外的な刺激や状況に向きあうことが行われます。

③ソーシャルスキルトレーニング

　さまざまなトラブルなどが生じる場面においては，コーピング（対処）レパートリーの拡充が重要になりますが，特に，対人場面に特化したものをソーシャルスキルトレーニング（Social Skills Training; SST，社会生活技能訓練）といいます。これは，人間関係を円滑に営むために，コーピングレパートリーをスキルとして身につける支援として用いられています。

　司法・犯罪分野における SST が必要とされる例としては，「仲間からの悪事への誘いをうまく断れずに犯罪行為に加わってしまった」「職場でうまくいかないイライラを犯罪行為で発散してしまった」などがあります。臨床場面においては，基本的な他者とのコミュニケーションを中心としたスキルを踏まえながら，問題行動や症状の生起に影響したと思われる対人関係の場面を具体的に想定し，どのようにふるまえば事件につながる可能性を下げることができたのかについて，要支援者と一緒に考えながら，該当するスキルの獲得と遂行に関する練習を行っていきます。その際に，訓練の対象となるターゲットスキルは，「社会的に望ましい行動」ばかりではなく，要支援者が生活する環境において受け入れられやすい（機能的な）スキルであることが重要です。

語句説明

馴化
不安や恐怖の対象に持続的に，あるいは繰り返し直面することによって馴れが生じ，不安感や恐怖感が軽減されることを指す。

表8-1　認知の歪みの代表例

恣意的推論	論拠がないにもかかわらず，ネガティブな結論を引き出す。
選択的注目	ポジティブなことには注意がいかず，些細なネガティブなことを重視する。
過度の一般化	わずかなネガティブな経験から，広範囲のことをネガティブに結論づける。
拡大解釈と過小評価	ネガティブなことを拡大解釈して，ポジティブなことは過小評価する。
個人化	自分に関係のないネガティブな出来事を自分に関連づけて考える。
完全主義的・二分法的思考	物事が曖昧であると気がすまず，極端な二分法の形で白黒をつける。

④認知再構成法

　認知再構成法は，不適応的で非機能的な思考への認識を深め，適応的な思考に置き換えることを目指しており，一般には，否定的な思考から肯定的な思考に置き換えます。しかし，認知再構成法の基本的な発想としては，いわゆる楽観性を重視するのではなく，状況に即した柔軟で多様な思考ができることを重視しており，要支援者本人が「気づき」を得るようにガイドしていくことが必要となります。そのため，**認知の歪み**の「内容」の「正誤」や「善悪」を考えさせることではなく，要支援者にとって認知の歪みが，どのようにその後の問題行動や症状の生起につながっているのかを気づかせることに焦点化していくことが重要です。また，認知の歪みについては，いくつかのパターンがあることが明らかとなっており（表8-1），このような認知の歪みは，過去の体験の積み重ねの結果として，身についたものとされています。

　認知再構成法の代表的な進め方としては，「コラム法」があります。コラム法は，以下の手順に沿って進められていきます。

Ⅰ状況：どのような場面で問題が起きるのかを調べます。
Ⅱ感情：その場で生じている感情を調べます。
Ⅲ自動思考：その場で生じている自動思考を調べます。
Ⅳ自動思考の証拠：自動思考が適切であると考える理由をあげます。
Ⅴ自動思考の反証：自動思考が適切ではないと考える理由をあげます。
Ⅵ適応的反応：別の考え方ができないかを考えます。
Ⅶ結果：別の考え方を試した結果，自動思考や感情に変化があるかを調べます。

　さまざまな自動思考*をとりあげて，このような手順を行っていくと，やがて自身にとっての機能的思考ができるようになることが期待できます。

プラスα

認知の歪み

非行や犯罪行為に関連するものとしては，自分のしたことを周囲の責任だととらえる「責任転嫁」や，自分のしたことはたいしたことではないととらえる「最小化」などがあげられる。

語句説明

自動思考

自分の意思とは関係なく，自動的に思い浮かんでくる思考のことである。うつ病の場合，自分に自信がもてなくなり，周囲との関係をネガティブに感じ，未来を悲観的に考えるようになるなどがあるとされる。

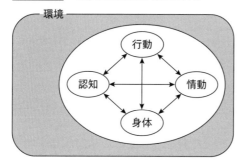

図8-2　個人と環境の相互作用

2 ｜ 認知行動療法の手続きと応用

　次に，認知行動療法を実践していくうえで，どのような手続きが用いられているかについて学んでいきます。臨床場面の支援においては，一般的にケース・フォーミュレーションと呼ばれる手続きが用いられます。

1 認知行動療法の手続き

　ケース・フォーミュレーションによってケースの理解を試みる際に重要となるポイントとしては，ターゲットとなる行動や症状が学習性の反応であるという理解を前提として，「環境」と認知・行動・情動・身体の各側面との相互作用という観点から理解することです。具体的には，どのようなときに（環境），どのようなとらえ方をして（認知），どのように感じ（情動），どのような身体反応があり（身体），どのようにふるまったのか（行動）という観点から，問題行動や症状について整理していきます（図8-2）。

　ここでは，ある特定の環境を刺激（S：Stimulus）と考えると，認知や行動などの側面は S に対する反応（R：Response）であると理解できます。たとえば，非行や犯罪行為などの問題行動の場合には，同一の S（ここでは事件などを起こした環境）に対して，犯罪行為（R）ではなく，異なった反応（R'）ができるようになれば，さまざまな問題行動や症状の改善が可能になると考えていきます。

①機能分析の視点

　そして，「強化随伴性」の枠組みから，ターゲットとなる行動が，行動することによって快が出現する「正の強化」で維持されているのか（たとえば，スリル），行動することによって不快が消失する「負の強化」で維持されているのか（たとえば，ストレス解消）を確認しながら，その「機能」が等価であるような，より適応的な行動に置き換えていく手続きが用いられます（表8-2）。

| 表8-2 | オペラント学習の組み合わせ | |

	伴わせる	取り除く
好ましい結果	正の強化（反応増大）	負の罰（反応減少）
好ましくない結果	正の罰（反応減少）	負の強化（反応増大）

　たとえば，ストレス解消の機能によって非行や犯罪行為が維持されている場合には，人に愚痴をいう，運動するなどの本人にとってストレスが解消できると感じられるより適応的な行動を増やします。これによって結果的に非行や犯罪行為が減っていくことが期待できます。ここで置き換える行動は，要支援者が当該の非行や犯罪行為を行う以前から，自発的に行っている行動がより望ましいとされており，置き換える行動が見当たらない場合に，新たなコーピングスキルを学習させていくことになります。

②目標の設定

　以上のように，要支援者に対して生育歴やそれまでの生活環境を丁寧に聞き出し整理していくなかから，問題行動や症状の生起に影響した可能性のある要因を調べ，学習性の要因に対してはその変容を促し，変容が困難な要因に対してはその特徴とうまくつきあうスキルを獲得させることを考えていきます。そして，セルフコントロールの獲得と，要支援者が自分自身のリスクをよく理解し，適切に具体的なコーピング（対処）方略を実行できるようになることを目指していきます。

2　認知行動療法の応用

　司法・犯罪分野における要支援者の特徴として，一般に衝動性の高さや怒りのコントロールの困難さ，反社会性の高い集団への所属などという課題を抱えていることが少なくありません。そのため，要支援者の特徴に合わせて，認知行動療法の効果を高めるためのさまざまな技法を組み合わせる工夫がなされています。ここでは，司法・犯罪分野で広く用いられている代表的な技法を紹介します。

①アンガーマネジメント

　アンガーマネジメントとは，怒りをコントロールし，うまくつきあっていくことを目指すアプローチです（図8-3）。怒りは誰もがもっている感情の一つであるため，怒りをなくそうとするのではなく，怒りの感情によって問題行動を引き起こさないようにします。そのため，怒りをコントロールして，適切に表現できるようになることを目指していきます。わが国においても，更生保護の暴力防止プログラムなどに取り入れられています。

②リラプス・プリベンション

　リラプス・プリベンションモデル（RP; Marlatt & Donovan, 2005）は，犯罪行為が生起する直前の状況を中心に，再犯防止計画を作成することを基本と

108

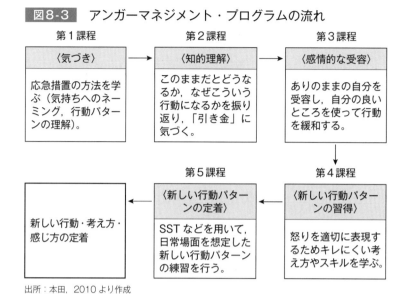

図8-3　アンガーマネジメント・プログラムの流れ

第1課程	第2課程	第3課程
〈気づき〉	〈知的理解〉	〈感情的な受容〉
応急措置の方法を学ぶ（気持ちへのネーミング，行動パターンの理解）。	このままだとどうなるか，なぜこういう行動になるかを振り返り，「引き金」に気づく。	ありのままの自分を受容し，自分の良いところを使って行動を緩和する。

第5課程	第4課程
〈新しい行動パターンの定着〉	〈新しい行動パターンの習得〉
SST などを用いて，日常場面を想定した新しい行動パターンの練習を行う。	怒りを適切に表現するためキレにくい考え方やスキルを学ぶ。

新しい行動・考え方・感じ方の定着

出所：本田，2010 より作成

しています。具体的には，支援者の援助のもと，要支援者は再犯が生起する直前の状況において，再犯を避けるコーピングを検討し，その後，再犯に至ることのない「安全な状況」とそれを維持するコーピングを検討するとともに，再犯が生起する直前の状況へと至りやすい「危険な状況」の同定と安全な状況に戻るためのコーピングの検討を行います。

　RP は，元来は依存症治療のために考案された治療モデルであり，治療過程において1回のみの薬物などの再使用はラプス（lapse），依存症状としての連続使用をリラプス（relapse）として区別しています。そのため，1回のみの再使用であるラプスを「失敗」としてではなく，連続使用のリラプスにつなげないためのコーピング方略を獲得する治療プロセスの一つとしてとらえる必要があるとしています。

　RP は，アルコールや薬物などの物質依存，そしてギャンブルや性行動などの行動嗜癖などに対して広く効果が示されており，わが国においても刑事施設や医療機関等において標準的に用いられるようになってきています。

③グッド・ライブズ・モデル

　再犯防止の軸となっている RP については，ハイリスク状況におけるコーピング方略の獲得を目標とするため，電車に乗ら「ない」，酒を飲ま「ない」などの否定的もしくは回避的な目標設定を導きやすいという問題が生じることもあります。このような問題点を解決するため，個人のネガティブな側面ではなく，社会適応や生活上の満足感の向上を意図した**グッド・ライブズ・モデル**（Good Lives Model; GLM; Ward et al., 2007）が提唱されました。GLM は，犯罪行為ではない適切な方法で「基本財*（primary goods）」を手に入れることを目指すアプローチとされています。そのため，本人が大切にしている「価

語句説明

基本財

生活，知識，遊びにおける卓越性，仕事における卓越性，行為主体性としての卓越性，心の平穏，関係性，コミュニティ，精神性，幸福，創造性などを指す。

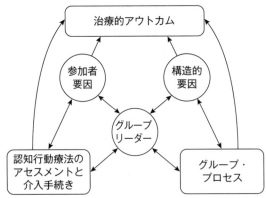

図8-4 集団認知行動療法の治療構造

出所：Burlingame et al., 2004 を一部改変

値」を念頭に置きながら，本人が望む生活に近づくようにすることを軸とした手続きが用いられます。RP と GLM を組み合わせると，RP のみを用いた場合よりも治療的支援に対する動機づけが向上するなどの効果が示された一方で，再犯防止効果自体の差異は現在のところ確認されていません（Mallion et al., 2020）。GLM は大きくは認知行動療法の支援の枠組みと同じであると理解することもできます。

④**集団認知行動療法**

　集団の形式による認知行動療法は，診療報酬算定などのコスト面を中心とした社会的要請もあり，広く実施されています。実施形式としては，一般的な集団精神療法と同様に，クローズド形式，オープン形式，ロリング形式に分類することができます。民間では，オープン形式や開始終了時期を定めておくセミクローズド形式を用いることがほとんどですが，矯正施設で実施されている形式は，法令による一定程度の強制力をもったクローズド形式で行われることが多くなっています。

　従来の集団精神療法などにおいては，リーダーのファシリテートによる参加者同士の自発的な相互作用そのものが症状の改善における主たる治療メカニズムであると仮定しています。すなわち，自身と同じ疾患を有する他者と出会うことによって回復への希望をもてたり，グループを通して日常場面における対人関係のあり方への気づきが促されたりすることもあります。また，集団認知行動療法においては，毎回のセッションにおけるテーマである「アジェンダ」の達成のために，リーダーによる参加者間の相互作用の促進が重視されます。伝統的な集団療法などに代表されるグループ・プロセス[*]がもつ側面に加え，個人形式で実施される認知行動療法がもつ側面から構成されるところに大きな特徴があります（Burlingame et al., 2004; 図8-4）。

　この考え方にしたがうと，個人を対象とした認知行動療法において行われるケース・フォーミュレーションや介入手続きと，グループ・プロセスの理解や

プラスα

クローズド形式・オープン形式

クローズド形式は参加者を固定してプログラムを進める形式であり，オープン形式はプログラムの進行のどの時点においても新たな参加者を受け入れる形式である。

ロリング形式

集団認知行動療法を進める際に，いつでも新たに参加可能でありながら，参加者は各自の進度でプログラムを順に進める形式のことである。ほかの形式と比較して，治療機会の増加，参加者のモデリング効果の増大，反復学習の機会の増加などの利点もあるとされている。

語句説明

グループ・プロセス

集団の成長や構成，時間の経過，対人関係の言語的・非言語的なフィードバックなどのことである。

治療的活用とは，それらの相互作用を前提としながらも，治療的アウトカムに及ぼす影響を別々にとらえることが可能になり（図8-4の左側と右側），支援効果の向上にもつながります。

⑤ストレスマネジメント

非行や犯罪行為の背景にあるとされる「ストレス」をうまく管理するとともに，避けられないストレスとうまくつきあうことを目指す「ストレスマネジメント」も広く用いられる技法の一つです。具体的には，ストレスの生じる仕組みを知ること，ストレスに対するコーピングを知ること，そして，リラクセーションを身につけることなどを行っていきます。

日常場面におけるストレスに適切に対処できないと，非行や犯罪行為につながりうる衝動的な行動や攻撃行動が生じる可能性が高くなってしまいます。

不機嫌感や抑うつ感，腹痛などの身体的反応としてのストレス反応は，ストレッサーを経験しそれに対する認知的評価（受け止め）を行った結果として理解されます。ストレスマネジメントでは，問題解決訓練法や自己教示訓練法，認知再構成法，リラクセーションの獲得などの技法を組み合わせて用いていきます。

3　動機づけ面接法の理論と実践

動機づけ面接法は，一般的には認知行動療法のカテゴリーには含まれませんが，薬物などの依存症患者に対する治療動機を引き出す手段として，ミラー（Miller, W. R.）とロルニック（Rollnick, S.）によって体系化された技法です。飲酒や喫煙，あるいは違法薬物の使用など，「やめたい気持ちはあるのに，やめられない」という行動について，やめることを実行に移す意欲を引き出すための面接手法であり，近年では依存症治療のみではなく，一般的に治療動機の低い犯罪行為やほかの精神疾患，問題行動においても広く活用されつつあります。

1　動機づけ面接法の理論

この面接法は，要支援者と協働的な関係を築き，要支援者が相互的な対話を通して，自分にとって望ましい方向に変化できるという自信をもてるようにし，自ら変化に向かおうとする意欲や自律的な姿勢を引き出すことに重点をおいています。そのため，自分自身が変わりたいと思う理由や，変化するとどのような利点があるかというような話を要支援者がするように導いていくことによって，さらなる変化を促すことを重要視しています。土台となる原理として，以下の4つがあげられます（Miller & Rollnick, 2002）。

表8-3		動機づけ面接法の基本技術
O	開かれた質問 （Open-ended questions）	はい，いいえで答えられない「開かれた質問」であり，これを ほどよく使うことによって，要支援者が重要であると感じてい ることをじっくりと話してもらうことができる。
A	是認 （Affirmations）	要支援者の長所や強みに気づいていることを伝え返す手法であ り，要支援者の良さをあるがままに認めてほめることである。 その際に，「あなたは」から言葉を始めると効果的とされてい る。
R	聞き返し （Reflective listening）	聞き返しはこの手法の主要なスキルとなる。単なる質問ではな く，要支援者から受け取った言葉を伝え返す対話スキルであり， 聞き返しを行う際には，言葉に秘められた心の内側を想像し， 理解しようとする姿勢が重要となる。
S	要約 （Summaries）	要支援者の話を要約して伝え返す対話スキルである。これに よって，要支援者は自らの体験を整理する機会をもてる。

出所：Rosengren, 2009 より作成

Ⅰ「共感を表現する」：要支援者の感情や意見を受容的に傾聴し，理解する姿勢を示します。
Ⅱ「矛盾を拡大する」：要支援者がこうありたいと思う目標や願望と，その達成に向けて問題が山積みの現状との矛盾に焦点を当てることによって，変化への動機を高めていきます。
Ⅲ「抵抗に巻き込まれながら進む」：直接的な議論を避けて，思考の枠組みを少しずらすことによってとらえなおしなどをしていきます。
Ⅳ「自己効力感を援助する」：変わろうとする力が要支援者にあると信じ，要支援者の変化をサポートしていきます。

①動機づけ面接法の基本技術

また，動機づけ面接法の基本技術については，開かれた質問（Open-ended questions），是認（Affirmations），聞き返し（Reflective listening），要約（Summaries）の４つにまとめられており，それぞれの頭文字をとって **OARS**（オール）と呼ばれています（表8-3）。

②チェンジトークを引き出す

チェンジトークとは，変化しなければならない理由を要支援者自身が述べることであり，そういった発言から「変わるぞ」という決意を強めていくことを目指します。動機づけ面接法を進める際に，「チェンジトーク」を引き出すことは重要な目的の一つとなります。チェンジトークが生じるようにすること，さらに，生じた際にすかさず強化することが求められます。

要支援者の発言がチェンジトークかどうかを見極めるうえで，以下の４つの特徴が判断材料となります（Rosengren, 2009）。

プラスα
チェンジトーク
チェンジトークを引き出す質問としては，「極端な質問」「過去を振り返る」「将来を想像する」「ゴールと価値を探る」というやり方などがある。

> Ⅰ変化に関する発言がある。
> Ⅱある特定の行動と結びつけられる。
> Ⅲ必ずしも要支援者側から発言がなされる必要はなく，支援者が聞き返す形でもよい。
> Ⅳ現在形で発言されることが多い。

2　動機づけ面接法の実践

　司法・犯罪分野の臨床場面の特徴として，自身の問題を解決することをあまり期待しておらず，法令などによって治療的支援の参加を義務づけられていたり，減刑や仮釈放などの制度的な有利性を獲得するためであったり，あるいは家族らに無理矢理に連れてこられたりする場合もしばしば見受けられます。そのため，要支援者の治療意欲の低さが課題となることも少なくありません。そのようなケースに効果が見込める技法として，動機づけ面接法はその活用が広がりつつあります。

①抵抗を扱う

　動機づけ面接法においては，変化が起こりそうにないことを示すサインとして，「抵抗」を扱う必要が出てきます。「維持トーク」とも呼ばれる抵抗は，現状から受ける恩恵などによる要支援者の現状維持への希望や変わる能力のなさの表現として生じます。要支援者のなかには，変化は不可能であると考えたり，変化しても今より良い状況にはならないだろうと考えたりする者も少なくはないため，抵抗を示す言動はしばしば見受けられます。

　このような抵抗が生じた場合は，いわゆる正論を投げかけるだけではさらなる抵抗に結びつく可能性もあるため，まずは抵抗が生じた要支援者の視点に寄り添うことが必要となります。そのうえで，リフレーミング*などの技術を用いて，要支援者の発言を異なった視点からみるとどうみえるだろうかという投げかけを行うなど，話を前向きに展開させていくことによって，徐々に「チェンジトーク」へとつなげていくということが，治療意欲の向上を狙ううえで大切になっていきます。

②正したい反射の抑制

　非行や犯罪行為は善悪がはっきりとしている問題であることが多く，支援者側に，要支援者の「間違った言動を正したい」という気持ちがわきやすいともいわれています。特に，性犯罪などについては，要支援者に対する嫌悪感や反発心などを抱きやすいかもしれません。

　しかし，正論の押しつけだけでは，要支援者の変化の意欲を薄れさせ，治療意欲を低下させてしまうことにもつながる場合があります。そのため，効果的な支援の実践においては，「正したい反射」に自覚的になってそれを抑えながら，要支援者自身の変化に向かおうとする意欲を引き出す，という姿勢が大切になります。

語句説明

リフレーミング
要支援者が主張する意見について，異なる視点から言い換えていくことである。新しい視点を身につけることにつながりうる。

1．痴漢や不同意性交などの性加害行動が正の強化によって維持されている場合と負の強化によって維持されている場合について，それぞれの具体例を考えてみましょう。
2．違法薬物を使用しており，「つまらないときに使いたくなる」「体に悪いのはわかっているし，やめようとしたこともあったけど，半月ももたなかった」と話す少年に対して，チェンジトークを引き出すための具体的な声かけの仕方を考えてみましょう。

🖋 本章のキーワードのまとめ

ABC 分析	問題行動や症状の生起，維持の理解について，3 つの要素の随伴性を記述するものである。行動療法の枠組みにおける随伴性の記述と，認知療法の枠組みにおける認知の影響性の記述の 2 種類があり，それぞれ理解の仕方は異なっている。
マインドフルネス	今この瞬間に意識的に注意を払うことによって，現実をあるがままに知覚し，それに対する思考や感情にとらわれないでいる心のもちようのことである。現実そのものをとらえられるようになることを目指す。
リラクセーション	不安や緊張と拮抗する筋肉の弛緩によって，心をリラックスさせることにつながるとされる。間接的に自律神経をコントロールできるようになるための訓練法として，漸進的筋弛緩法や自律訓練法などがある。
認知再構成法	主に，不適応的で不合理な思考に対する認識を深め，それに代わる適応的な思考への変容を目指す。一般に，否定的な思考から肯定的な思考への変容が多く行われているとされる。
認知の歪み	さまざまな症状や問題行動を呈する要支援者に特有の情報処理の仕方や思考パターンであり，過去の体験の積み重ねの結果として，身についたものとされる。認知の歪みは，極端・抽象的・絶対的・価値判断的であるという共通点がある。
アンガーマネジメント	怒りをコントロールして，うまくつきあっていくための心埋療法である。怒りをなくそうとするのではなく，怒りの感情によって問題行動を引き起こしてしまわないようにするため，適切な表現の獲得を目指す。
リラプス・プリベンションモデル	問題となる行動が生起する直前の状況を中心に，再発防止計画を作成することを基本としている認知行動療法的治療モデルである。問題行動のリスクとなる状況の同定と，リスク状況へのコーピングの学習を促す。
グッド・ライブズ・モデル	否定的，回避的な目標設定も導きやすいリラプス・プリベンションの限界を踏まえて，そうしたリスクの軽減を目的に個人のネガティブな側面ではなく，社会適応や生活上の満足感の向上を意図したアプローチである。
動機づけ面接法	治療意欲を引き出す手段として開発された面接手法であり，要支援者自身がもつ変化への前向きな姿勢を引き出し，変化への自信をもたせ，変化することの必要性を自覚させることを重視している。
OARS（オール）	「開かれた質問（O）」，要支援者の良さをあるがままに認める「是認（A）」，受け取った言葉を伝え返す「聞き返し（R）」，体験を整理する機会をもたらす「要約（S）」という，動機づけ面接法の基本技術の頭文字をまとめた総称である。

第9章 施設内処遇

非行少年や犯罪者を収容する施設は，どのような場であるべきでしょうか。社会は，各施設にどのような機能を期待しているでしょうか。収容処遇施設には，対象者の年齢や法的な身分の違いによって，いくつかの種類があります。本章では，各施設に入所する人の特徴や，その施設の目的と役割，そこで行われる処遇の内容について学びます。

●関連する章▶▶▶第4章，第5章

1 施設内処遇の目的

　非行少年や犯罪者を収容する施設の代表例は，少年院と刑務所です。少年院は未成年者，刑務所は主として成人を収容する施設で，いずれも悪いことをした人を一定期間拘禁し，さまざまな働きかけを行い，その結果として社会内の非行・犯罪を減らす機能をもつものとして一般的に知られています。

　そのためには，少年院や刑務所はどのような場であることが有効なのでしょうか。収容処遇施設には，4つの機能があると整理されています（表9-1）。まずは，それぞれの内容をみていきましょう。ここでは，説明を単純化する都合上，収容処遇施設を単に「施設」，収容される人を「犯罪者」と称します。

1 拘束 (incapacitation)

　「拘束」は，犯罪者を逮捕し，施設に拘禁することで社会から隔離し，その間社会内の犯罪を減らそうとするものです。悪い人は社会から排除しようという考え方で，古くは「流罪」と称して，犯罪者をそれまで所属していた社会から切り離し，遠隔地に移住させるような刑罰も存在しましたが，これと同じような発想です。

　拘束の効果を最大化するためには，なるべく長期間，対象者を逃がさずに拘禁することが求められます。ただし，施設への収容には，そこで働く人の人件費，収容される人の食費ほかの生活費がかかり，

表9-1　収容処遇施設に期待される4種の機能

機能	目的	効果を最大化する方法
拘束	社会からの隔離	なるべく長期間の確実な拘禁
応報	懲らしめること	なるべく苦痛な拘禁生活
抑止	思い知らせること・みせしめること	確実かつ早期の逮捕・拘禁
改善更生	再犯しないよう改善させること	犯罪につながる問題性の改善

これを税金で負担することになりますので，再び社会に害悪を与える危険性が低い人をいつまでも拘禁しておくことは，社会全体にとって経済的とはいえないうえ，当人に不当な不利益を与えるという人権上の問題を含みます。さらに権力者が恣意的に刑罰を乱用するおそれが生じる点からも，犯した罪に対して長すぎる刑罰を与え得る制度は望ましくありません。

2 　応報 （retribution）

「応報」は，悪いことをした犯罪者を懲らしめることを目的とするものです。罰金を科して金銭を没収したり，自由を剥奪したり，労働を科したりすることで，償いをしてもらおうという発想です。司法が制度として償いを求めることで，被害者や関係者の怒りや無念，悲しみを少しでも晴らそうという意味合いも込められているといえます。

応報の効果を最大化するためには，施設はなるべく居心地が悪く，なるべく苦痛に満ちた場所であることが求められるといえます。ただし，施設に収容された人も，ほとんどの場合，やがて社会に戻ってきます。そのときに，施設内での処遇が原因で社会に対する怒りや不満が高まっていたり，前向きに努力していく意欲を失っていたりするようなことがあれば，再犯をかえって後押しすることになりかねません。

このように，応報が再犯防止の観点から効果的な対応とはいえないことがわかってきたことに加えて，人権意識の高まりにも後押しされて国連被拘禁者処遇最低基準規則（通称：ネルソン・マンデラ・ルールズ）が採択（1955 年）及び大幅改定（2015 年）され，被拘禁者の処遇の最低基準として，一定水準の居住設備，衣食住，医療の保障や残虐な刑罰の禁止，不服申し立ての権利の保障などが示されています。

3 　抑止 （deterrence）

「抑止」には，2 種類の効果と目的があります。一つは，すでに犯罪を行った人に対し刑罰を科すことで，「こんな目に遭うのは嫌だから二度と犯罪をしないようにしよう」と思わせ，その人が再犯することを防ごうとする特別予防効果です。応報と少し似ています。もう一つは，刑罰を科されている様子を目にした周りの人に対し，「同じような目に遭うのは嫌だから犯罪をするのはやめよう」と思わせ，それによって犯罪を抑止しようとする一般予防効果です。

いずれの場合も，抑止の効果を最大化するためには，犯罪者を確実に，かつなるべくすぐに逮捕し，刑罰を科すことが求められるといえます。犯罪をしても捕まらない人の存在が人々の目に触れると，犯罪をしても必ず罰を受けるというわけではないから犯罪をしても構わない，という抑止とは逆のメッセージを伝えかねないことになります。

4 改善更生（rehabilitation）

「改善更生」は，犯罪につながる問題性を改善させることを目的として，犯罪者に対し各種の働きかけをし，再び犯罪をする可能性が低くなるよう変化を促すことを目指すものです。少年院は，設立当初から改善更生を目的として運営されてきましたが，刑務所では必ずしも強調されてきませんでした。しかし，2006年の法改正（監獄法から刑事収容施設及び被収容者等の処遇に関する法律へ）を経て，刑務所においても，受刑者に改善更生のために必要な**矯正処遇**を義務付けることが明文化されました。

改善更生の効果を最大化するためには，犯罪につながる問題点をなるべく多く改善させる働きかけを行うことが求められます。たとえば，社会内で就労が長続きせず，生活が不安定になりやすいことが犯罪につながっているのであれば，長続きしない原因を探り，就労の楽しさを経験させたり，職業訓練や学校教育を受けさせたりすることが再犯抑止につながることが期待されます。他方で，経済的な困窮が犯罪の原因になっているからといって，たとえば出所後の住居を無償で提供し，生活費を支援して安定を図るというようなことには効果があるでしょうか。一時的には再犯を抑止する効果があるかもしれませんが，本人自身が変わらなければ，支援が途切れたときに再び犯罪に近づいていく可能性が残り続けるという意味で，これらは改善更生を主目的とした介入とはいえません。つまり，改善更生の機能の本質は，本人の社会適応力や向社会的な枠組みのなかで生きていく意欲を向上させることにあり，出所後の生活を安定させるための各種支援は，それを補助し，本人の再適応が容易になるよう促すためのものと位置づけられます。改善更生は，これまで見てきた4つの機能のなかでもっとも再犯抑制止に効果を上げているものであり，より効果的な指導・処遇のあり方について研究が重ねられています。

ここまでみてきたように，**施設内処遇**の4つの機能は，どれも社会から一定程度期待されているものですが，どこまでも効果を高めようとすることには課題もあります。たとえば，「拘禁」の効果を最大化しようと収容期間を長くすると，拘禁場所の確保に伴う処遇施設の増設や被収容者の生活費に多額の経費が必要になります。また，「抑止」の効果を最大化するためにあらゆる犯罪を見逃すまいとして街の隅々まで防犯カメラが設置されるなどすれば，人々は生活を逐一監視されることを許容しなければなりません。社会の人々がはたしてそれを望むのかどうか，どの程度が適当な線引きなのかを考える必要があります。

また，4つの機能すべてが同時に満たされれば望ましいのかもしれませんが，一方を強調すると他方が弱まる，という関係にあるものもあります。たとえば，「応報」があまりにも強調され，刑務所のなかでひどい目に遭うことが繰り返

されると，犯罪者の「改善更生」の意欲や，再び社会に適応して生きていこう
とする意欲は低下すると考えられます。結果的に，出所後の再犯抑止につなが
らないということになれば，収容施設の目的が達成されたとはいえないことに
なってしまいます。

　社会の人々が処遇施設に何を期待するかは，犯罪者に対する態度や税金の使
い方に対する考えなどによって，さまざまに異なっています。期待は一律では
なく，このような人にはこのような処遇を行ってほしい，というように細分化
されていることも多いのです。とはいえ，施設からの出所者が再犯せず，善良
な市民として社会内で就労し，納税者となることは多くの人が望むところです。
そのため，真に犯罪抑止効果が高い施設内処遇のあり方を判断する材料とすべ
く，多数の実証研究が行われ，エビデンスが積み重ねられています。他の領域
と同様に刑事政策においても，思いつきや感情論ではなく，エビデンスを有す
る働きかけを選択していく態度が望まれます。

2 ｜ 非行少年や犯罪者を収容する施設の種類

　続いて，非行少年や犯罪者を収容する施設の種類と，そこに入所する対象者
の年齢や法的な身分の違いについて，整理します（表9-2）。それぞれ細かい
規定があり，表に記載されていない例外もありますが，ここでは，原則的な取
扱いについてみていくことで，全体像を把握することにします。

1 年齢

　非行少年や犯罪者が施設に収容されるとき，年齢は大きな判断基準になりま
す。表9-2に記載された 1～3 の施設は，児童（2 歳以上 18 歳未満）を，4 と
5 は少年（20 歳未満）を，6～8 は成人（20 歳以上）を主たる対象とした施設
です。細かくみていくと，現行法上，取り扱いが異なる区切りとなるのは，2
歳，12 歳，16 歳，18 歳，20 歳，26 歳の 6 種であることがわかります。特
に成長や発達の著しい思春期から青年期にかけて，取り扱いが目まぐるしく変
化しています。ただし，表 9-2 のとおり，それぞれの施設に入所し得る対象
者の年齢は，少しずつ重なっています。つまり，対象者が若年（26 歳未満）の
場合，同じ年齢であっても，入所し得る施設は複数あるということになります。

　一方で，理屈上は年齢の下限が設定されていない場合でも，一般的には選択
されにくいという施設もあります。たとえば，少年鑑別所の入所年齢の下限は
ありませんが，非行のある児童が 13 歳未満のときは，まず児童相談所が児童
福祉法の範囲内で取り扱うことができないかどうか，先に検討することになっ

表9-2　非行少年や犯罪者を収容する施設の種類

			入所年齢		非行・犯罪の有無	目的	所管省庁	根拠法令
			下限	上限				
1	社会的養護施設	児童相談所一時保護所	おおむね2歳以上	18歳未満	ないこともある	保護	厚生労働省	児童福祉法
			2- 12- 16-	18- 20- 26-				
2		児童養護施設	おおむね2歳以上	18歳未満	ないことが多い	養護	厚生労働省	児童福祉法
			2- 12- 16-	18- 20- 26-				
3		児童自立支援施設	おおむね2歳以上	18歳未満	あることが多い	生活指導等	厚生労働省	児童福祉法
			2- 12- 16-	18- 20- 26-				
4	矯正施設	少年鑑別所	なし	20歳未満	ある疑い	鑑別・健全育成	法務省	少年法 少年鑑別所法
			2- 12- 16-	18- 20- 26-				
5		少年院	おおむね12歳以上	入：20歳未満 退：26歳未満	ある	矯正教育	法務省	少年法 少年院法
			2- 12- 16-	18- 20- 26-				
6		刑事施設	拘置所	おおむね16歳以上	なし	ある疑い	勾留	法務省	刑事訴訟法 刑収法
			2- 12- 16-	18- 20- 26-				
7		少年刑務所	おおむね16歳以上	おおむね26歳未満	ある	矯正処遇	法務省	刑事訴訟法 刑収法
			2- 12- 16-	18- 20- 26-				
8		刑務所	おおむね16歳以上	なし	ある	矯正処遇	法務省	刑事訴訟法 刑収法
			2- 12- 16-	18- 20- 26-				

注：刑収法は，「刑事収容施設及び被収容者等の処遇に関する法律」の略称である。

ています。そのため，13歳未満の児童が少年鑑別所に入る例は限定的で，特に10歳未満の児童が入る例はきわめて少なくなっています。

2　非行・犯罪の程度

　表9-2に記載された施設のうち，1～3の厚生労働省所管の各施設は，児童の健やかな育成を広く目的としたものであり，非行や不良行為がある児童だけを対象としているわけではありません。

　児童養護施設は，さまざまな事情で適当な保護者のない児童を入所させて養護するための施設です。なかには，非行や不良行為のある児童も含まれることがありますが，入所の要件となっているわけではありません。一方の児童自立支援施設は，不良行為をなし，又はなすおそれのある児童や，児童養護施設で

の処遇が難しいと考えられる児童などを入所させて生活指導等を行うための施設です。非行や不良行為のあることが入所の必須要件ではありませんが，入所者には非行のある児童が多く含まれています。これら児童養護施設，児童自立支援施設のほかに乳児院，児童心理治療施設，母子生活支援施設，自立援助ホーム，児童家庭支援センターを合わせて「社会的養護施設」と総称されます。いずれも厚生労働省が所管する施設です。

　他方，表9-2の4～8の法務省所管の各施設は，非行・犯罪があるか，その疑い又はおそれ（これをぐ犯といい，対象は少年に限る）がない限り，入所することはありません。入所についても，行政判断ではなく，少年については家庭裁判所，成人については裁判所で，それぞれ裁判官が決定するもので，より強制力が高い措置といえます。また，決定に不服がある場合は，意義を申し立てるための制度も整備されています。これら4～8の5施設は「**矯正施設**」と総称されます。さらに，このうち少年の健全な育成を目的とする4及び5の2施設を「少年矯正施設」，刑の執行と改善更生を目的とする6～8の3施設を「刑事施設」とも呼びます。

　矯正施設では，「開放的な処遇」を実施している少数の例外的な施設を除いて，基本的に入所者は鍵のついた場所に拘禁され，許可なく敷地外に出ることはできません。また，施設や入所者の特性に応じて，衣食住にまつわるさまざまな制限が課されています。たとえば，自由に飲食できる物や所有できる物が限られていたり，面会できる相手や面会の時間，回数が決められていたりします。

3 ｜ 収容処遇施設の機能

　非行・犯罪のある対象者を収容する処遇施設（表9-2の3から8）は，通常対象者を社会から24時間切り離し，生活の一切の面倒をみる場になります。そのため，対象者の衣食住をはじめ，入浴や運動の機会，具合が悪くなった際の医療の提供など，生活上のさまざまなニーズを満たすことが求められます。加えて，対象者がやがて施設を出ていくときに，社会生活に円滑に適応するためには，同世代の人たちが社会内で経験していることのうち，人の成長に欠かせないことについては，施設内においても経験しておくことが望ましいとも考えられます。収容処遇施設内では，何をどこまで提供することが望まれるでしょうか。

　ここでは，「食」を例にとって考えてみます。対象が低年齢であればあるほど，それは単なる「空腹を満たす手段」以上の意味をもちます。食事が日に3

プラスα

ぐ犯

少年法3条1項3号は，次に掲げる事由があって，その性格又は環境に照らして，将来，罪を犯し，又は刑罰法令に触れる行為をなすおそれのある少年を「ぐ犯少年」として審判に付すべき対象としている。
①保護者の正当な監督に服しない性癖のあること
②正当の理由がなく家庭に寄り附かないこと
③犯罪性のある人若しくは不道徳な人と交際し，又はいかがわしい場所に出入すること
④自己又は他人の徳性を害する行為をする性癖のあること
罪を犯す「おそれがある」ことが審判事由になるのは，少年固有の制度であり，成人にはない。

度安定して提供されることは，単にその都度空腹が満たされるということだけでなく，次の食事も心配なく給与されるだろうという安心感をもたらします。また，食べている食事について「おいしい？」と尋ねられたり，苦手なものについても「身体によいから残さず食べなさい」とたしなめられたり，次の食事で食べたいものについて尋ねられたりすることまで含めて，食事の機能であるといえます。こうした関わりは，関わる者が対象者の健康と成長を気にかけ，食事を楽しんでほしいと感じており，ひいては対象者を大切に思っていることを伝えることにもなります。こうした関わりの積み重ねによって，対象者は自分の健康を気遣うことや，将来役に立つ可能性があるからという視点をもって，多少苦手なことでも受け入れる意味を知ることになるでしょう。ここまでのすべてが大きな意味で「食事」の機能に含まれるといえます。

「学習」も同様です。単に教科を教え，国語や算数の知識を身に付けるという意味だけでなく，ほかの児童生徒とともに取り組む経験や，そうした活動を通じて味わう仲間意識，仲間を応援する気持ち，競争心，それらに彩られる学ぶ喜びに加え，人それぞれに得意や不得意があるという現実，そのうえで地道な取組が成果に結びつく経験などを含めて「学習」の機能であるといえます。これらの経験が，自分を知り，自分の人生を自律的に動かしていこうとする気概や，難しい課題に直面したときにどうにかもちこたえようとすること，失敗から立ち直ること，必要に応じて周囲に頼ることなど，生きていくなかで必要となる対応力を下支えすることが期待されます。

こうして考えると，対象者を社会から切り離し24時間預かるということは，その年代の人たちが社会内の日常生活で体験していることの意味を大きくとらえたうえで，その成長や改善に必要な要素を体験できる場を提供する責務を負うということにほかなりません。さらに，その年代にたどり着くまでの生育段階で不足してきた経験が現在の課題につながっているときは，不足する経験を可能な限り補てんすることが求められます。

そうした日常生活の小さな経験，ちょっとした人との関わりの積み重ねが，施設内での処遇を展開するうえでの基盤となります。そのような安定的な基盤なくして，人の成長を促すことは難しく，非行性や犯罪性を除去することだけに的を絞って働きかけても，うまくいかないことが多いのです。言い換えれば，対象者の年齢が低いほど，あるいは積み残している課題が多いほど，「悪いことを悪いと教える」以前にするべきことが多いといえます。

4 ｜ 各施設で行われている処遇の特徴

　ここからは，各施設がどのような目的で対象者を収容し，どのような処遇を展開しているのかを具体的にみていきます。

1 社会的養護施設

　表9-2でみたように，社会的養護施設には，矯正施設と比較して低年齢の対象者が入所します。ここでは，このうち非行のある対象者が入所する機会が多い児童相談所の一時保護所と，児童自立支援施設について取り上げます。

①児童相談所／一時保護所

　児童相談所は，全国で 210 か所設置されており，うち 136 か所に一時保護所が備えられています。一時保護所（児童福祉法第 33 条）には，1 年間でのべ 26,548 人（2020 年度，厚生労働省，2021）の対象者が入所しています。一時保護は，児童の緊急保護とアセスメントを目的として，文字通り一時的に保護する機能で，収容期間は原則として 2 か月以内とされています（児童福祉法第 33 条第 3 項）。

　児童が一時保護となる理由は，「児童虐待」が約 6 割（59.5%），「虐待以外の養護」が 2 割強（22.3%），続く「非行」が 1 割弱（9.8%）となっています。（2020 年度，厚生労働省，2021）

　児童相談所の一時保護所では，児童福祉司や児童心理司と呼ばれる職員が児童の生活をみています。保護者からの虐待のみならず，保護者の出奔や疾病，死去，逮捕，受刑など何らかの事情があって家庭での養育を受けることが困難になり，保護する必要が生じた子どもたちですから，施設への入所自体が突然の出来事であることも多く，まずは安心して暮らせる環境を整えることが大前提になります。子どもの年齢に応じて，保育園のような役割，学校のような役割，家庭のような役割を同時に担うことが求められます。このようなゆるやかな枠組みで，規則正しい生活を送らせることで心身の安定を図り，その様子を行動観察したり，必要な生活指導を行ったりしながら，児童福祉司による面接や，必要に応じて児童心理司による発達検査，精神科医による診察などを並行して行い，今後の処遇について検討します（厚生労働省，2018）。

　一時保護を経た児童は，6 割強（62.2%）が自宅に戻り，1 割強（12.5%）が児童福祉施設に入所しています。入所の理由が「非行」の場合も，これらの割合は大きくは変わりませんが，ほかの理由の場合と比較して里親委託となる割合は小さく（全体 2.3%，非行 0.8%），ほかの児童相談所・機関に移送となる割合は大きく（全体 5.6%，非行 10.3%）なっています（厚生労働省，2021）。

プラスα

児童相談所
児童相談所は全国で 229 か所あり，うち 150 か所に一時保護所が設置されている（2022年7月現在）。

　児童自立支援施設は，全国に58施設あり，2020年末日現在で889人の対象者が在籍しています（厚生労働省，2021）。児童自立支援施設への入所は，児童相談所長の決定による場合と，家庭裁判所の裁判官の決定による場合とがあります。

　既述のとおり，児童自立支援施設は，不良行為をなし，又はなすおそれのある児童を主たる対象としていますが，入所の時点においては注目すべき課題が「非行・問題行動」に収束されているというだけで，その多くがこれまでの生活において虐待を受けたり，犯罪被害に遭ったりと，適切とはいえない養育環境のなかでどうにか生き延びるような時間を過ごしてきています。そのため，非行等の行動上の問題に加えて，発達課題の未達成などの発達上の問題やPTSD等の精神的な問題など，さまざまな問題を重複的に有している場合も少なくなく，そのニーズは複雑かつ多様化しています。こうした対象者への効果的な支援を展開するためには，施設内における生活を基盤としたケアワークはもとより，学校教育，心理的ケア，ソーシャルワークなど，多分野からの総合的なチームアプローチが必要となります（厚生労働省雇用均等・児童家庭局家庭福祉課，2014）。

　児童自立支援施設は，かつてはその6割程度が，近年では約3割が伝統的な「夫婦小舎制」をとっています。これは，いずれも職員である実際の夫婦と10名程度の子どもたちが小舎に住み込み，疑似家族的な環境で改善を図ることに主眼をおいたもので，日本独自の形態であるといわれています（富田，2017）。残る約7割の施設では，寮担当職員は夫婦ではなく，交代制勤務で自宅から通勤していますが，各寮の担当職員がチームとして養育にあたっています。

　児童自立支援施設で長く勤務する精神科医である富田は，このような寮集団を処遇の中核におくことの意味について，次のように解説しています。「このような少年は，当初まず大人を信用しようとしません。そこで大きな役割を果たすのが，先輩たちの存在です。すでに職員との関係が出来上がっている先輩たちが，寮長寮母を信頼し，さらには甘えているのをみて，新入生は少しずつ職員に接近します。大人を信じていなかった彼らが比較的短時間で寮職員との関係構築ができるのは，自分とよく似た先輩たちの存在があるからこそ，なのです。特に思春期に至った例では，大人との1対1の関係構築が困難だからこそ，この同質の寮集団の存在が重要な意味をもちます（富田，2017, pp. 123-124）。」。夫婦小舎制であれ，交代制勤務であれ，生活の基盤となる小集団が疑似家族的であるということの意味は，ここにあるといえます。

プラスα
児童自立支援施設
全国で58か所あり，うち国立が2か所，他の公立が54か所，私立が2か所となっている。（2022年4月現在）

2　矯正施設

　表9-2でみたように，法務省矯正局が所管する処遇施設は「矯正施設」と総称されます。ここでは未成年者のみを収容する少年鑑別所および少年院と，主として成人を収容する拘置所，少年刑務所，刑務所について取り上げます。

①少年鑑別所

　少年鑑別所は，全国で52か所設置されていて，2021年の1年間で5,304人（法務省，2020）の対象者が新たに入所しています。少年鑑別所には，主として「観護措置決定」を受けた20歳未満の少年が最大4週間（特定の場合には8週間）収容されています。観護措置とは，家庭裁判所が少年の審判を行う前に，必要があると判断したときに執られる措置で，少年鑑別所に送致された少年は，在所期間中に「鑑別」を受けることになります。

　「鑑別」は，法務技官（心理）と呼ばれる心理職が面接や心理検査を，法務教官と呼ばれる教育職が行動観察を，医師が診察や診断を行い，その結果を統合する形で行われます。鑑別結果は家庭裁判所に提出され，裁判官が審判を行う際の資料となります。「鑑別」という言葉は，実施者が対象者を一方的に観察し，判断するような印象を与えますが，実際には，ほかの心理面接の場合と同様に面接者が関与し，対象者との信頼関係を築くなかで話を聞きながら対象者を理解していくプロセスです。面接を通して，今何が起こっているのか，これからどのようにしていくかを整理し，同時に対象者の混乱した気持ちを整理することを支援し，必要な変化に向かっていくように後押しするという意味で，心理的介入の一種に位置づけられるといえます。

　少年鑑別所の入所者は，これから審判を受ける身分なので，「無罪」である可能性があり，非行があることを前提にした矯正教育の対象にはなりません。しかし，少年の健全な育成への配慮として，その自主性を尊重しつつ，健全な社会生活を営むために必要な基本的な生活習慣等に関する助言・指導を行っています。具体的には，義務教育年齢の少年等に対する教科指導，日常生活の基本となる挨拶や身の周りの整理整頓指導，季節の行事への参加，就労やネットリテラシーに関する情報提供などが施設の実情に応じて展開されています。

　社会的養護施設の対象者と同様に，少年鑑別所に入所してくる子どもたちも，またさまざまです。一般的には，かなり非行が進んでから入所してくるイメージがあるかもしれませんが，非行そのものよりも，家庭内に落ち着いて過ごせる環境がないことが課題である例や，家族も含めて支援が必要な状態にありながら，それまで支援を受ける機会がないまま経過してきている例，地域社会に居場所がないなかで，半ば利用されるような形で事件に加担することになった例，本人自身が入所するまでの間に多数の犯罪被害に遭っている例が少なくありません。そういう意味では，社会的養護施設の対象者と異質な存在ではなく，

プラスα

少年鑑別所
全国で52か所あり，うち本所が44か所，支所が8か所となっている。2022年4月現在）

重なっている部分が多くあります。

少年鑑別所にいる期間は通常 4 週間以内と限られていますが，身柄を拘束され，これから家庭裁判所の審判を受けなければならないという人生の重要な節目に立たされた少年たちにとって，「鑑別」を通じて大人と話をした経験が気持ちを整理したり，今後について考えたりすることに役に立ち，安心できることとして経験されれば，彼らが今後出会う大人たちと関係を築いていくうえでの礎になることも期待されます。

②少年院

少年院は，全国で 49 施設あり，2021 年の 1 年間で 1,699 人（法務省，2022）の対象者が新たに入院しています。少年院は，家庭裁判所において「少年院送致決定」（少年法第 24 条）を受けた入所時 20 歳未満の少年を通常 1 年間，家庭裁判所の勧告に応じてより短期間（4 か月，又は 6 か月）もしくはより長期間（1 年半，2 年，2 年半，3 年，3 年以上）収容し，**矯正教育**を行う施設です。

少年鑑別所に入所する少年と同様に，少年院に入る子どもたちも年齢，非行性，資質面の問題性などさまざまです。年齢だけをとってみても，下は中学生から上は出院時には 20 歳を超えて成人している対象者まで，それぞれの年代に応じた処遇が必要となります。少年院には，第 1 種少年院から第 5 種少年院までの 5 種類があり，第 1 種と第 2 種及び第 5 種にはさらにいくつかの矯正教育課程が設定され，在院者の特徴に応じた課程が選択されています（少年院法第 4 条；表9-3）。

少年院では，20 名程度の在院生が寮単位で生活をし，5~6 名程度の寮担任職員（法務教官）と構成する集団を生活の基本としています。5~6 名の寮担任職員のうち 1 名が，各在院生にとっての個別担任に指定され，担任職員は，入院時に設定される「個人別矯正教育計画」にある各種教育内容の進み具合をモニターしたり，日ごろの生活上の悩みや家族との関係，出院後の生活について相談に乗ったりします。在院生は，寮での生活を基本としつつ，日中は教科指導や職業指導，体育指導，特別活動指導等を受けて過ごしているので，寮担任以外にも多くの職員と関わりますが，在院者にとって大事な情報は，個別担任の元に集約されます。個別担任は，生活の各場面で在院者が行ったことについて，褒めたり叱ったり，心配したりアドバイスしたり，さまざまな働きかけを行います。いわば，学校の先生以上，親未満のような存在です。在院生は，個別担任との関係を通して大人との関係のもち方を学びます。

このように，少年院の処遇は，毎日の生活や個別担任との関係，ほかの在院生との関係を中心として展開されます。「矯正教育」の語から想像されるような「悪いところを矯正する」という発想ではなく，個々人の長所を引き出し，伸長すること，健全な経験を豊富に体得させることを通じて，その社会不適応

表9-3　少年院の種類と矯正教育課程ごとの在院者の類型

少年院の種類	矯正教育課程	基準期間	在院者の類型
第1種	対象：保護処分の執行を受ける者であって，心身に著しい障害がないおおむね 12 歳以上 23 歳未満のもの		
	短期義務教育課程	20 週	原則として 14 歳以上の義務教育未修了者
	義務教育課程 I	11 月	小学校の教育課程未修了者
	義務教育課程 II	11 月	中学校の教育課程未修了者
	短期社会適応課程	20 週	問題性が単純又は比較的軽い者
	社会適応課程 I	11 月	ほかの類型に該当しない者
	社会適応課程 II	11 月	資質上特に問題となる事情を改善する必要がある者
	社会適応課程 III	11 月	外国人等で日本人と異なる処遇上の配慮を要する者
	支援教育課程 I	11 月	知的障害のある者等処遇上の配慮を要する者
	支援教育課程 II	11 月	情緒障害・発達障害等処遇上の配慮を要する者
	支援教育課程 III	11 月	知的能力の制約，非社会的行動傾向等に応じた配慮を要する者
第2種	対象：保護処分の執行を受ける者であって，心身に著しい障害がない犯罪傾向が進んだおおむね 16 歳以上 23 歳未満のもの		
	社会適応課程 IV	12 月	特に再非行防止に焦点を当てた指導及び訓練
	社会適応課程 V	12 月	外国人等で日本人と異なる処遇上の配慮を要する者
	支援教育課程 IV	12 月	知的障害のある者等処遇上の配慮を要する者
	支援教育課程 V	12 月	情緒障害・発達障害等処遇上の配慮を要する者
第3種	対象：保護処分の執行を受ける者であって，心身に著しい障害があるおおむね 12 歳以上 26 歳未満のもの		
	医療措置課程	12 月	身体疾患，身体障害，精神疾患又は精神障害を有する者
第4種	対象：少年院において刑の執行を受ける者		
	受刑在院者課程	—	受刑者のうち少年院に在院する者
第5種	対象：2 年の保護観察所の保護観察に付され，かつその遵守すべき事項を遵守しなかったと認められ，少年院に収容する旨の決定を受けた者		
	保護観察復帰指導課程 I	3 月以内	保護観察を再開するための，短期間の集中した各種の指導
	保護観察復帰指導課程 II	6 月以内	保護観察を再開するための，集中した各種の指導

の原因を除去することを目指しています。他方で，在院生ごとのより個別的な問題性に応じた働きかけを行うため，**特定生活指導**（表9-4）も準備されており，たとえば，本件被害者やその家族の心情を理解しようとする意識が低いなどの課題を抱える対象者には「被害者の視点を取り入れた教育」を，また，薬物に対する依存がある対象者には「薬物非行防止指導」を実施するという形で生活指導を補完しています。

表9-4 少年院の特定生活指導

名　称	内　容
被害者の視点を取り入れた教育	非行の重大性や被害者等の現状・心情を認識するとともに，被害者やその家族等に対する謝罪の気持ちを高め，誠意をもって対応していくことを目標とした指導
薬物非行防止指導	薬物の害と依存性を認識するとともに，薬物依存に至った自己の問題性を理解し，再び薬物を乱用しないことを目的とした指導
性非行防止指導	性に対する正しい知識を身に付けるとともに，自己の性非行に関する認識を深め，性非行せずに適応的な生活をする方法を身に付けることを目的とした指導
暴力防止指導	暴力又は暴力的な言動により問題解決を図ろうとする認知の偏りや自己統制力の不足を理解し，暴力的な言動に頼らずに生活する方法を身に付けることを目的とした指導
家族関係指導	非行の要因となった家族の問題を正しく認識し，保護者その他家族に対する適切な関わり方を身に付けることを目的とした指導
交友関係指導	交友関係の問題や影響を振り返るとともに，健全な生活に適応し，向社会的な交友関係を築くことを目的とした指導

③拘置所

　拘置所は，全国で117施設あり，主として刑が確定する前の未決拘禁者が収容されています。未決拘禁者は，有罪が確定する前の状態，つまり無罪が推定される状態にありますので，生活上の制限は刑務所よりも少なく，また改善指導の対象にもなりません。

④少年刑務所，刑務所

　刑務所は，全国で75施設あり，1年間で16,152人（2021年，法務省，2022）の対象者が新たに受刑者として入所しています。少年刑務所は刑務所の一種で，未成年者が受刑することとなったときは，原則として少年刑務所に収容されます。ただし，少年受刑者の数は非常に少ない（2021年の未成年新入所者は16人：法務省，2022）ことから，少年刑務所には未成年者だけでなく，成人した若年受刑者や一般受刑者も収容されています。

　受刑者には，刑の執行開始にあたって，表9-5に記載の特徴によって処遇指標が付されます。75の刑務所には，それぞれに収容する受刑者の処遇指標が指定されており，医療措置の要否や性別・年齢・刑期・犯罪傾向の進度等の特徴が似通った受刑者が同じ施設に収容されるようになっています。

　受刑者は，工場と呼ばれる通常30〜100名程度の受刑者と，工場担当職員（刑務官）1〜2名からなるユニットを生活の基本としています。日中は，刑務作業として木工や金属加工等の物をつくるような作業（生産作業）や受刑者の生活を支える作業（経理作業，例：炊事や洗濯，環境整備等）をすることを生活の中心としつつ，必要に応じて職業訓練や教科指導を受けたり，**特別改善指導**（表9-6参照）という各自の問題性に応じた指導を受けたりして過ごします。

プラスα

拘置所

全国で115か所あり，うち本所8，支所107（2022年4月現在）。

刑務所

全国で75か所（本所67，支所8）あり，うち少年刑務所6か所，女子刑務所9か所，医療刑務所4か所，PFI刑務所4か所（2022年4月現在）。

表9-5　処遇指標（受刑者の属性と犯罪傾向の進度）

符号	受刑者の属性
D	拘留受刑者
Jt	少年院への収容を必要とする 16 歳未満の少年
M	精神上の疾病または障害を有するため医療を主として行う刑事施設等に収容する必要があると認められる者
P	身体上の疾病または障害を有するため医療を主として行う刑事施設等に収容する必要があると認められる者
W	女子
F	日本人と異なる処遇を必要とする者
I	禁錮受刑者
U	おおむね 26 歳未満の者のうち，小集団を編成して少年院における矯正教育の手法や知見等を活用した矯正処遇を実施する必要があると認められる者
J	少年院への収容を必要としない少年
L	執行すべき刑期が 10 年以上である者
Yj	少年審判で検察官送致となった時に 20 歳未満であった者のうち，可塑性に期待した矯正処遇を重点的に行うことが相当と認められる 20 歳以上 26 歳未満の者
Y	可塑性に期待した矯正処遇を重点的に行うことが相当と認められる 20 歳以上 26 歳未満の者のうち，Yj に該当しない者
A	犯罪傾向が進んでいない者＊
B	犯罪傾向が進んでいる者＊

注：＊は，全受刑者にいずれかを付すものとされている。

表9-6　刑務所の特別改善指導の種類

名　称	対象者の判定基準
薬物依存離脱指導	麻薬，覚醒剤その他の薬物に対する依存があること
暴力団離脱指導	暴力団員による不当な行為の防止等に関する法律第 2 条第 6 項に規定する暴力団員であること
性犯罪再犯防止指導	性犯罪につながる認知の偏り，自己統制力の不足等があること
被害者の視点を取り入れた教育	人の生命又は心身に重大な被害をもたらす犯罪を犯し，被害者に対する謝罪や賠償等についての意識が乏しいこと
交通安全指導	自動車等の運転により犯罪を犯し，遵法精神や交通安全に関する意識が乏しいこと
就労支援指導	職場における人間関係に適応するのに必要な心構えおよび行動様式が身に付いておらず，仕事が長続きしないこと

　少年院の場合と比較すると，一人の職員が担当する受刑者の人数が多く，個別の働きかけの密度は小さくなります。しかし，基本的に同一の工場担当職員が毎日の日中の作業や運動，入浴などの様子をみながら生活をしていますので，受刑者にとって一番頼りになる存在は，工場担当職員ということになります。工場担当職員は，受刑者の改善更生のみならず，保安面での責任も負っていますので，

規律違反行為があれば指導する立場でもあります。一方で，体調が悪そうにしていたり，家族から心配な内容の手紙が届いて落ち込んでいたりする受刑者に対して適時に声をかけたり，入ったばかりで慣れない受刑者が少しずつ作業が上達する様子を把握し，順次より難しい作業に割り当てたりという個別の配慮をする立場でもあります。そのため，日本の刑務所では，伝統的に工場担当職員が受刑者から「おやじ」と呼称される時代が長く続いていました。父のように，時に厳しく，時に愛情をもって接する姿を反映した呼び名であるといえます。

　近年では，所内での生活を通じて本人自身の変化を促すのみならず，就労支援や福祉的支援など各種の社会復帰支援により，本人が戻っていく社会内の環境を整えることも刑務所の重要な機能として認識され，専門スタッフの配置が進んでいます。キャリアカウンセラーや産業カウンセラー，社会福祉士の資格をもつスタッフが本人との面接を行い，出所後すぐに就労できるよう刑務所内に雇用主を招いて採用面接を行ったり，必要な福祉的支援を受けることができるように障害者手帳の申請をするなど，関係機関と連携して出所後の生活を整えることに力を注いでいます。

考えてみよう

　収容内処遇は，何を目的として運用すべきでしょうか。
1．あなた自身は，4つの機能をそれぞれどのくらいの割合で果たすことが望ましいと考えますか。
2．上記1の割合は，少年と成人とで，同じでよいでしょうか。異なるべきでしょうか。年齢以外に，考慮すべき条件はあるでしょうか。
　　それぞれについて，その理由とともに，考えてみましょう。
3．近年の刑務所では，受刑者の高齢化が問題になっています。非行少年や犯罪者が施設に収容されるとき，年齢は大きな判断基準になりますが，高齢者をほかの成人と区別して取り扱う「少年法」ならぬ「老人法」は存在しません。しかし，高齢ゆえに身体能力や判断力が低下していたり，心身の疾病を抱えていたり，それらが社会生活上の困難や貧困，犯罪につながっていると考えられる例も少なくありません。
　　ここで，考えてみましょう。平均寿命は世界最高ランクを誇るわが国ですが，今後「老人法」をつくる必要があるでしょうか。つくるとした場合，適用年齢は何歳が妥当でしょうか。仮に年齢で一律に区分できないとする場合には，ほかに何が基準になりそうですか。それを判断するのはだれが望ましいでしょうか。罪を犯した高齢者に必要な処遇はどのようなものでしょうか。

🖋 本章のキーワードのまとめ

施設内処遇	非行・犯罪のある対象者を収容して行う処遇全般を指す。本章では，収容処遇施設として，児童自立支援施設，少年鑑別所，少年院，拘置所，少年刑務所，刑務所を取り上げた。
児童相談所	子どもの心身の健やかな育ちを実現するため，子どものおかれた状況に応じて家庭等に対する効果的な援助を行うための相談機関をいう。
児童自立支援施設	厚生労働省が所管する社会的養護施設のうち，不良行為を行ったか，そのおそれがある児童等を入所させて必要な指導を行い，自立を支援することを目的とする施設をいう。
少年鑑別所	家庭裁判所の観護措置によって，審判を待つ少年を最大 4 週間（特定の場合には 8 週間）収容し，鑑別を行う施設をいう。
少年院	家庭裁判所から保護処分として送致された者および少年院において刑の執行を受ける者を収容し，矯正教育を行う施設をいう。
拘置所	主として成人の未決拘禁者（刑事被告人）の逃走や証拠の隠滅を防止するため，拘禁する施設をいう。
刑務所	裁判により禁錮刑，懲役刑 2025（令和 7）年 6 月までに「拘禁刑」に統一）等が科された受刑者を収容し，矯正処遇（作業，改善指導，教科指導）を行う施設をいう。拘置所と刑務所を併せて刑事施設と称する。
矯正施設	少年鑑別所，少年院，拘置所，刑務所を併せて矯正施設と称する。いずれも法務省矯正局が所管している。
矯正教育	少年院で行う生活指導，職業指導，教科指導，体育指導および特別活動指導の 5 種の教育を併せて矯正教育と称する。
特定生活指導	少年院で実施する矯正教育のうち，個々の在院生のもつ特定の問題性に焦点を当てて行う 6 種の指導をいう。
矯正処遇	刑務所で行う作業（職業訓練を含む），改善指導，教科指導を併せて矯正処遇と称する。
特別改善指導	刑務所で実施する改善指導のうち，個々の受刑者のもつ特定の問題性に焦点を当てて行う 6 種の指導をいう。
被害者の視点を取り入れた教育	少年院で実施する特定生活指導や，刑務所で実施する特別改善指導のうちの一つに指定されており，被害者の生命を奪った者や，心身に重大な被害を与えた者など，被害者の視点に立った指導を特に必要とする対象者が受講する。

第10章 社会内処遇

犯罪や非行をした人は，矯正施設に収容されても，その多くがいずれみなさんの暮らす地域社会へと帰ってきます。また，刑の執行猶予などで，矯正施設に収容されずに社会内で生活を送ることもあります。彼らが社会で再び犯罪・非行に及ぶことを防止するため，国の機関や地域の民間ボランティア等が協力しながら，指導・支援等の処遇を行っています。この章では，社会内処遇と心理支援との関係について学びます。

1 │ 社会内処遇*と心理学

語句説明

社会内処遇
犯罪や非行をした人に対して社会のなかで行われる指導や支援の取り組みを指し，矯正施設のなかで行われる施設内処遇と対比される。

再犯
犯罪や非行をした人が再び犯罪等に及ぶこと。ただし，再検挙や再度の有罪判決，刑務所への再入所など，何をもって再犯と定義するかは個々の犯罪統計や研究により異なる。

　刑事施設や少年院を出た人が社会内で暮らすとき，塀に囲われた施設内と違って，その行動が物理的な制約を受けることはありません。再び犯罪や非行に手を染める（これを「再犯*」といいます）かどうかは彼ら次第です。そんな状況のなか，彼らが再犯をせずにいられるようにするには，みなさんならどんな方法を考えるでしょうか。

　一つのやり方は，法制度による強制力に基づいて行動を規制（夜間の外出禁止，被害者への接近禁止など）して，違法薬物の検査や電子機器（GPSなど）も駆使しながら日々の生活をモニタリングし，違反があればすぐに刑務所等に戻して閉じ込めてしまうというものです。こうしたアプローチは，再犯のリスクマネジメントの分野では「外的コントロール」と呼ばれ，強制的に特定の場所や人へのアクセスを制限することなどを通じて，有害な行動への誘因（トリガー）や犯罪をする機会を減らすことを目的としています（Risk Management Authority, 2007）。しかし，外的コントロールはいわば形を変えた矯正施設収容の延長にすぎません。行動の常時監視には限界があり，大半の法的な行動規制が処分期間経過後終了することを考えるなら，この方法だけでは将来の再犯に不安が残ってしまいます。

　もう一つの方法は，面接等を通じて，彼らに自分の再犯リスクとなるような状況は何かを理解してもらい，そうした状況につながる考え方や行動を，自ら変えるように促していくことです。こうした働きかけのなかには変化に対する動機付け（モチベーション）を高めることも含まれます。このようなアプローチは「内的コントロール」と呼ばれ，犯罪や非行をした人が自分でリスク状況を回避して，

自己管理する能力を向上させることに重点をおいています。本人の自発的な再犯防止を目指すことで，より息の長い効果が期待できます。ただし，内的コントロールの実現には，適切な技能と経験を備えた専門家の心理支援が欠かせません。

2 ｜ 社会内処遇の制度

では，社会内処遇の現場では，どのような取り組みが，いかなる制度のもとで，誰によって行われているのでしょうか。

1 社会内処遇の内容

社会内処遇の中核となるのが「保護観察」です。その内容は，図10-1のように大きく三つの層に分類され，より下の層の介入ほど，日常生活の基盤を整える機能をもっています。

この章で説明する心理支援は，主に第二層に含まれますが（詳しくは次節で紹介します），その前提として，第三層の社会福祉的支援によって，犯罪や非行をした人の衣食住など最低限のニーズを充足する必要があります。住所不定で今日の食事にも困るような生活を送っている人は，面接室でじっくり対話して自分の内面を見つめ直すどころではない，というのはみなさんにも容易に想像できるでしょう。心理支援に先駆けて，まずは住まいや仕事（収入）の安定を図り，生活基盤を整える必要があるのです。また，専門家による心理支援により彼らが立ち直ろうと決意し，自分を変えて新たな生活を送ろうとしても，地域社会が彼らを忌み嫌って排除しようとしたならば，社会復帰はつまづいてしまいます。そこで，第一層の地域の民間ボランティアによる関わりが，彼らの改善更生の意思を支え，地域社会へと再び受け入れる橋渡しの役割を担うのです。

このように，犯罪や非行をした人が社会内で更生するには，保健医療，福祉など地域のさまざまなリソースを活かした支援が求められ，これら関係分野の機関や団体等の関係者との連携が非常に重要になります。

2 社会内処遇の実施者と機関

保護観察の実施を担うのが国家公務員である**保護観察官**です。保護観察官は，「医学，

図10-1　保護観察の構造

〈第一層〉地域の民間ボランティアによる生活指導・見守り

〈第二層〉RNR原則に基づく再犯リスク管理と専門的処遇プログラム

〈第三層〉生活再建の実際的支援を行う社会福祉的支援（住居，就労等）

出所：今福，2016を一部改変

プラスα

保護観察官の専門的知識

保護観察官に求められる学問分野の知識は心理学だけにとどまらない。これら幅広い専門的知識は，「生物（医学）-心理-社会モデル」の視点の必要性を指すものとしてとらえることができる。たとえば高齢者の日常生活動作（ADL）や認知症，神経発達症群（発達障害）を含む青少年の発達，児童虐待等の知識は業務上大きな役割を果たす。

語句説明

拘禁刑

2022（令和4）年6月に成立した刑法等の一部を改正する法律では，懲役・禁錮が廃止され，拘禁刑が創設された。あわせて刑の執行猶予制度の拡充のほか，被害者等の心情を踏まえた処遇（被害の回復・軽減に努めるよう指示することを指導監督の方法に追加するなど），刑執行終了者に対する援助（更生緊急保護の対象拡大・期間延長など）といった社会内処遇の一層の充実化が図られた。

心理学，教育学，社会学その他の更生保護に関する専門的知識に基づき」（更生保護法第31条），社会内処遇に従事します。

保護観察官は国家公務員採用総合職試験や法務省専門職員（人間科学）採用試験保護観察官区分の合格者から主に採用され，法務省の機関である**保護観察所**や地方更生保護委員会で勤務します。全国50か所の保護観察所では，家庭裁判所で保護処分を受けた少年や仮釈放者等を対象に保護観察を実施するほか，矯正施設に収容中の人の出所後の住居や就業先等の生活環境の調整等を行います。全国8か所の地方更生保護委員会では，収容中の本人と面接を行って，刑事施設からの仮釈放や少年院からの仮退院に関する審理のために必要な調査等を行います。

なお，社会内処遇の実施者としては，ほかに法務大臣から委嘱を受けた地域の民間ボランティアである**保護司**が，先ほど述べたとおり，国の職員である保護観察官による指導・支援だけでは十分果たせない地域への再統合を補っており，犯罪や非行をした人と定期的に面接するなど協働して保護観察等に取り組んでいます。さらに，主に保護観察所から委託を受けて，住居がない刑務所出所者等を宿泊させ，食事を給与するほか，就職の援助や生活指導等を行う民間運営の施設として，全国103の**更生保護施設**があり，これらは公認心理師試験の受験資格取得に必要な実習施設の一つともなっています。

また，親族等や民間の更生保護施設では円滑な社会復帰のために必要な環境を整えることができない刑務所出所者等を対象に，保護観察所に併設した施設に宿泊させながら，保護観察官が濃密な指導監督等を行う国立の施設である**自立更生促進センター**が全国で4か所運営されています。

3 社会内処遇の対象

①保護観察の種類

保護観察の対象となる犯罪や非行をした人は，主に表10-1のとおりまとめられます。大きく分けると，①懲役・禁錮の刑（2022年の刑法等の一部改正の施行後は拘禁刑[*]）や少年院送致の処分を受けて，本来，矯正施設に収容された状態にあるものを地方更生保護委員会の決定により仮に出所・出院させ，処分の満了するまでの期間に社会内での保護観察（パロール）を受ける人と，②裁判所による刑の執行猶予の言い渡しや保護観察処分によって矯正施設に収容せず，最初から社会内での保護観察（プロベーション）を受ける人の2種類が存在します（ただし，2016年からは懲役・禁錮の刑により刑務所に収容しながら，その一部を執行猶予として社会内処遇の期間を確保する「刑の一部執行猶予」の制度が開始されています）。また，成人か少年かによって処分の根拠となる法律が異なり（少年法の対象となるか），保護観察の実施期間，期間が経過する前の早期の保護観察終了の措置（良好措置[*]）や，違反行為があった場合の矯正施設（再）収容の措置（不良措置[*]）等にも違いがあります。

表10-1　保護観察の対象

処分の状況	年齢区分	保護観察の種類	人数
矯正施設に収容され，仮に出所・出院して社会内で処遇を受ける人（パロール）	成人	仮釈放者（3号観察）	10,830 人
	少年	少年院仮退院者（2号観察）	1,560 人
最初から社会内で処遇を受けることが決められた人（プロベーション）	成人	保護観察付全部執行猶予者及び保護観察付一部執行猶予者（4号観察）	3,301 人
	少年	保護観察処分少年及び特定保護観察処分少年（1号観察）	9,932 人

注：人数は年間の新規保護観察開始人員（令和3年）
出所：法務省，2022

②保護観察対象者の特徴

　では，これら保護観察の対象となるのはどんな人たちなのでしょうか。また，保護観察の種類によって，年齢・性別や犯罪の種類に違いがあるのでしょうか。「犯罪白書」のデータをみてみましょう。

　まず成人についてみると，年齢は，刑務所からの仮釈放者では30～49歳の中高年が過半数を占める一方，保護観察付執行猶予者では29歳以下の若年者の割合が高くなっています。また，特に仮釈放者で65歳以上の高齢者が増えつつあります。性別は，仮釈放者・保護観察付執行猶予者のいずれも9割弱が男性であり，女性はわずか1割強にとどまります。犯罪の種類では，窃盗と覚醒剤取締法違反によって処分を受けた人が多く，特に保護観察付執行猶予者では傷害や不同意わいせつなど，暴力や性暴力に及んだ人の存在も目立ちます。

　少年についてみると，年齢は，少年院仮退院者では18歳以上の年長者が7割以上を占めますが，保護観察処分少年では17歳以下と18歳以上の占める割合は半々と年少・年中者も多いことがわかります。性別は，成人と同じくいずれもほとんどが男子で，女子の割合は1割前後です。非行の種類では，いずれも窃盗が約3割と最も多いことは変わりませんが，少年院仮退院者では傷害・暴行という対人暴力や，特殊詐欺などが多いのに対して，保護観察処分少年では交通事件が多くを占めているのが特徴です。

　さらに，保護観察のなかでは，アセスメントの一環として，彼らが抱える問題性を類型的に把握しています。その統計からは，彼らの姿がより具体的に浮かび上がってきます。

　成人の仮釈放者では，仕事に就かない期間が長かったり頻回転職したりといった就労上の困難を抱えた人が多くみられます。また，覚醒剤だけでなくアルコールやギャンブルへの依存（アディクション）の問題を抱えた人も少なくありません。保護観察付執行猶予者では，精神障害等を抱えた人や性的な動機から犯罪（痴漢や下着盗等）に及んだ人が目立ちます。さらに，児童虐待や

語句説明

良好措置・不良措置

保護観察を終了等しても確実に改善更生することができると認められた場合には，解除（保護観察処分少年），退院（少年院仮退院者），仮解除（保護観察付全部・一部執行猶予者）等の措置がとられ，これを良好措置という。

対して，遵守事項違反又は再犯等があった場合には，警告・施設送致申請（保護観察処分少年），少年院への戻し収容（仮退院者），仮解除の取消し（仮釈放者），刑の執行猶予の言渡しの取消し（保護観察付全部・一部執行猶予者）等の措置がとられ，これを不良措置という。

仮釈放・仮退院

地方更生保護委員会は，「改悛の状」があり法定期間を経過した受刑者について，審理を行い仮釈放を許すことができる。審理では，①悔悟の情及び改善更生の意欲，②再び犯罪をするおそれ，③保護観察に付することが改善更生のために相当か，④社会の感情が仮釈放を許すことを是認するかという基準で判断がなされる。また，少年院収容者について，処遇の最高段階に達し，仮に退院させることが改善更生のために相当であると認めるときには，仮退院を許すことができる。

DVなど親密な相手に対し暴力を振るった人や，ストーカー行為をした人も一定の割合を占めています。

　少年では，通学も仕事もせず無為徒食の生活を送っていた少年院仮退院者が多いことがうかがえます。また，精神障害等を抱えた少年も比較的高い割合を占めていて，ここに発達障害を有する少年も含まれます。保護観察処分少年では特定の問題性を有する割合が少年院仮退院者に比べて低く，少年院に収容される少年の方が，より複雑な問題性を抱えていることがわかります。

　このように，保護観察の対象となる人が抱える問題性はきわめて多様であり，社会内処遇の実施にはかなり幅広い分野の専門的知識が必要となります。

3 ｜ 社会内処遇での心理支援

　ここからは，実際の保護観察の内容について，公認心理師法に定める４つの業務に照らしながら詳しくみていきましょう。社会内処遇のうち心理支援等の全体像を業務別に整理すると，図10-2のようになります。このうち，本節ではまず，要心理支援者に関する３つの業務をみていきます。

　なお，社会内処遇において，通常，要心理支援者とは，「犯罪をした人や非行のある少年」を指しますが，保護観察所には犯罪被害者施策の業務もあり，この場合は，犯罪の被害に遭われた方を要心理支援者とすることとなります。

　また，保護観察による直接的なアセスメントやトリートメントだけでなく，保健医療，福祉など地域のリソースとの多機関連携，民間ボランティアの協力を得て行う犯罪予防活動など，幅広い活動全体やその枠組み（更生保護法等の関連する法律を含む）を総称して**更生保護制度**と呼ぶこともあります。

1 アセスメント

　アセスメント*とは，要心理支援者の心理状態の観察とその結果の分析のことをいい，社会内処遇のなかでも，RNR原則に基づく静的・動的な再犯・再非行のリスクの評価や処遇方針の決定が行われています。

　2021年から，保護観察所では，アセスメント機能の強化を図り，理論的・実証的根拠を基盤とするアセスメントに基づく保護観察の実施を徹底することを目的に，情報の収集・分析の方法を構造化したアセスメントツール

プラスα

特定少年の保護観察

民法上の成人年齢の引き下げを踏まえ，2021年に少年法等が改正され，18歳・19歳の少年は「特定少年」と呼ばれることとなり，新たな保護処分が設けられた。特定少年に対しては，2年間の保護観察を行い，期間中に重大な遵守事項違反があったものは1年の範囲内で第5種少年院に収容して保護観察への復帰に向けて働きかけたり，6月間の講習形式での保護観察（更生指導）を行ったりするようになった。

語句説明

アセスメント

社会内処遇でも要支援対象者の環境，行動，心理・精神状態について問題や強みの有無を評価し，ケースフォーミュレーションを行うアセスメントが実施されている。

参照

RNR原則

→2章

図10-2 社会内処遇における心理支援等の全体像

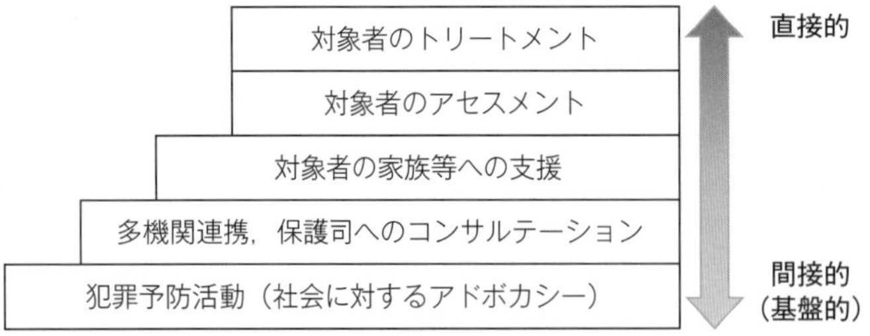

対象者のトリートメント
対象者のアセスメント
対象者の家族等への支援
多機関連携，保護司へのコンサルテーション
犯罪予防活動（社会に対するアドボカシー）

直接的 ↑
間接的 ↓（基盤的）

である CFP（Case Formulation in Probation/Parole）を導入しました。保護観察官は通常，保護観察対象者やその家族等と面接し，関係機関が作成した事件や処遇の記録等の情報に目を

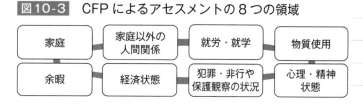

図10-3　CFP によるアセスメントの 8 つの領域

| 家庭 | 家庭以外の人間関係 | 就労・就学 | 物質使用 |
| 余暇 | 経済状態 | 犯罪・非行や保護観察の状況 | 心理・精神状態 |

通すことでアセスメントを行います。CFP は，その際，犯罪・非行に結びつく要因（問題）や改善更生を促進する要因（強み）となり得るものを把握し，それらの相互作用等を分析することで，社会内処遇で介入のターゲットとすべき要因を明らかにするツールです。具体的には，保護観察対象者の属性，犯罪・非行歴等に基づき，静的リスクの評価を行うとともに，彼らの環境，行動，心理・精神状態について 8 つの領域（図10-3）から動的リスクとしての問題や強みの有無を評価し，その情報から犯罪・非行に至る過程等に関するケース・フォーミュレーションを行います。

　アセスメントの結果から，現状を踏まえそれぞれの保護観察対象者が保護観察中守らなければならない特別遵守事項（違反すれば仮釈放等が取り消され，矯正施設に収容される約束事）を設定・変更します。また，処遇方針として，問題を改善し，強みを維持・強化するために必要な処遇の内容を具体的に定めるとともに，保護観察対象者は必要な処遇密度に応じて 5 つに区分され，各区分に応じて保護観察官や保護司の面接や家庭訪問（往訪）の頻度等を異にする処遇が実施されます。

　アセスメントは一度実施すれば終わりではなく，保護観察の経過に応じて定期的に再実施して，その結果，保護観察の処遇方針の見直しとともに，問題が悪化した場合の処遇の強化や不良措置，問題が改善した場合の処遇の緩和や良好措置など，RNR 原則に沿った介入を行います。

　保護観察所では，この CFP というツールによるアセスメント以外にも，先に言及した類型別処遇のなかで，児童虐待・DV やストーカーなど他者との関係性や，不良集団，社会適応，性犯罪・ギャンブル・嗜癖的窃盗等の行動嗜癖を含むアディクションの各領域での問題性等を把握するアセスメントを実施しており，これに応じた指針に沿って社会内処遇を展開します。

　また，仮釈放等を審理する地方更生保護委員会では，特に薬物犯罪で受刑する保護観察付一部執行猶予者等に対して，薬物への依存度や医療又は援助の必要性等，特有の問題性に焦点を当てた調査（アセスメント）を行っています。調査で得た情報は，生活環境の調整等のなかで保護観察所を通じて関係機関と共有され，出所後の薬物依存からの回復のための地域支援の充実を図る目的で用いられます。

　ただし，これまでの章でみてきたように，家庭裁判所や矯正施設（少年鑑別所・少年院や刑事施設）でも多くのアセスメントが積み重ねられています。保

諸外国では，特に重要な犯罪者処遇の実務として，以下のような要素があげられている（Latessa et al., 2013）。
- 効果的な強化
- 効果的な不承認
- 効果的な権限の使用
- 質の高い対人関係
- 認知的再構成
- 反犯罪的モデリング
- 構造化された学習／スキル構築
- 問題解決技能

参照

認知行動療法
→8章

プラスα

社会内のプログラムの効果

専門的処遇プログラムの効果については研究が限られるが，性犯罪者に対する処遇プログラムは，再犯リスクの高低を統制しても，受講者の方が非受講者より性犯罪再犯が少ない（およそ3分の2に抑止される）ことが実証されている（法務省保護局，2020）。

護観察所は，いわば社会復帰に向けた刑事司法・少年司法手続きの流れにおけるアンカーであり，関係機関によりなされた既存のアセスメントの成果も引き継ぐこととなるため，保護観察では，これらの豊かな情報をもとに，次に紹介するトリートメントの実効性を高めることが求められるのです。

2 トリートメント

トリートメントは，要心理支援者に対する相談・助言・指導・その他の援助を指し，社会内処遇における心理支援の中核となる部分です。保護観察官は，保護観察所の面接室や保護観察対象者の自宅等で彼らとの面接を行い，変化への動機付けを高めながら，彼らの抱える問題の改善を図り，強みを強化して，再犯リスクのセルフコントロールができるよう働きかけていきます。

なお，諸外国では「犯罪者処遇における中核的な実務（Core Correctional Practices）」として，面接等の場面で効果的な処遇を行うための要素が体系化されており，その多くは認知行動療法の理論に基づくものです。図10-4は面接（セッション）の構造化の例ですが，面接の始まりから最後のホームワークまで一貫した流れとなっていることがわかります。こうした要素の訓練（研修）を受けた保護観察官の担当する保護観察対象者の再犯率は，そうでない保護観察官が担当した場合に比べて低くなるというエビデンスが報告されています（Chadwick et al., 2015）。

日本では，保護観察官によるすべての面接について徹底した体系化がなされているわけではありませんが，ある種の犯罪的傾向を有する保護観察対象者に対しては，その傾向を改善するため，心理学等の専門的知識に基づき，認知行動療法を理論的基盤とした体系化された手順による処遇を行う**専門的処遇プログラム***が実施されています。

保護観察所の専門的処遇プログラムは，表10-2のとおり4種類あり，いずれも特別遵守事項として仮釈放者や保護観察付執行猶予者，必要性が認められる18歳以上の少年に受講を義務付けて，個別面接又はグループワークで実施しています。

社会内で行うプログラムの密度や実施環境は，矯正施設内で行うプログラムとは大きく異なります。前節で触れたとおり，刑務所等を出た後はまず仕事をして生活を立て直さねばなりま

図10-4 面接（セッション）の構造化

チェックイン	レビュー	インターベンション	ホームワーク
―対象者との協働関係の促進 ―危機的／急性のニーズに対応したアセスメント ―保護観察の条件遵守の評価	―対象者との目標の設定又は見直し ―地域の機関へのリファーに関する話し合い ―過去の介入を見直し学習を強化 ―宿題のレビュー	―構造化された認知行動的技法を用いての，犯罪性ニーズをターゲットとした介入	―学習を新しい状況に一般化するための適切な宿題 （介入に直接関連する内容，明確な期待・見込みを与える，危険な状況への介入を促す）

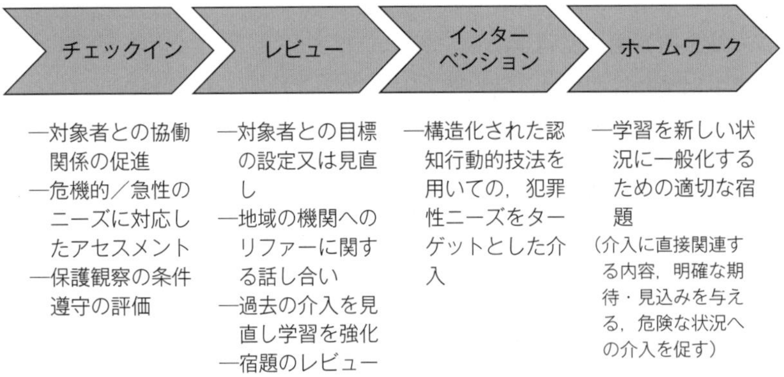

出所：Latessa et al., 2013 をもとに作成

表10-2　保護観察所の専門的処遇プログラム

名称	対象者	内容
性犯罪再犯防止プログラム	不同意性交等，不同意わいせつなどの罪を犯した者又は犯罪の原因・動機が性的欲求に基づく者	• 性犯罪に結び付くおそれのある認知の偏り，自己統制力の不足等の自己の問題性についての理解 • 再び性犯罪をしないための具体的な方法を習得 〈特徴〉導入での動機付け，履修した内容の定着のための指導等を行うメンテナンスプログラム，家族へのサポートなどを一体として実施，グッドライブズ・モデルの活用や特定の問題性等に応じた指導あり
薬物再乱用防止プログラム	指定薬物又は規制薬物等の所持・使用等の罪を犯し，かつ，これら薬物の使用経験がある者	• 依存性薬物の悪影響と依存性を認識 • 依存性薬物を乱用するに至った自己の問題性を理解 • 再び依存性薬物を乱用しないための具体的な方法を習得・実践 〈特徴〉簡易薬物検出検査，履修内容の定着等を図る長期間のステップアッププログラムを実施
暴力防止プログラム	傷害，暴行等の罪を犯し，かつ，同種の罪の前歴を有する者	• 怒りや暴力につながりやすい考え方の変容 • 暴力の防止に必要な知識の習得 • 同種の再犯をしないための具体的な方法を習得 〈特徴〉アセスメント結果により飲酒や DV の問題性に対するオプション単元を実施，児童虐待をした者に対するプログラムも試行中
飲酒運転防止プログラム	飲酒運転を行った者	• アルコールが心身および運転に与える影響を認識 • 飲酒運転に結び付く自己の問題性についての理解 • 再び飲酒運転をしないための具体的な方法を習得 〈特徴〉アルコール依存症のアセスメント結果により異なる指導内容を実施

せん。そのため平日日中に頻繁に保護観察所に呼び出すことはできず，プログラムの多くは概ね 3 か月以内に計 5 回の受講で履修を終えます。一方，リラプス・プリベンション，認知再構成やアンガー・マネジメントなど一定のエビデンスのある認知行動療法の諸技法，依存についての心理教育など，少ない回数のなかでも多面的な構成要素を取り入れています。また，施設内との最も大きな差異は，保護観察対象者が刺激溢れる日常のなかにあるということでしょう。言い換えれば，習得した再犯防止の方法を実践する機会に恵まれていることを意味します。限られた期間・回数での指導とあいまって，社会内ではプログラム外の時間で行うホームワークが特に重要となってきます。

　これらのプログラムは，受講しなければ刑務所収容等の不良措置を執るという強制力を背景に実施されます。更生保護の心理支援は，それ自体に外的コントロールの意味があり，そこからいかに彼らの動機づけを高め，セルフコントロールへと移行させるかが社会内処遇の成否を握るカギとなるのです。

3　家族等支援

　社会内処遇でも，通常の心理支援と同じく関係者に対する相談・助言・指

語句説明

専門的処遇プログラム

一定の犯罪的傾向を有する保護観察対象者に対し，その傾向を改善するため行う，認知行動療法を理論的基盤とした体系化された手順による処遇を指す。

プラスα

被害者の視点を取り入れた指導

保護観察所では，表10-2以外にも，被害者を死亡・重大な傷害を負わせた者に「しょく罪指導プログラム」を行い，被害者等の意向に配慮して誠実に慰謝等の措置に努めるように指導している。また，専門的処遇プログラムの指導内容のなかには，性犯罪や DV・児童虐待の被害者の心情等を理解させる内容も含まれ，保護観察官には被害者の視点も含めた心理的メカニズムへの理解が求められる。

導・その他の援助を行いますが，なかでも保護観察対象者の家族等に対する支援は大きなウェイトを占めています。地域に暮らす保護司と協働し，本人が矯正施設に収容中から保護観察終了まで，本人への処遇と並行して継続的に家族等にも支援を提供します。

　特に，薬物犯罪の受刑者等が円滑に地域生活に移行するためには，その家族等への支援が必要であることを踏まえて，薬物依存に関する正確な知識と本人に対する適切なコミュニケーション技術を身に付け，支援機関の情報を得て家族が必要な支援を受けることができるよう，精神保健福祉センターや民間支援団体等と連携して引受人会・家族会を開催しています。

4 ｜ 社会内処遇での連携

　公認心理師法第42条にある連携等の重要性は，施設内処遇以上に関係者等の多い社会内処遇において，より強調されなければなりません。保護観察の過程では，秘密保持と業務上の情報共有の必要性との間で悩ましい場面も出てきます。

1 更生保護の関係者・団体との連携

　まず，処遇上で最も密接な関係をもつ関係者として保護司があげられます。プログラムによる面接等で直接的に関与する場合を除き，保護観察官は保護司に処遇方針を伝え，その実施をコンサルテーションし，あるいは広義のスーパービジョンをする立場となります。そのため，前節で説明したアセスメントが適切に実施されなければなりませんし，保護司への研修会等の機会を通じて，専門的知識をわかりやすく伝えていくことも重要です。なお，保護司は民間のボランティアでありつつ，非常勤の国家公務員として保護観察官と同様の守秘義務を課せられます。それゆえ保護観察対象者は，同じ地域のなかに暮らす保護司に対しても，安心して生活の状況を報告し，率直に悩みを相談することが可能となるのです。

　もう一つ社会内処遇で不可欠なのが，更生保護施設の存在です。一部の指定された施設には，認知行動療法に基づく薬物処遇等を実施する専門職員が配置されているほか，高齢又は障害により福祉サービス等が必要な人に対して，福祉への移行準備と社会生活に適応するための指導や助言を行う特別処遇の実施を担う施設も指定されており，これら更生保護施設での処遇に対するコンサルテーションを行うのも保護観察官の重要な役目となっています。

図10-5　関係機関・団体との連携の例

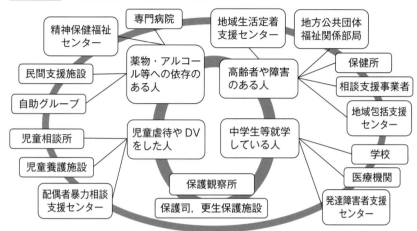

2 対象者のニーズに応じた関係機関・団体との連携

　保護観察対象者の抱える多様な支援ニーズについてはすでに触れましたが，これに応じ連携する関係機関・団体の例を示したものが図10-5です。

　これをみると，保健医療，児童・障害者・高齢者の福祉，教育など，かなり幅広い分野との連携が求められることがわかるでしょう。逆にいえば，これら関係分野に勤務する公認心理師の側にも，司法・犯罪分野から連携を求められる可能性があるということを意味します。連携の際，保護観察官は本人にとっての再犯リスク等は何かという視点で独自の見立てをもちつつ，ほかの機関の関係者とは要支援対象者が再び罪を犯すことなく生活できるようにという点で目的の一部を共有しながら，分野を超えた多職種連携・地域連携に取り組んでいきます。

　なお，司法・犯罪分野では，要支援対象者に支援者が関わる期間が，本人の意思にかかわらず裁判の処分により規定されており，処分期間が終われば支援者が関わる根拠は失われてしまいます。しかし，彼らの抱える問題等は短期間で容易に解決できるものではありません。それゆえ，社会内処遇では「保護観察が終わった後」の要支援対象者の長い人生をみすえ，処分の期間中に必要な支援機関・団体へとバトンタッチをすることも大変に重要なのです。

5 ｜ 犯罪・非行の予防

　公認心理師の業務の一つである「心の健康に関する知識の普及を図るための教育及び情報の提供」についても，更生保護領域で関連する取り組みが行われ

プラスα
分野による立場の違いと情報共有
保健医療分野では違法薬物の再使用をスリップとして許容し，治療関係の維持を最優先とすることがある。他方，保護観察所では違法行為を把握ながら措置しないことは許されず，こうした立場の違いも踏まえた範囲内で情報共有がなされている。

ています。

　心の健康の状態はただちに犯罪や非行と結びつくものではありませんが，社会からみれば「犯罪・非行から離脱できない状態」はある種，心の健康が損なわれているとみることもできるでしょう。同時に，保護観察対象者が改善更生するためには，社会から排除されるのではなく，理解され包摂されることが必要です。そのため，保護観察所では民間ボランティアと手を携え，広く国民一般を対象に「社会を明るくする運動」という広報・啓発活動を行っています。保護観察対象者等のアドボカシーの観点から，適切な情報提供等を工夫した犯罪予防活動のあり方を，今後さらに検討していく必要があります。

法改正による社会内処遇の充実強化

2022年の更生保護法等の改正により，保護観察に際して「その犯罪又は非行に結び付く要因及び改善更生に資する事項を的確に把握しつつ」処遇を実施すること，つまりアセスメントを前提とすることが明文化された。また，被害の軽減・回復につながる被害者等の思いに応える処遇等の充実強化や，地域住民・関係機関からの相談に応じる地域援助を含む刑執行終了者等に対する支援の整備などがなされることとなった。

6 ｜ 社会内処遇での心理学の重要性

　社会内処遇では，保護観察対象者のリスクとニーズに対する適切なアセスメントに基づき，心理支援とほかの福祉的支援等を組み合わせて行い，処分終了後もセルフコントロールが維持されるよう動機付けて，変化を促していきます。さらに，民間ボランティアやほかの関係機関・団体とも連携し，地域社会に円滑に復帰できる環境を整えていかなければなりません。

　矯正施設内の処遇と異なり，多様な人々との関わり・活動が存在する社会内の生活のなかで，犯罪や非行をした人が保護観察官に対してみせる部分は氷山の一角にすぎません。そこで，心理学の専門的知識を背景に水面下の様子を少しでも汲み取り，面接等の場で彼らと協働的に話し合うことが大切です。犯罪や非行，処遇の枠組みを決定づける法制度は社会の変化とあわせ刻々と変化していきますが，社会内処遇において，心理学は今後も変わらず必要とされ続けることでしょう。

考えてみよう

施設内処遇と社会内処遇の環境の違いを踏まえたとき，矯正施設と保護観察所では，それぞれがどのような心理支援に力を入れて役割分担するとよいでしょうか。両者に求められる支援の具体的な内容を考えてみましょう。

本章のキーワードのまとめ

社会内処遇	矯正施設内で行われる施設内処遇と対比し，社会のなかで犯罪や非行をした人に対して行われる指導や支援の取り組みを指す。
保護観察所	刑務所出所者等に対する保護観察等の実施を担う国の機関で，心理学等の専門的知識に基づき業務を行う国家公務員である保護観察官が勤務する。
保護観察官	保護観察官は，保護観察の実施を担う国家公務員であり，心理学等の専門的知識に基づき，社会内処遇に従事する。国家公務員採用総合職試験や法務省専門職員（人間科学）採用試験保護観察官区分の合格者から主に採用され，法務省の機関である保護観察所や地方更生保護委員会で勤務する。
保護司	法務大臣から委嘱を受け，保護観察官と協働して保護観察等に取り組む地域の民間のボランティア。非常勤の国家公務員として守秘義務を有する。
更生保護施設	主に保護観察所から委託を受け，住居がない刑務所出所者等を宿泊させ，食事を給与するほか，就職の援助や生活指導等を行う民間運営の施設。
自立更生促進センター	刑務所出所者等を対象に，保護観察所に併設した施設に宿泊させながら，保護観察官が濃密な指導監督等を行う国立の施設。
更生保護制度	保護観察や犯罪予防活動など，更生保護法等の関連する法律に基づき行われる幅広い社会内処遇の活動全体やその枠組みの総称。
アセスメント	社会内処遇でも要支援対象者の環境，行動，心理・精神状態について問題や強みの有無を評価し，ケースフォーミュレーションを行うアセスメントが実施されている。
専門的処遇プログラム	一定の犯罪的傾向を有する保護観察対象者に対し，その傾向を改善するため行う，認知行動療法を理論的基盤とした体系化された手順による処遇を指す。

第11章

捜査と裁判

この章では，捜査と裁判に関連する心理学について学びます。1節では，捜査と心理学の関係を概説したあと，目撃証言と心理学，プロファイリング（犯罪者プロファイリング），ポリグラフ検査について解説します。2節では，心理学の観点から被疑者や参考人に対する面接について解説を行います。最後に，3節では，裁判に関連する心理学として，精神鑑定，心理学鑑定，鑑定・専門証言における倫理について解説します。

1 捜査と心理学の関わり

1 捜査と心理学

　心理学は犯罪の捜査にどのように関わり，あるいは貢献できるのでしょうか。犯罪や犯罪者に関する研究は昔から多く行われてきましたが，本項では，リバプール大学のカンター（Canter, D. V.）によって創始された捜査心理学について解説します。捜査心理学とは，「犯罪者を逮捕し，裁判にかけるまでの過程を研究する学問」（Canter & Youngs, 2009）とされ，犯罪の捜査から公判までの段階に幅広く心理学が関わる学問領域であるということができるでしょう。一方，日本においては，渡辺（2004a）が，捜査段階への心理学の関わりを強調し「犯罪捜査に寄与するために心理学の原理を利用し，犯罪情報の管理，捜査およびその後の法的プロセスを支援することを目的とする学問領域」と定義しています。捜査心理学の目的をわかりやすくいえば「捜査における発見を理論として体系化すること，そして，それらの理論を現実の捜査の世界に応用することである」（横田，2004）といえます。

　捜査心理学に関係する研究対象や心理学の領域は多岐にわたっていますが，主な領域は，①犯罪捜査および捜査の意思決定，②犯罪者の行動，③研究の方法論とデータ分析の3つに分けることができます。①犯罪捜査および捜査の意思決定には，意思決定支援システム，捜査の優先順位づけ，被疑者や目撃者等に対する面接が含まれ，②犯罪者の行動には，犯罪者の行動のパターン，犯罪者の地理的行動，心理学的検死などが，③研究の方法論とデータ分析には，情報の内容分析と数理心理学が含まれます（渡辺，2004a）。

　捜査心理学は比較的新しい学問領域ですが，科学的根拠に基づいた捜査の実現に貢献しています。今後，さらに知見が蓄積され，捜査活動に科学的根拠を提供していくことが期待されます。

2　目撃証言の心理学

　目撃証言とは，「目撃した内容を警察の捜査段階もしくは裁判を始めとする司法段階において，自らの記憶をもとに報告すること」です（渡辺，2004b）。目撃供述の心理学では，目撃者の供述（証言）に関することを心理学の観点から研究しています。目撃証言は時に不正確な場合がありますが，目撃証言の正確性にはどのような要因が関わっているのでしょうか。ここでは，記憶における記銘・保持・想起[*]の各段階に対応させて説明します。

　記銘段階では，犯行現場の状況や目撃者の属性などのほか，目撃者の心身状態も関連することが指摘されています。目撃者の心身状態との関連では，凶器注目効果がよく知られています。凶器注目効果とは，目撃者の注意が凶器に引きつけられることにより，凶器以外の物事が記憶されにくくなる現象のことです（Loftus & Loftus, 1987）。凶器注目効果が発生する要因としては，凶器によって興奮や脅威が増大することで注意力が低下するという覚醒・脅威仮説（Arousal/threat hypothesis）と，日常的には目にすることのない銃などの凶器に注意が向きやすくなるという稀なアイテム仮説（unusual item hypothesis）があり，両方の観点から研究がなされています（Fawcett et al., 2013）。また，凶器注目効果の程度は，目撃者が記憶を保持していた時間，状況にさらされていた時間，脅威の程度に影響されるとされています（Fawcett et al., 2013）。

　保持の段階に生じる現象としては，記憶の「忘却（情報が記憶から消滅すること）と変容（記憶が変化すること）」（渡辺，2004b）が指摘できます。忘却については，保持期間のみではなく，情報のタイプ（声に関する記憶，顔に関する記憶など）による影響も受けるとされています（渡辺，2004b）。一方，変容については，保持段階において接した情報がオリジナルの記憶を変容させる事後情報効果（post-event information effect）が知られています。事後情報効果の発生については複数の説明理論がありますが，今のところ結論は得られていません（大上，2016）。

　想起の段階では，目撃者の記憶に残った情報を警察官等が聴取するため，面接手法等が目撃証言の正確性に影響します。ここでは主に，協力的な目撃者，被害者，被疑者等から引きだされる情報の量と質の両方を高めることを目的として開発された認知面接法について紹介します。認知面接法は，米国の認知心理学者であるフィッシャー（Fisher, R. P.）とガイゼルマン（Geiselman, R. E.）を中心として開発されました。オリジナル版の認知面接法では，文脈の心的再現，悉皆[しっかい]報告の要求，異なる順序での想起[*]，視点を変えた想起[*]など，記憶促進に重点がおかれていました（大上，2016）。一方，改訂版の認知面接法では，捜

語句説明

記銘・保持・想起
入力された情報を覚える過程が記銘である。また，記銘されたものを一定の期間覚えている過程を保持と呼び，保持しているものを思い出す過程を想起と呼ぶ。

語句説明

文脈の心的再現
目撃者に事件が起きたときの状況を思い起こさせながら事件について語らせる技法。

異なる順序での想起
目撃者に事件の逆の時系列などで再生させる技法。

視点を変えた想起
犯人から見たら事件がどのように見えたかなど，異なった視点から事件を描写させる技法。

査員と目撃者の相互作用に重点がおかれているほか，具体的な認知面接の順序（導入，自由報告，記憶コードの探査，振返り，終了）が示されています（Fisher & Geiselman, 1992）。認知面接法は，実証的な研究によって，目撃者に面接するための方法として効果的であることが示されています（Memon et al., 2010）。

3　プロファイリング

プロファイリング（本来は「犯罪者プロファイリング」と書くのが正確なのですが，ここでは単にプロファイリングという用語を用います）は，行動科学的な視点から各種捜査活動を支援するツールです。あくまでも捜査活動を支援するツールですから，プロファイリングのみで犯人を名指しで特定することはできません。しかし，プロファイリングを行うことで，捜査の優先順位づけのための情報を現場の捜査員に提供することができます。

日本においてプロファイリングは警察で行われますが，横田ら（Yokota et al., 2017）によれば，プロファイリング担当者の76％が警察官，19％が科学捜査研究所職員，5％がその他でした。また，プロファイリングが行われる対象を罪種別にみると，窃盗44％，性犯罪33％，強盗9％，放火6％などとなっていました。この罪種からわかるように，日本のプロファイリングは連続して発生する事件に対して適用されることがほとんどであり，単発の殺人事件に適用されることは多くありません。

ここから，日本におけるプロファイリングの分析方法について，大きく分析の方法と分析の内容の2つに分けて説明します。

はじめに分析の方法について解説します。プロファイリングを行う際，基本的には，統計分析と事例分析が行われますが，より重視されるのは統計分析です。統計分析とは，リバプール方式とも呼ばれ，捜査中の事件と類似する過去の解決事件の情報を用いて，犯人の特徴に関する情報を記述しようとするもので，科学における再現性を重視した分析です。一方，事例分析とは，FBI方式とも呼ばれ，捜査中の事件における犯人の行動特徴を評価し，その行動特徴と関連する犯人に関する情報を導き出そうとする事例性を重視した分析です（渡邉，2011）。

次に，分析の内容について解説します。図11-1に示すように，プロファイリングを行う際には，まず各種捜査資料を読み込み，犯行現場の様子，犯人の行動，被害者の特徴に関する情報を整理します。そのうえで，事件リンク分析，犯人像推定，地理的プロファイリングの3種類の分析を行います。事件リンク分析は，法科学的証拠や犯人の外見に関する情報に加え，犯人の行動に基づいて，一連の事件が同じ犯人によるものか否かを判断する分

図11-1　プロファイリングの流れ

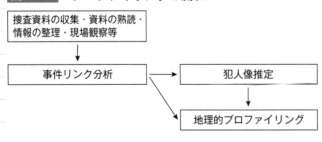

析です。犯人像推定は，犯人の行動特性に基づいて犯人の年齢層，生活様式，職業，犯罪経歴の有無，動機などを推定するものです。また，地理的プロファイリングでは，犯行の時空間分析に基づいて，犯人の拠点や犯人が次回以降に犯行するエリアを推定します（渡邉, 2011）。これら 3 種類の分析の結果は，統計分析を基盤として，事例分析の結果も考慮して導き出されます。

　プロファイリングによる各種推定結果と捜査活動がうまく組み合わさることによって，早期の犯人検挙につながることが期待されます。

4　ポリグラフ検査

　ポリグラフ検査とは，呼吸運動や心拍数など複数の生理反応を同時に計測，記録する装置（ポリグラフ装置）を使った検査のことです（山本ほか, 2017）。実務で行われる検査では，複数の自律神経系の反応を指標として検査が行われます。現在日本では，呼吸運動，皮膚コンダクタンス，心拍数，規準化脈波容積が指標として用いられており（松田, 2016a），検査者はこれらの指標に基づいて判定を行います。

　犯罪捜査場面で用いられるポリグラフ検査には，大きく分けて 2 つの方法があります。一つは，対照質問法（Comparison Question Test，または，Control Question Test：CQT）であり，米国など多くの国で用いられています。CQT の目的は，検査対象者の供述内容に嘘があるかどうかを検査することです。CQT は，実際の犯罪に関係する内容を尋ねる関係質問，捜査対象の事件とは異なる仮想的な犯罪を訊ねる対照質問，捜査対象の事件とは無関係な検査対象者の個人的事項に関する無関係質問で構成されます。CQT では，生理反応を関係質問と対照質問間で比較します。もし，検査対象者の関係質問に対する否定の返答が嘘であれば，関係質問に対して対照質問よりも大きな反応がみられ，返答が真実であればその逆になると考えます（山本ほか, 2017）。なお，CQT の科学的妥当性に関しては批判があり（小川, 2016），現在，日本の犯罪捜査において CQT は使われていません（松田, 2016b）。

　もう一つの方法は，隠匿情報検査（Concealed Information Test：CIT）であり，日本の警察の犯罪捜査においてはこちらの方法が標準的手法として用いられています。CIT は，被検査者が事件事実を認識しているかどうか，言い換えれば，事件事実を記憶しているかどうかを調べる検査です。CIT は，犯人しか知り得ない事件内容に関する項目（裁決項目）と，それと同じ範疇に属するが事件とは無関係な内容に関する項目（非裁決項目）を組み合わせた質問表を用いて行われます。検査では，裁決項目に対してほかの質問項目と異なる生理反応がみられるかどうかを判定します。裁決項目に対してほかと異なる生理反応がみられた場合，検査者は，被検査者が裁決項目について認識を有すると推定します（山本ほか, 2017）。具体的には，被検査者が「凶器がベルト」であることを知ってい

るか否かを調べる場合，ベルトが裁決項目，それ以外にネクタイ，タオル，電気コード等を非裁決項目として用意します。ベルトを被検査者に提示したときにほかの項目とは異なる反応が観察されたならば，検査者は被検査者がベルトに対する認識を有すると判断します（小川，2016）。この説明からもわかるように，「ポリグラフ＝うそ発見器」というとらえ方は，日本のポリグラフ検査に関する限り適当ではないことがわかります。なお，CITでは，誤認逮捕や冤罪につながりかねないような誤りは起きにくいとされています（小川，2016）。

2 | 被疑者の取調べと司法面接

1 取調べと供述の心理学

　事件の真相を解明するためには，客観的証拠を収集するほかに，取調べにより被疑者から真実の供述を得ることも重要です。取調べと供述の心理学には，知っておくべきさまざまなトピックがありますが，本項ではそのなかでも質問の方法と虚偽自白に焦点を当てて説明します。

　被害者や目撃者に対する面接と同様に，被疑者の取調べにおいても被面接者を誘導しないよう配慮する必要がありますが，そのためには質問の方法が重要です。質問の方法は，自由再生質問，焦点化質問，選択式質問，はい・いいえ質問，誘導質問の5つに分けることができ，詳細は図11-2に示したとおりです。図の上の質問ほど，被面接者の回答の自由度が高くなり，被面接者が誘導されるリスクは低くなります。反対に，下の質問ほど，被面接者の回答の自由度は低くなり，被面接者が誘導されるリスクが高くなります。特に，知的障害を有する被疑者を取り調べる際には，健常な成人被疑者と比べて相手を誘導しないように配慮をする必要があることが指摘されています（和智，2011）。

　次に，虚偽自白について説明します。カッシンとライツマン（Kassin & Wrightsman, 1985）は虚偽自白を，①自発型（voluntary），②強制・追従型（coerced-compliant），③強制・内面型（coerced-internalizes）に分類しています。①自発型は，供述を強いられるような圧力を受けていないにもかかわらず，無実の人が虚偽の自白をするというものです。一方，②強制・追従型は，強制的で高圧的な取調べを受けることにより，無実の人が，つらい状況から逃れられるなどの目先の利益を求めて虚偽の自白をするものです。また，③強制・内面型は，犯罪を犯した記憶がないにもかかわらず，取調べを受けるなかで，自らが当該犯罪を犯したと信じるようになり虚偽の自白をするというものです。虚偽自白の発生と関連する要因は，大きく状況要因（取調べや勾留の長

プラスα
虚偽自白
虚偽自白の判別に利用できる万人に共通する行動上のサインはこれまでに見出されていない。そのため，虚偽自白を判別しようとする場合には，取調べ全体での供述内容の一貫性や供述と客観的証拠との整合性などを総合的に考慮する必要がある。

図11-2　質問の種類

質問の種類	内　　容	被面接者の回答の自由度	被面接者が誘導されるリスク
自由再生質問	「〜について話してください」など，被面接者が制限なく自由に回答できる質問方法。面接者が選択肢などを示さないため，被面接者の記憶が汚染されたり，回答が誘導されたりする可能性が低い。また，被面接者の回答内容が面接者の質問の範囲に限定されないため，面接者は幅広い情報を得ることが可能である。	高	低
焦点化質問	「いつ」「どこで」「誰が」「何を」「どのように」「なぜ」（5W1H）を尋ねる質問。被面接者の回答がある程度限定されるため，焦点化質問によって回答を得た後，再度，自由再生質問をするのが望ましい。		
選択式質問	面接者が知りたい事実に焦点を絞って，被面接者に選択肢を示す質問方法。選択肢を示すことによって回答が誘導される危険性があるため，たとえば色について質問する際には「白でしたか，黒でしたか，それとも別の色でしたか」などと，提示した選択肢（白，黒）以外の回答もあり得ることを伝える必要がある。		
はい・いいえ質問	「〜ですか」など，被面接者が「はい・いいえ」で答えられる質問。基本的に回答が「はい・いいえ」になることから，得られる情報が限定される。また，場合によっては被面接者を誘導してしまう可能性がある。		
誘導質問	「〜ですよね」など，質問内容に同意を求める質問方法である。被面接者を誘導するリスクが高いため，取調べでは使用しないのが望ましい。	低	高

出所：警察庁刑事企画課が作成した「取調べ（基礎編）」を参考にした

さなど）と個人要因（誘導されやすいなどといった性格特徴など）に分けられ，それぞれについて複数の要因があげられています（Gudjonsson, 2018）。

2　司法面接

　司法面接とは，「法的判断に用いることができる精度の高い供述の聴取を目指した面接方法の総称」です。狭義には，「性的または身体的な虐待の被害を受けた，あるいは目撃者となった疑いのある未成年者への面接」を指します（仲, 2016a）。

　司法面接には，複数の種類がありますが，①被面接者への負担を最小限にすること，②被面接者から正確な情報をできるだけ多く引き出すことは共通の目的です（仲, 2016b）。これらを実現するため，司法面接では面接手続き全体として以下の特徴をもっています。①被面接者への負担を最小限にするためには，第1に，面接を繰り返さないで済むように録音録画すること，第2に，複数の機関（司法，福祉，医療，心理等）が連携して，一度の面接で関係者が揃うようにするか，面接の録画を共有できるようにすること（多機関連携）が重要です（仲, 2016b）。また，②被面接者から正確な情報をできるだけ多く引き出すためには，記憶の変容や汚染が起きないように，また供述が変遷しないように，できるだけ早い時期に，原則として一度だけ面接を行うということや，被面接者に圧力をかけたり，誘導暗示を与えたりすることのないように，自由報告を主とする構造化された方法を用いるということが必要です（仲, 2016b）。

表11-1 NICHD プロトコルの手順（NICHD プロトコル（2007年版）より）

段階	概要
導　入	挨拶，録音録画機材やバックスタッフ*，グラウンドルールの説明
ラポールの形成	リラックスして話ができる関係性の構築
エピソード記憶の訓練	出来事を思い出して話す練習の実施
本題への移行	被面接者が面接にやって来た理由の確認
出来事の調査	出来事に関する情報の収集
ブレイク	休憩，バックスタッフへの確認
被面接者が話していないことの調査	この前の段階までに聴取できていなかったことについて確認
開示に関する情報	被面接者が出来事について誰かに話したかについて確認
終　結	面接者が知っておくべきことがないかを確認
中立的な話題	被面接者が今日これからすることなどについて質問（被面接者が暗い気持ちのまま帰らないようにするために行う）

司法面接は，面接法そのものにも特徴があります。第一は，面接ではできるだけ被面接者自身の言葉による自発的な報告を求めるということです。法的判断に役立つ正確な情報を引き出すには，誘導や暗示の影響を最小限にする必要があります（仲，2016b）。そのため，面接ではオープン質問（自由再生質問，焦点化質問）が用いられます。オープン質問を用いて被面接者の自由報告を最大限獲得しようとすることが司法面接の特徴の1つです。第2は，そのような自発的な報告を最大限引き出せるように，面接法が構造化されているということです（仲，2016b）。その構造に則った面接が行われるように伝えるべき文言が台詞化された面接法として NICHD プロトコルがあります。ここでは，被面接者に伝えるべき文言が台詞化されている NICHD プロトコルの手順を表11-1に示します（NICHD ガイドライン（2007年版））。NICHD プロトコルを採用した場合に面接の質が向上することが今までの研究で繰り返し示されています（Lamb et al., 2007）。

近年では，事件について話したがらない子どもなどに対して，ラポールの形成と情緒的サポートを行うことを重視する改訂版プロトコルが開発されています（Hershkowitz et al., 2013）。

3 ｜ 精神鑑定と心理学鑑定

1 精神鑑定

法実務家や裁判員が法律判断をする際に精神医学的な専門分野に関して必要な知識や経験が足りないとき，精神科医等にその補充を求める場合を**精神鑑定**と呼びます（岡田，2016）。精神鑑定は，刑事精神鑑定と民事精神鑑定に大別されますが，本項では，刑事精神鑑定のうちの刑事責任能力鑑定について解説します。

刑事責任能力鑑定は，犯行時における被告人の弁識能力（物事の是非・善悪を識別する能力）や行動制御能力（事理弁識能力に従って行動する能力）がどのような状態であったかを明らかにする目的で実施されます（橋本，2016）。以下

では，岡田（2016）に基づいて，刑事責任能力鑑定を解説します。刑事責任能力鑑定は，起訴の前に行われるものと起訴の後に行われるものとに分けることができます。起訴前鑑定は，被疑者が特定された段階で責任能力に疑いがある場合，検察官からの依頼で行われるものであり，さらに，簡易鑑定と起訴前本鑑定の2つに分けられます。簡易鑑定は捜査機関による取り調べ勾留期間のうちの半日または1日を使って行われます。事件から比較的早い時期に行われるのでより事件のときの状態を推定しやすい可能性があることや，結果によってはより迅速に医療につなぐことができるという利点が指摘されています。一方，起訴前本鑑定は，鑑定のために2～3か月程度の勾留（鑑定留置）をして行われます。時間をかけて行うので，入手できる情報量が多く，慎重な判断が必要となるような重大事件等で行われます。

　起訴の後に行われる鑑定は，裁判所が被告人の刑事責任能力の有無や程度を判断するうえで，参考として精神科医に意見を聞くために行われるものです。捜査段階で精神鑑定が行われている場合にも，公判段階で別の鑑定人による精神鑑定が行われることもあります。こちらも起訴前本鑑定と同様に2～3か月程度で行われます。

　刑事責任能力鑑定において，鑑定人の役割は事件と精神障害等との関係を説明することであり，責任能力の判断（被告人が犯行時に心神喪失*または心神耗弱*であったかなど）はあくまでも裁判官や裁判員の役割とされているようです（岡田，2016）。なお，刑事責任能力鑑定を行うための資格は法律では定められていませんが，鑑定人としては一般的に司法精神医学を専門とする医師が選ばれます。

2　心理学鑑定

　心理学鑑定は，被告人の自白の信用性や目撃証言に関する鑑定を指す場合もあれば，被告人の犯行時の心理状態とそれに関連する成育歴等諸要因との関係に関する情状鑑定を指す場合もあります。

　橋本（2016）によれば，**心理学鑑定**（心理鑑定）は，犯罪心理鑑定と情状鑑定に分けることができるとされますが，本項では，情状鑑定について解説します。情状鑑定は「刑の量定を定めるに際し，犯行時の心理状態やそのメカニズムが性格，家庭環境，成育歴といかに関連しているかを明らかにする鑑定である」と定義されています（橋本，2016）。精神鑑定とは異なり，基本的には事実関係に争いがなく，原則として責任能力に問題がない事案に対して行われます（須藤，2016）。

　情状鑑定は，弁護人の依頼による私的鑑定と，弁護人の鑑定請求に基づき裁判所が命令する本鑑定に分けられますが，本鑑定の場合は，公判前整理手続きの段階で鑑定が実施され，公判における証拠調べのなかで鑑定結果の説明や鑑定人尋問が行われます（須藤，2016）。本鑑定における情状鑑定の方法は，面接（被告人面接，家族面接，関係人面接），社会調査（犯行場面の調査，生活環境

語句説明

心神喪失・心神耗弱
刑法39条において，「心神喪失者の行為は，罰しない。」（第1項），「心神耗弱者の行為は，その刑を減軽する。」（第2項）と規定されている。

の調査，学校・職業状況，友人等，対人関係についての調査），行動観察（鑑定期間中の行動）ですが，被告人面接が中心となります（須藤，2016）。なお，情状鑑定の鑑定人は，ほとんどが家庭裁判所調査官または元家庭裁判所調査官であるとされています（松嶋，2020）。

3 鑑定・専門証言における倫理

　岡田（2011）は精神鑑定について，起訴後に行われる本鑑定では鑑定人を弁護側が推薦するにしろ検察官が推薦するにしろ依頼主はあくまでも裁判所であるため，鑑定人の立場は中立であり，弁護人に推薦された鑑定人が結論としては検察官に有利なものを提出することもあるし，逆もあり得ると述べています。すなわち，鑑定人は鑑定に際し公正中立な立場を保つ必要があるといえるでしょう。『日本司法精神医学会刑事精神鑑定倫理ガイドライン』にも，「鑑定は科学的知識にもとづいて誠実，公正，客観的に行う」と記されています。また谷口（2015）は，情状鑑定についても私的鑑定として弁護側から鑑定を依頼された場合であっても，心理学の専門家は中立であるべきだと述べています。

　鑑定においては，鑑定のプロセスや結果の解釈にも注意が必要です。上述の『日本司法精神医学会刑事精神鑑定倫理ガイドライン』に「鑑定は確実な臨床データにもとづいて行い，根拠のない推測を避ける」と書かれているように，鑑定は客観的な態度をもって行うことが重要であるといえます。心理検査の結果についても，依頼人との関係性を解釈に持ち込むこと（依頼人からの要望により，WAIS-Ⅲから算出された本来は「境界領域」と解釈される知能指数の値を，「低い」と意図的に解釈するなど）は決してあってはならないと指摘されています（谷口，2015）。

　以上では，鑑定にあたって公正中立な立場をとること，および，データ等に基づいて客観的に鑑定を行うことの必要性について述べました。しかし，鑑定・専門証言において留意すべきことは被鑑定人に対して鑑定前に鑑定の目的等を十分に説明すること，被鑑定人や関係者の個人情報を保護すること，専門知識と技能の取得に務めるなど留意すべき事項はほかにもあります。鑑定・専門証言を行う前には，鑑定・専門証言における倫理を確認することが重要です。

> **考えてみよう**
>
> 目撃者からの聴取，被疑者の取調べ，司法面接に関連する面接において，被面接者（被聴取者）から情報を聞き取る際に共通して注意すべきことは何でしょうか。

本章のキーワードのまとめ

目撃供述の心理学	目撃者の供述に関連する事項を心理学的観点から研究するもの。目撃者の記憶に影響する要因やそのメカニズムに関する研究，目撃者から正確な供述を効率的に引き出すための方法に関する研究を含む。
プロファイリング（犯罪者プロファイリング）	犯行現場の状況，犯行の手段，被害者等に関する情報を，統計データや心理学的手法を用いて分析することで，犯行の連続性の推定，犯人の年齢層，生活様式，職業，前歴，居住地等の推定や次回の犯行の予測を行うもの。
取調べと供述の心理学	取調べ手法や被疑者の供述について心理学的観点から研究するものであり，被疑者の自白と関連する取調べ手法，被疑者を誘導することなく供述を引き出す発問方法，被疑者の自白理由などに関する研究が含まれる。
司法面接	法的判断に用いることができる精度の高い供述の聴取を目指した面接方法の総称。狭義には，性的又は身体的な虐待の被害を受けた，あるいは目撃者となった疑いのある未成年者への面接を指す。
精神鑑定	法実務家や裁判員が法律判断をする際に，その判断のために必要な精神医学に関する専門的知識や経験を十分に持ち合わせていないときに，精神科医などの専門家によって，精神医学に関する知識や経験を補充するために行われる鑑定。
心理学鑑定	多義的に用いられる用語である。被告人の自白の信用性や目撃証言に関する鑑定を指す場合もあれば，被告人の犯行時の心理状態等とそれに関連する成育歴等諸要因との関係に関する情状鑑定を指す場合もある。主に心理学の専門家が担当する。
鑑定・専門証言における倫理	鑑定人が鑑定および専門証言を行う際に守るべき規範である。公正中立な態度を保つこと，専門知識をもって客観的に鑑定を行うこと，守秘義務を遵守することなどがあげられる。

第12章

犯罪被害者支援

人は，ある時突然犯罪に遭遇し，被害を受けたり，大切な人を亡くしたりといった経験をします。犯罪被害者支援は，そうした人々が再び平穏な生活を取り戻すためにあります。本章では公認心理師として，被害者や遺族に出会った時に適切な支援を考えられるよう，犯罪被害者支援の歴史や被害者のおかれる状況，支援のための法律および警察や検察など各種機関の被害者支援の制度を学びましょう。

1 犯罪被害者支援の歴史

犯罪は，多くの場合，ある日突然発生します。普通に生活をしていた人が，突然，第三者が起こした殺人や交通事件，性犯罪，強盗などの犯罪に遭遇し，被害者や遺族となるのです。心身へのダメージ，経済的損害，周囲の人やマスコミなどからの二次的な被害など，被害に遭った衝撃や，大切な人を失った衝撃だけではなく，被害後に生じるさまざまなことで傷つきます。犯罪被害者の支援は，そうした人々が再びその人の生活を送ることができるようにするためのものです。

犯罪被害者支援の歴史はそれほど古くありません。ここでは，日本の犯罪被害者支援の歴史を追っていきます。

1974年，三菱重工ビル爆破事件が発生しました。当事者の声やこの事件をきっかけに，犯罪被害者に経済的補償を求める声が高まり，1980年に「犯罪被害者等給付金支給法」が成立します。この制度は，犯罪行為による遺族や，重傷病もしくは障害を負った被害者に対して，国が給付金を支給する制度です。その後，1991年に「犯罪被害給付制度発足10周年記念シンポジウム」が開催され，会場にて，一人の遺族が，被害者や遺族への精神的サポートおよび早期の支援活動の必要性を訴えました。その訴えを受け，1992年，東京医科歯科大学難治疾患研究所内に日本で初めて犯罪被害者相談室が開室されました。また，1998年には，全国被害者支援ネットワークが結成され，時を前後して，1996年，警察庁により「被害者対策要綱」が策定されました。その後，検察庁でも被害者支援の制度がはじまりました。

しかしそれでも，犯罪の被害者は十分な支援を受けているとは言い難く，また，裁判において被害者は証拠の一つとみなされ，自分の事件であるにもかか

プラスα
三菱重工ビル爆破事件

東京の丸の内にあるビルが爆破された事件で，白昼に発生した無差別テロ事件だった。この事件で，8名が死亡，300人を超える人がけがを負った。しかし，当時日本には被害者に対する支援の制度はなく，亡くなった人，けがを負った人は，その経済的負担を自分自身で負わなければならなかった。

わらず十分に裁判に関与できないという状況が続きました。そこで 2000 年，犯罪被害者遺族による全国犯罪被害者の会（あすの会）が結成され，あすの会やほかの犯罪被害当事者の声の高まりを受けて，2004 年，「犯罪被害者等基本法」が成立しました。その後現在に至るまで，「犯罪被害者等基本法」をもとに「犯罪被害者等基本計画」が策定，5 年ごとに見直され，犯罪被害者支援は徐々に広がってきています。

プラスα
あすの会
犯罪被害者等基本法の適切な運用をうけ，あすの会は，その使命を果たしたとして，2018年に解散した。その後2022年に新あすの会として再結成された。

2 ｜ 犯罪被害者のおかれる状況，心理および必要な支援

　被害者や遺族は，刑事手続，経済的問題や生活の支障，事件の衝撃による心身の反応，その後の二次的被害など，さまざまな問題に直面します。各種犯罪被害者支援の制度を理解するためには，犯罪被害者のおかれた状況を知ることが重要です。

1　刑事手続

　刑事手続は図 12-1 のように進みます。

　まず事件が発生すると，通常警察による捜査が開始されます。その後，事件は検察に送致されます。検察官による捜査の後，事件が起訴されるか不起訴になるか決まります。起訴された場合，公判請求がなされれば法廷で裁判が開かれ，略式命令の場合は，書類審査で刑が言い渡されます。被害者や遺族は，この過程でたびたび警察や検察に呼ばれ，事件に関する事情聴取や実況見分を受けることになります。多くの場合被害者や遺族は，刑事手続きがどのような流れで進むのかも知らないことがほとんどです。多くの被害者や遺族は，事件によって心身が傷ついた状態で，強い不安や戸惑いを抱えながら，刑事手続を行っていくことになります。

語句説明
実況見分
犯罪や事故が起きた場所での位置関係などを把握するために行われる現場検証。

2　経済的問題や生活の支障

　経済的な問題や生活の支障も深刻です。被害による心身の後遺症の結果，これまでの仕事が継続できなくなる人もいます。家族の経済的な支柱であった方が事件で亡くなった場合，経済的に困窮することもあります。事件が家で起きた場合には，その家に住み続けることが難しくなるでしょう。「犯罪被害者等給付金」などの経済的な支援制度も，支給されるまでは時間がかかりま

図12-1　刑事手続の流れ

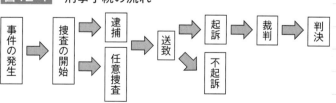

す。心身の治療費や，弁護士の依頼費用，引っ越し費用など，犯罪の被害後，経済的な負担が増大する人は少なくありません。

また，心身の後遺症によって，仕事や学校に行くことができなくなる，家事ができなくなるといったこともあります。マスコミや周囲の目が気になって，あるいはうつ状態になって買い物に行くことができないといったことなども生じます。このように，それまでの普通の生活を送ることができなくなる場合も，よくみられます。

3 事件の衝撃による心身の反応

被害が与える精神的影響もまた，深刻です。個人が対処できないような衝撃的な経験はトラウマ体験と呼ばれますが，犯罪の被害は，まさしくこのトラウマ体験です。トラウマ体験の後，人には**トラウマ反応**という心身の変化が生じます。トラウマ反応の代表的なものは表12-1のとおりです。なお，代表的な精神的後遺症としては，心的外傷後ストレス障害（PTSD）やうつ病があります。

表12-1　代表的なトラウマ反応

身体的反応	不眠，食欲不振，過食，動悸，手足の震え，発汗，発熱，腹痛，頭痛，だるさ，過呼吸
精神的反応	出来事について思い出したくないのに蘇る，悪夢をみる，出来事に関係するものを避ける，感情が感じられなくなる，集中力が下がる，イライラする，情緒不安定になる，意欲が低下する，抑うつ的になる，死にたい気持ちになる
生活・行動の変化	仕事や学校に行きたくなくなる，あるいは行けなくなる，人に会えなくなる，子ども返りをする，友人や家族・恋人との喧嘩が増える，出来事を思い出さないためにゲームやスマートフォン・インターネットに没頭する，アルコールや薬物に依存する，自傷行為をする
考え方の変化	世界に対して安全感が失われる，自分に対して否定的な見方をする，自分を責める，他人への信頼感を喪失する

4 事件による二次的被害

被害者や遺族は，事件による直接的な被害だけではなく，その後に生じるさまざまな出来事や他人の言動から，二次的にも傷つきます。これを**二次的被害**といいます。たとえば，殺人など大きな事件の場合，マスコミの報道や取材で傷つくことがあります。警察や医療関係者から，心ない言動を受けることもあります。家族や周囲の人からも同様です。周りの人は励まそうと思って言った言葉であっても，時には被害者の気持ちに沿わず傷つける言動となることもあります。代表的な二次的被害となる言動としては，以下のような例があります。

- 「なんでそんな道を通ったの」（被害者を責める言動）
- 「あなたにも非があったのではないか」（被害者を責める言動）
- 「本当にそんな被害に遭ったの？」（被害者を疑う言動）

- 「早く忘れたほうがいい」（安易な励まし）
- 「あなたよりもっと大変な人はいる」（安易な励まし）
- 「神様は乗り越えられない試練は与えない」（安易な励まし）

3 ｜ 犯罪被害者等基本法

　上記のように，犯罪の被害者や遺族は，被害後にさまざまな困難に直面します。それに対処するため，2004 年に「**犯罪被害者等基本法**」が成立しました。

　この法律は，犯罪被害者等（犯罪およびこれに準ずる心身に有害な影響を及ぼす行為の被害者，その家族，遺族）を対象とした法律です。基本理念に「すべて犯罪被害者等は，個人の尊厳が重んぜられ，その尊厳にふさわしい処遇を保障される権利を有する」（第 3 条第 1 項）とあり，犯罪被害者等の権利利益の保護を図るため，国や地方公共団体，国民が負うべき責務について書かれています。また，同第 3 条第 3 項には，「犯罪被害者等のための施策は，犯罪被害者等が，被害を受けたときから再び平穏な生活を営むことができるようになるまでの間，必要な支援等を途切れることなく受けることができるよう，講ぜられるものとする」と述べられており，この「途切れのない支援」がとても重要です。

　犯罪被害者および遺族は，被害直後はもちろん，中長期にわたってさまざまな問題に直面します。刑事手続きの支援，経済的あるいは生活に対する支援，精神的支援，再被害に対する支援など，再び穏やかな社会生活が送れるようになるまで，各種機関が連携し，さまざまな支援を途切れなく提供する必要があります。

　犯罪被害者等基本法で定められている，国や地方公共団体が講ずべき基本的施策としては，以下のようなものがあります。

- 相談及び情報の提供
- 損害賠償の請求についての援助
- 給付金の支給に係る制度の充実等
- 保健医療サービス・福祉サービスの提供
- 犯罪被害者等の二次被害防止・安全確保
- 居住・雇用の安定
- 刑事に関する手続への参加の機会を拡充するための制度の整備

　また，犯罪被害者等基本法では，上記の施策推進を図るため，犯罪被害者等基本計画を定めることが決められています。5 年に一度見直されるこの基本計画に沿って，国や地方公共団体は施策を実施し，制度を整えています。

　なお，事件の流れにおけるさまざまな支援について，図12-2 にまとめました。以下は図12-2 に沿って解説します。

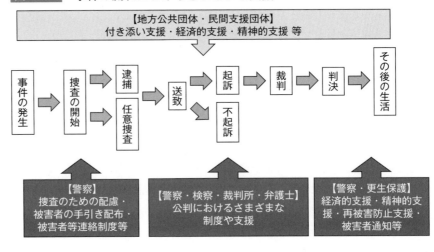

図12-2 事件の流れにおけるさまざまな支援

【地方公共団体・民間支援団体】
付き添い支援・経済的支援・精神的支援 等

事件の発生 → 捜査の開始 → 逮捕／任意捜査 → 送致 → 起訴／不起訴 → 裁判 → 判決 → その後の生活

【警察】
捜査のための配慮・被害者の手引き配布・被害者等連絡制度等

【警察・検察・裁判所・弁護士】
公判におけるさまざまな制度や支援

【警察・更生保護】
経済的支援・精神的支援・再被害防止支援・被害者通知等

4 | 様々な機関での支援と制度

1 警察における被害者支援

　警察庁および各都道府県警察には，**犯罪被害者支援室**があります。警察庁の犯罪被害者支援室は各都道府県警察の被害者支援を指揮監督しており，各都道府県警察の犯罪被害者支援室は，被害者に対して支援を提供しています。警察は「被害の届出，被疑者の検挙，被害の回復・軽減，再発防止などを通じ犯罪被害者と最も密接に関わり，犯罪被害者を保護する役割を担う機関」（警察庁，2019）であり，さまざまな犯罪被害者支援を行っています。詳細は，警察庁犯罪被害者支援室「警察による犯罪被害者支援」（警察庁の「犯罪被害者等施策」のWebサイト上にあります）を参照ください。

①捜査の過程における犯罪被害者への配慮

　警察では，被害者が刑事手続に安心して臨めるよう，刑事手続の概要や犯罪被害者が利用できる制度，各種相談機関などをまとめた「被害者の手引き」を作成・配布しています。また，捜査状況や加害者の処分について事件を担当する捜査員が連絡を行う，被害者連絡制度もあります。さらに，「#9110」という警察相談専用電話を設けているほか，性犯罪被害に関する相談（#8103），少年相談，消費者被害相談等の個別の相談窓口も設置しています。

②精神的被害・経済的負担の軽減，再被害の防止

　各都道府県警察によって体制は異なりますが，カウンセリングに関する専門的知識や技術を有する職員を配置する，犯罪被害者がカウンセリングを受けた際に費用を公費負担する，精神科医等と連携するなど，被害者や遺族の精神的

被害に対して専門的なカウンセリングを受けられる体制も整えています。

　また，経済的負担の軽減については，「**犯罪被害給付制度***」や，国外で不慮の犯罪被害を受けて障害を負った被害や遺族に対する「**国外犯罪被害弔慰金等支給制度**」を設けています。

　さらに警察では，被害者の自宅や勤務先のパトロールを強化する，緊急通報装置を貸し出すなど，被害者の再被害の防止にも努めています。

③関係機関連携・早期援助団体の指定

　警察では，公益社団法人全国被害者支援ネットワークおよびその加盟団体と連携しながら，被害者の支援にあたっています。加盟団体の多くは都道府県公安委員会「**犯罪被害者等早期援助団体**」の指定を受けています。早期援助団体は，被害者や遺族の同意を得た場合，警察から犯罪被害の概要や連絡先などの情報提供を受けることができます。犯罪の被害によって大きなショックを受けている被害者や遺族が，自ら支援機関に連絡をすることはとても困難です。警察からの情報提供により，積極的に被害者や遺族にアプローチすることが可能になります。

④その他各種支援

　性犯罪被害者に対しては，被害者が希望する性別の捜査員による対応や，性犯罪捜査指導官など専門の研修を受けた捜査官の配置，証拠採取における配慮，緊急避妊等の経費負担，性犯罪被害相談電話全国共通番号「#8103（ハートさん）」の導入などを行っています。

　また，未成年の被害者に対しては，少年相談窓口の充実，「少年サポートセンター」への専門職員の配置など，継続的に支援できる体制を整えています。

2　検察における被害者支援

　検察では，全国の地方検察庁に「被害者支援員」を配置し，被害者の方々からのさまざまな相談への対応，法廷への案内や付き添い，事件記録の閲覧，証拠品の返還などの各種手続きの支援，民間支援機関の紹介などを行っています。東京地方検察庁には被害者支援室が設置され，被害者支援員が被害者や遺族の対応を行っています。

　また，被害者や遺族の専用電話として，被害者ホットラインが全国の地方検察庁に設けられているほか，事件の処分結果，刑事裁判の結果，加害者の受刑中の刑務所における処遇状況などの情報を提供できるよう，**被害者等通知制度**も設けられています。また，次項で説明する「裁判所における被害者支援制度」の多くは，被害者が検察官に申し出ることで利用することができます。

　なお，検察段階で不起訴となった場合には，被害者や遺族は，不起訴処分に対する不服申立を検察審査会に行うことができます。検察審査会は，不起訴処分が妥当であったかどうかの審査を行います。検察審査会は，国民の中から選ばれた検察審査員が，検察の不起訴処分が妥当であったかどうかについて審査

語句説明
犯罪被害給付制度
「犯罪被害給付制度」は，故意の犯罪行為による遺族，および重傷病を負ったり身体に障害が残ったりした被害者に対するもので，「遺族給付金」「重傷病給付金」「障害給付金」の三種類がある。

を行い，起訴相当，不起訴不当，不起訴相当のいずれかの結果を出します。起訴相当と不起訴不当の場合には，改めて検察で事件が再検討されます。

3 裁判所における被害者支援制度

公判の過程でも，被害者が使用することのできる各種制度があります。その多くは，検察官に申し出て利用します。なお，詳細を知りたい方は，検察庁の「犯罪被害者の方々へ　被害者保護と支援のための制度について」（法務省Webサイト）を参照ください。

①犯罪被害者等に関する情報の保護

裁判は基本的に公開です。そこでは原則，被害者の氏名等が述べられます。しかし被害者のプライバシーを守るため，裁判のなかで被害者の氏名等の情報を明らかにしない判断を裁判所がする場合があります。

②被害者参加制度・心情等の意見陳述

殺人や傷害，危険運転致死傷，不同意性交等，不同意わいせつなど一定の事件の被害者あるいは遺族は，刑事裁判に参加して，公判に出席したり，被告人質問などを行うことができます。これを「**被害者参加制度**」といいます。

通常，被害者や遺族は，意見陳述や証人尋問など決められた時しか公判に参加することはできません。しかし被害者参加制度では，検察官の横に座り，公判に参加することができ，被告人に直接質問することもできます。被害者参加制度を利用する際，経済的に困窮している場合は，国が弁護士報酬や費用を負担する，被害者参加人のための国選弁護制度を利用することもできます。

また，被害者や遺族が，公判のなかで被害についての気持ちなどを述べたいという希望がある場合，心情等の意見陳述制度を使用することができます。これは被害者参加とは別の制度です。希望する場合は，担当の検察官に申し出る必要があります。

③証人尋問や被害者参加の際の配慮

被害者参加，心情等の意見陳述，証人尋問など，被害者が法廷に立つ場合があります。被告人および傍聴人の前で意見陳述をしたり証言をしたりする場合，強い恐怖や不安を感じることも少なくありません。被害者の精神的な負担を軽くするため，裁判所の判断により，以下の措置をとることができます。

まず，付き添いです。被害者や遺族が一人で法廷に立って，事件について述べることはとても大変なことです。そのため，証言や意見陳述の際に，家族やカウンセラー，被害者支援センターの相談員などが付き添いを行うことが可能な場合があります。次に遮へいです。遮へいは，被告人や傍聴席から見られないよう，ついたてをおくなどするものです。しかしついたてがあったとしても，被告人と同じ法廷にいること自体に，強い恐怖を抱く被害者もいます。その場合には，ビデオリンクといって，別室からモニターを通じて証人尋問を行う場

合もあります。遮へいのついたてのなか，あるいはビデオリンクを実施している別室のなかに，付添人が入ることも可能です。

④傍聴・各種書類の閲覧およびコピー

公判は公開されており，誰でも傍聴することが可能です。しかし凄惨な事件や加害者が有名人の事件など，社会の関心の高い事件の場合，傍聴席が満席になる，あるいは満席よりも多くの人が集まり抽選になる場合があります。そうした際には，被害者や遺族は検察官を通して，裁判所に傍聴席を確保してもらうことが可能です。

また，被害者や遺族が，担当する検察官や検察事務官などに申し出れば公判の記録を閲覧・コピーすることができる制度があります。

⑤刑事和解および損害賠償命令制度

刑事裁判とは別に，被害者や遺族は，犯罪から生じた損害などに関する民事上の請求について，民事訴訟（民事裁判）を起こす場合があります。その民事訴訟に関わる制度として，刑事和解および損害賠償命令制度があります。刑事和解は，示談内容を公判調書に記載することのできる制度です。また損害賠償命令制度は，一定の事件において，刑事裁判後に，刑事裁判の訴訟記録等を利用して，短期間で損害賠償に関する審理を行うことができる制度です。通常，民事訴訟では刑事裁判の記録を使用することができず，被害者や遺族側が証拠を集め，長い月日をかけて手続きを進めていきます。この損害賠償命令制度は，そうした被害者や遺族の負担を軽減するためのものです。

⑥少年審理に関連する被害者支援

少年事件は成人の事件と異なり，家庭裁判所で原則，非公開で審理されます。しかし少年事件の被害者や遺族は，家庭裁判所における被害者保護の制度を利用することができます。その制度には，表12-2に示したものがあります。

表12-2　少年審理に関連する被害者支援

少年事件の記録の閲覧・コピー	審判開始決定後，少年事件の記録の閲覧やコピーが認められる
被害者等の意見聴取制度	少年審判のなかで，あるいは家庭裁判所の調査官などに心情を伝達する
被害者等による少年審判の傍聴	少年事件は非公開だが，殺人や傷害などの故意の犯罪行為によって人を死亡させたり，生命に重大な危険を生じさせた事件などに限り，被害者や遺族が少年審判を傍聴することが可能な場合がある
被害者等に対する審判状況の説明	加害少年の健全な育成を妨げる恐れがないときに限り認められる
審判結果等通知制度	加害少年の健全な育成を妨げる恐れがないときに限り認められる
被害者等通知制度	少年院収容後，収容されている少年院の名称や少年院における教育状況，仮退院に関する情報などの通知を受け取ることも可能

4 　更生保護における被害者のための制度

被害者等通知制度の利用によって，仮釈放の審理を開始した年月日や保護観察

語句説明
更生保護
罪を犯した人の再犯を

が開始された年月日，保護観察中の処遇状況などの通知を受けることができます。

保護観察中には，被害者や遺族が加害者に心情を伝えることができる「心情等伝達制度」が，仮釈放や仮退院を決定するかどうかの審理においては，同じく被害者や遺族が現在の心情などを述べることができる「意見等聴取制度」があります。

5 市区町村における被害者支援

都道府県および市区町村等各自治体においても，犯罪被害者支援が行われています。警察庁（2019）「地方公共団体における犯罪被害者等施策に関する基礎資料」によると，全市区町村に犯罪被害者等に対する総合的対応窓口が設定されており，3割の市区町村には**犯罪被害者支援に関する条例**が制定されています。また，犯罪被害によって以前の住居に住めなくなった場合，公営住宅に優先的に入居できる制度を制定している自治体もありますし，犯罪被害者や遺族を対象とした見舞金，貸付金の制度を有している自治体もあります。

6 犯罪被害者支援センターにおける被害者支援

公益社団法人**全国被害者支援ネットワーク**は，犯罪被害者と被害者家族，遺族が，いつでもどこでも必要な支援を受けられること，およびその尊厳や権利が守られる社会であることを目指し，1998年に設立されました。警察や検察の支援は，捜査段階や公判段階に限られる場合もあります。ネットワーク加盟団体の多くは，警察や検察と連携を行いながら，途切れのない支援を実現するために活動をしています。主な活動内容は，相談業務と広報啓発・支援者養成です。

相談業務は，主に，専門の研修を受けた犯罪被害相談員が行います。相談員の業務には，電話相談，面接相談，直接的支援，関係機関との連絡や調整などがあります。

電話相談は，警察から紹介されて，あるいはホームページなどで情報を得て自分で電話をかけてくる被害者や遺族もいますし，警察からの情報提供を受けて被害者支援センターから電話をかける場合もあります。電話相談の後，面接相談や直接的支援が必要だと考えられた場合には，面接相談を行います。団体によっては，弁護士相談や心理職によるカウンセリングなどを提供している場合があります。面接相談を通して，被害者等のニーズを聴き取り，支援計画を作成して直接的支援を行います。

直接的支援は，相談員による付き添い支援です。被害者や遺族が警察や検察に行くときや，裁判で証言をするときなどに付き添います。病院や弁護士事務所などに付き添うこともあります。また，裁判の内容を知りたいけれど，恐怖を感じて自分は傍聴ができないといった場合に，代理で傍聴を行うこともあります。団体によっては，自宅訪問や日常生活のサポート，宿泊場所の提供など

プラスα
民間支援団体
現在，公益社団法人全
国被害者支援ネット
ワーク加盟の被害者支
援センター，および，
内閣府が設置推進した
性犯罪・性暴力被害者
のためのワンストップ
支援センターは，それ
ぞれ全都道府県に設置
されている。

も行っています。いずれの支援も無料で提供されます。

　被害者や遺族が，一人で警察や検察に行き，弁護士に連絡をとり，カウンセリングを探し，公判を乗り越えていくことはとても負担の大きいことです。被害者支援センターは，関係機関と連携をとりながら支援にあたることで，被害者や遺族の物理的，精神的負担をできる限り軽減することを目指しています。

7　性犯罪・性暴力被害者のためのワンストップ支援センター

　性犯罪・性暴力被害は，先述したとおり，被害を警察に届け出ることが難しく，暗数が多いことで知られています。内閣府男女共同参画局（2020）の調査において「無理やり（暴力や脅迫を用いられたものに限らない）に性交等を（性交，肛門性交，口腔性交）されたことがあるか」という問いに対し，女性の6.9％，男性の1％が，被害経験があると答えています。しかし警察に届け出がなされるのはほんの一握りです。

　そのため，性犯罪・性暴力被害者に対し，被害直後からのさまざまな総合的な支援を可能な限り一つの場所で提供し，心身の負担を軽減すること，被害の潜在化を防止することを目的として，ワンストップ支援センターの設置が推進されました。**性犯罪・性暴力被害者のためのワンストップ支援センター**は，行政が関与しているものと関与していないものがあります。ワンストップ支援センターの支援内容は各団体によって多少異なりますが，基本は産婦人科や泌尿器科との連携や警察届出の同行支援などの初期対応を中心とし，その他さまざまな支援を展開しています。

　まず，電話相談を受け，必要に応じて，協力関係にある医療機関，あるいは団体の母体となっている医療機関において，緊急避妊薬の処方や身体の診察，性感染症の検査等を受けられるようにサポートします。また，心身のケア，法的な手続きの相談を受けられるように関係機関を紹介する場合もあります。警察届出に関する情報提供，付き添い支援，その他の関係機関への同行支援なども行っています。

8　司法面接

　司法面接とは「事件や事故の被害者や目撃者となった可能性のある子どもから，その出来事や体験について，法的判断にも活かせるような精度の高い情報を，より多く，子どもの心理的負担をできるだけかけることなく聴取する方法」（仲，2017）です。子どもの記憶は変容しやすく，また，事件について語ることは子どもの心に大きな負担をかけます。できる限り一度で，正確に情報を収集するため，児童裁判所や検察庁，警察が連携を行い，虐待にあった子どもや事件に巻き込まれた子どもに対して，司法面接の手法を使った代表者聴取の実施を進めています。司法面接によって得られた録音や録画記録媒体が証拠として採用され，主

参照
司法面接
→11章

尋問が不要になる場合があります。ただし，その場合でも，必要に応じて反対尋問は行われ，子どもが証言に立たなければならない場合があります。

　司法面接は，原則として録音・録画されます。面接者と子どもは一対一で面接を行いますが，ほかの部屋から児童相談所の職員や警察官，検察官などが面接をモニターし，必要に応じて面接者に指示を出すなど支援を行います。はじめは，子どもに自発的に，自分の言葉で事件の最初から最後までを報告してもらう「自由報告」を行います。その後，オープン質問を行い，子どもが話したことを中心に詳細化していきます。

5 ｜ 心理面接

　最後に，心理面接について述べます。被害者支援における心理的ケアは，その重要性・必要性が少しずつ知られるようになってきました。先述したとおり，犯罪の被害に遭遇した被害者や遺族は，心に大きな衝撃を受けます。トラウマ反応を示し，なかには，心的外傷後ストレス障害やうつ病，複雑性悲嘆などの状態になる被害者や遺族も少なくありません。そのため，適切な心のケアが提供されることが重要です。

　被害者や遺族に対する心理的ケアの基本は，支持的面接，トラウマやトラウマ反応に関わるアセスメント，トラウマ反応の心理教育，リラクセーション，刑事手続にまつわる意思決定の支援です。被害者の支援に携わる心理職は，これらが実施できる必要があります。また，心的外傷後ストレス障害に対しては，現在，国際的なガイドラインで，**トラウマに焦点を当てた心理療法**（持続エクスポージャー療法，認知処理療法，EMDR等）が推奨されており，これらの技術を習得することも重要です。

> **考えてみよう**
>
> 1．はじめに述べた被害者のおかれた状況と，それぞれの機関による支援制度を照らし合わせて，どのような状況にどのような支援制度が整っているか，あるいは足りない支援があるとしたらどのようなものか，考えてみよう。
> 2．警察の捜査段階における被害者支援にはどのようなものがあるでしょう。

🪶 本章のキーワードのまとめ

トラウマ反応	トラウマ体験後に心身にあらわれる反応であり，通常，1〜2か月程度で軽減していく。
心的外傷後ストレス障害	侵入症状や覚醒亢進，回避，認知や気分の陰性変化といった状態がみられる。
二次的被害	支援者や周囲の人の心ない言動による二次的な傷つき。
犯罪被害者等基本法	2004 年に成立した法律であり，犯罪被害者や遺族の権利利益の保護を図るため，国や地方公共団体，国民が負うべき責務が規定されている。
犯罪被害者支援室（警察）	警察において犯罪被害者支援を中心的に行っている部署。犯罪被害者等給付金を扱っていたり，被害者に対して精神的支援などを提供している。
犯罪被害給付制度	故意の犯罪行為による遺族，および重傷病を負ったり身体に障害が残ったりした被害者に対する給付金を支給する制度。
国外犯罪被害弔慰金等支給制度	国外で不慮の犯罪被害を受けて障害を負った被害者，あるいは遺族に対する支給制度。第一順位の遺族を対象とした国外犯罪被害弔慰金と，障害が残った被害者本人を対象とした国外犯罪被害傷害見舞金がある。
犯罪被害者等早期援助団体	都道府県公安委員会から指定を受け，警察と連携して支援にあたる団体。検察や裁判等への付き添い支援，心理的支援や法的支援などを行っている。
被害者等通知制度	事件処分結果や刑事裁判の結果，受刑中の加害者の刑務所における処遇状況などの情報を得ることができる制度。
被害者参加制度	一定の事件の被害者あるいは遺族が刑事裁判に参加し，被告人質問などを行うことができる制度。
犯罪被害者支援に関する条例	市区町村が独自に制定している犯罪被害者支援のための条例。自治体における支援の充実のために条例の策定が推進されている。
全国被害者支援ネットワーク	犯罪被害者支援を行う民間組織であり，加盟団体の多くは早期援助団体の指定を受けている。
性犯罪・性暴力被害者のためのワンストップ支援センター	性犯罪被害の潜在化防止を目的として設置推進された，医療的支援や警察届出支援などを一か所で受けることができる民間支援機関。
司法面接	事件に巻き込まれた子どもから，できるだけ子どもに心理的負担をかけずに精度の高い情報を聴取する面接手法。
トラウマに焦点を当てた心理療法	心的外傷後ストレス障害に対して有効とされる心理療法で，持続エクスポージャー，認知処理療法，EMDR などが含まれる。

第13章 家事事件

最終章では，家事事件について学びます。家事事件は，家庭裁判所が扱う家庭に関する事件をいい，代表的なものに「離婚」があります。犯罪や非行と比べ，あまり馴染みがないかもしれませんが，心理的支援や研究が期待されている分野です。本章では，離婚と子どもに関する基本的な法制度と心理支援の現状について，解説します。

1 | 家事事件の概要と離婚をめぐる手続

1 家事事件とは何か

　最近では，著名人の夫婦仲や不貞（浮気）のニュースに接して，離婚・親権・養育費・慰謝料といった言葉を耳にすることが増えているかと思います。関連して，家庭裁判所が離婚の問題を扱っていることを知っている人もいると思います。家庭裁判所では，夫婦の離婚や子どもの親権者をめぐる争いを扱っています。また，子どもに関するものとして，面会交流*（親子交流），養育費*，児童虐待があった場合の親権の喪失や停止，未成年の子どもの養子縁組などを扱っています。さらに，認知症などで判断能力が低下した人の代理人を選任する成年後見等の開始，亡くなった人の遺産をどのように分けるかを決める遺産分割なども家庭裁判所が扱っています。

　以上のように，家庭裁判所が扱う家庭に関する事件を「家事事件」といいます。本章では，家事事件のうち，未成年の子どもがいる夫婦の離婚，離婚時の親子の心理と支援の現状，面会交流の3つを中心に解説します。

2 離婚をめぐる現状と離婚手続

①離婚をめぐる現状

　まず，日本における離婚の現状をみていきましょう。図13-1のとおり，日本の年間離婚件数は，2002年に約29万件となりピークを迎え，その後は約20万件で高止まりをしています。また，2021年には，年間約18万人の未成年の子どもが親の離婚を経験し，離婚後は84.9%が母子家庭となっています

語句説明

面会交流（親子交流）
子どもと離れて暮らす親が子どもと定期的に会ったり，電話や手紙などの方法で交流すること。近年では，「親子交流」という言葉が用いられることもある。

養育費
子どもが自立するまでにかかる衣食住，教育，医療費などの費用をいい，子どもを監護・養育している親は，他方の親に支払いを求めることができる。

図13-1　親の離婚を経験する子どもと親権者

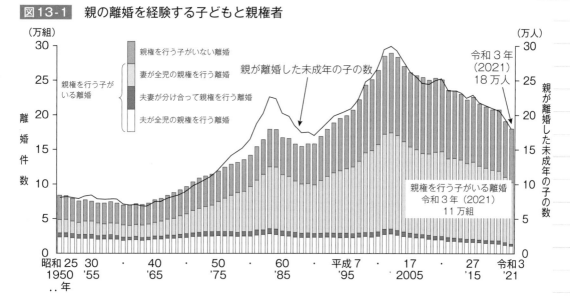

注：1）未成年の子とは，20 歳未満の未婚の子をいう。
　　2）親権とは，未成年の子に対して有する身分上，財産上の監督，保護を内容とする権利，義務をいう。
出所：厚生労働省（2023）を一部改変

（厚生労働省，2023）。そして，離婚の場合の母子世帯の平均年間収入は 373万円（母親自身の平均年間就労収入は 236 万円）（厚生労働省，2022）であり，経済的に厳しい状況におかれていることがわかります。育児などのために一度離職した後にフルタイムで働くことが難しいことや，父親からの養育費を受け取っているのは母子家庭で約 28％にすぎない（厚生労働省，2022）ことも影響していると考えられます。

②離婚の手続と離婚の種類

　結婚は，婚姻届を市役所等に提出することで成立します。また，離婚も，離婚届を提出するだけで成立します。これを協議離婚といい，2021 年における離婚の約 86％を占めます（厚生労働省，2023）。未成年の子どもがいる夫婦の場合は，子どもの**親権者**＊を父母のいずれか一方に決める必要があり，離婚と親権者の合意さえできれば離婚をすることができます。**面会交流**や**養育費**など，子どもの養育に関する事項についても協議することが望ましいとされています（法務省，2023）が，必須ではありません。

　離婚に際しては，夫婦として離婚するかどうか，財産をどう分けるかに加え，夫婦に子どもがいる場合には，離婚後の子どもの養育について話し合う必要があります。感情のもつれがある夫婦間では，これらすべてを円滑に話し合うことが難しい場合があります。そのため，話し合うことができないまたは話し合っても合意に至らない場合には，家庭裁判所に調停を申し立て，これらの問題について第三者である調停委員等を交えて話し合うことができます。それでも解決が難しい場合には，夫婦のどちらかが離婚の裁判を提起することになり

語句説明

親権者
子どもが成人になるまで責任をもって育てる人のことをいう。日本では，婚姻時には夫婦が共同して親権を行使する（共同親権）が，離婚時に父母のどちらか一方に親権者を定める必要があり（民法第819条），これを単独親権制度という。なお，海外の多くの国では，離婚後の共同親権が認められている（法務省，2020）。2023年9月現在，法制審議会において共同親権の導入が議論されていることから，今後の動向に注意する必要がある。

子どもの意見表明権
家事事件手続法65条は、日本が批准している「児童の権利に関する条約」12条の子どもの意見表明権の趣旨を踏まえた規定とされている（金子、2013）。二宮（2020）は、子どもの意見表明が重要である理由を「信頼できる大人が自分の気持ちを聞いてくれた、一人の人間として接してくれたというプロセスだと思います」と述べている。

【語句説明】
家庭裁判所調査官
家庭裁判所調査官は、家庭裁判所で取り扱っている家事事件、少年事件などについて、調査を行う（裁判所法第61条の2）。
家事事件では、紛争の当事者や親の紛争のさなかに置かれている子どもに面接をして、問題の原因や背景を調査し、必要に応じ社会福祉や医療などの関係機関との連絡や調整などを行いながら当事者や子にとって最もよいと思われる解決方法を検討し、裁判官に報告する。この報告に基づいて裁判官は事件の適切な解決に向けて審判や調停を進めていく。

ます。離婚全体のうち、調停離婚は約9％、裁判離婚は約1％の割合です（厚生労働省、2023）。

3　家事事件手続法と子どもの意思把握・考慮

①家事事件手続法

　家庭裁判所に離婚を求めて調停を申し立てた場合、これは**家事事件**となります。2013年に家庭裁判所で扱う家事事件の手続を定めた**家事事件手続法**という法律が施行されました。これは、家族内であっても対立が激化した事件が増えてきたことから、当事者の主張や反論の機会を保障して、手続の結果に納得が得られるよう、それまで家事事件の手続を定めていた家事審判法を変更するものでした。

②子どもの意思把握・考慮

　心理学を学ぶ皆さんにひとつ知っておいていただきたいのは、手続の結果、影響を受ける子どもの福祉に配慮し、家庭裁判所が子どもの意思を把握し、子の年齢および発達の程度に応じて、その意思を考慮するルールが定められたことです（家事事件手続法65条）。

　たとえば、未成年者の子どものいる離婚調停（家庭裁判所では夫婦関係調整事件といいます）で、父母がいずれも子どもの親権者になりたいと主張し、父母の争いに子どもが巻き込まれてしまっている例を考えてみましょう。調停での話し合いが平行線となった場合には、**家庭裁判所調査官**[*]が子どもの監護状況（生活状況）を調査したり、子どもと面接を行い、子どもの意向・心情を把握することがあります。子どもの監護状況の調査では、父母と面接を行うとともに、家庭訪問、学校訪問などを行い、現在の子どもの生活に大きな問題がないかを把握します。子どもの意向・心情調査では、現在の生活で困っていることはないか、父母の争いについての子どもなりの思い、父母に対する感情、今後の生活の希望などを話題にします。ここで重要なことは、お父さんとお母さんのどちらと暮らしたいかなど、選択を迫る質問は避け、子どもには、離婚や親権者などは、大人が責任をもって決めると説明することです。選択を迫ることは、子ども自身の負担につながりますし、子どもに親の離婚の責任を負わせるのは酷なことだからです。また、面接時には、後述する親の別居や紛争を体験した子どもに特徴的な反応を念頭に、質問や説明を行います。

　家庭裁判所では、このように把握した子どもの状況や意向・心情を父母に伝え、父母が子どもの視点で離婚を考えることができるよう支援しています。これまで争っていた父母が、子どもの思いを聴くことで、冷静に話し合いができるようになることもあります。

4 ハーグ条約：国境を越えた子どもをめぐる争い

　近年，国際結婚が増加し，夫妻の一方が外国人である割合は，婚姻全体の3.3％を占めています（厚生労働省，2023）。夫婦関係がうまくいかなくなると，父母の一方が子どもを連れて別居するということは日本でもみられますが，一方が外国人の夫婦の場合には，別居時に国境を越えることがあります。国境を越えた不法な子どもの連れ去り（一方の親の同意なく子どもを元の居住国から出国させること）や留置（一方の親の同意を得て一時帰国後，約束の期限を過ぎても子どもを元の居住国に戻さないこと）をめぐる紛争に対応するための国際的なルールを定めたのが，**ハーグ条約**（国際的な子の奪取の民事上の側面に関する条約）です。日本は2014年に批准しました。子どもを奪われた親は，元いた国に子どもを戻すよう請求することができ，子どもが16歳未満の場合には，原則として元いた国に子どもを返還する決まりになっています。たとえば，米国人（夫）と結婚した日本人（妻）が米国で子どもを育てていたところ，夫婦仲が悪化し，妻が夫に同意なく子どもを連れて日本に帰国したケースの場合，子どもが16歳未満で返還拒否事由がない場合，子どもをいったん米国に戻し，米国の裁判所で，夫婦のどちらがどれくらいの割合で子どもの面倒をみるのが適切かを審理することになります。ハーグ条約がこのようなルールを定めているのは，国境を越えた移動は言葉や文化の急激な変化が生じ子どもへの影響が大きいこと，子どもが慣れ親しんだ国の機関で紛争が処理されることが望ましいことがあげられます。

　子どもを奪われた親から子の返還の申立てがあると，日本では家庭裁判所が最終的に判断を行いますが，外務省とも連携してすみやかな返還が実現するよう運用されています。

プラスα

返還拒否事由
返還により子どもの心身に害悪を及ぼす，子どもが拒否しているなどの事由がある場合には，裁判所は子の返還を命じてはならないとされている（国際的な子の奪取の民事上の側面に関する条約の実施に関する法律28条）。

図13-2　ハーグ条約のイメージ

ハーグ条約が適用される条件
- ✓ 子の年齢が16歳未満
- ✓ 条約締約国間の移動
- ✓ もう一方の親の同意がない

原則として返還

今いる国
B国
（条約の締約国）

元いた国
A国
（条約の締約国）

一方の親と移動

出所：外務省（動画「ハーグ条約を知ろう！①ハーグ条約のしくみ」https://www.youtube.com/watch?v＝BrezDmg9l98）

2 | 離婚時の親子の心理と支援の現状

1 親（大人）からみた離婚

①離婚のプロセス

　夫婦（親）は，離婚をどのように体験するのでしょうか。マクゴードリック

表13-1 離婚のプロセス

		移行に不可欠な姿勢	発達的課題
離婚	離婚の決意	夫婦関係の継続が可能になるように問題を解決することができないことを受け入れる	結婚生活の問題における自分自身の責任を認めること
	システムを解消する計画を立てる	システムのすべての人のためになる可能なアレンジをサポートすること	a. 親権・面会・金銭をめぐる問題について協力すること b. 離婚について拡大家族と取り組むこと
	別　居	a. 子どもに対して，積極的に協力して親役割を果たし，経済的に支援し続けること b. 配偶者に対する愛着を解消すること	a. 家族の喪失に対する喪の作業 b. 夫婦関係，親子関係，経済的問題の再構造化：別々に暮らすことへの適応 c. 拡大家族との関係の再編成：配偶者の拡大家族との関係を保ち続ける
	離　婚	情緒的離婚へのさらなる取り組み：傷つき，怒り，罪悪感などを克服すること	a. 家族の喪失に対する喪の作業：修復の幻想を捨てること b. 結婚に対する希望，夢，期待を取り戻すこと c. 拡大家族との関係を保ち続ける
離婚後の家族	ひとり親家庭（親権をもっている）	経済的な責任をもち続け，元配偶者と親としての関わりを続け，子どもが元配偶者やその家族と関わることを支持すること	a. 元配偶者とその家族との柔軟な面会 b. 自身の経済的な基盤を再構築すること c. 自身の社会的ネットワークを再構築すること
	ひとり親家庭（親権をもたない）	経済的な責任をもち続け，元配偶者と親としての関わりを続け，子どもと元配偶者との関わりを支持すること	a. 子どもの養育を続けるための有効な方法を見つけること b. 元配偶者と子どもに対する経済的な責任をもつこと c. 自身の社会的ネットワークを再構築すること

出所：McGoldrick & Carter, 2016 を野末, 2019 が訳

とカータは，離婚のプロセスを表13-1のようにまとめています。個人レベルでは，結婚生活における自分自身の責任を認めること，家族の喪失に対する喪の作業*などが課題となります。家族関係のレベルでは，相手の家族との関係をどうしていくか，また子どもがいる場合には，親として責任を持ちつづけることが課題となります。しかし，離婚にともなう傷つき，怒り，罪悪感などの感情を消化しつつ，これらの課題に取り組むことは困難がともないます。

②離婚後の親（大人）のメンタルヘルス

　離婚には，肯定的な側面と否定的な側面があるとされています（加藤，2009）。肯定的な側面としては，けんかが耐えない場合や夫婦間で暴力がある場合などは，離婚により元配偶者から解放されるということです。否定的な側面としては，精神疾患の罹患率の増加（Kessler et al., 1998）などメンタルヘルス上のリスクが高まることです。表13-2からも，離婚や夫婦の別居が人生のなかで大きなストレスイベントであることがわかります。また，離婚後の適応には男女差があり，一般的に男性の方が，女性よりも離婚後の心理的な適応が良好でないという報告があります（Jikihara & Ando, 2020）。さらに，夫婦間暴力などがあった場合，トラウマやPTSDなどのケアが必要になることもあり，都道府県が設置する配偶者暴力相談支援センターや民間の支援機関などが支援を行っています。このように，親（大人）にとっても離婚はストレスのかかる体験であり，離婚を乗り越えるための心理的支援が必要であると考えられます。

2　子どもからみた親の離婚

①父母の別居や争いが子どもに与える影響

　子どもは，親の別居や争い（紛争）によってどのような影響を受けるのでしょうか。父母の争いが激しい場合，一般には，**忠誠葛藤**，対象喪失，恐れや不安，悲しみ，無力感などとして否定的な体験となり，発熱や下痢などの身体症状，抑うつや学業不振，攻撃的言動などさまざまな反応につながります。また，一見否定的な影響を示さず，「良い子」として振る舞い，過剰適応となっている場合もあります（小澤，2009）。

　つぎに，親の別居や紛争を体験した子どもに特徴的な反応を，年齢別にみていきましょう（表13-3）。たとえば，幼児期後半から学童期前半までの間は，親の別居や不和を自分の責任であると感じやすい傾向があります。これは，自分の視点と他者の視点が十分に分離できず，自分の視点から物事を捉えてしまう認知の自己中心性（egocentrism）によるものです。そのため，この時期の子どもに対しては，別居や離婚が子どもの責任ではないことを繰り返し説明することが，子どもの不安を軽減することにつながります。

表13-2　勤労者のストレス得点ランキング（上位10項目を抜粋）

順位	ストレッサー	全平均
1	配偶者の死	83
2	会社の倒産	74
3	親族の死	73
4	離婚	72
5	夫婦の別居	67
6	会社を変わる	64
7	自分の病気や怪我	62
8	多忙による心身の過労	62
9	300万円以上の借金	61
10	仕事上のミス	61

出所：夏目・村田，1993

語句説明
喪の作業
人が愛着の対象を失った場合，通常悲哀（mourning）の苦痛に耐え，償い（reparation）を通して，喪の作業（mourning work）を成し遂げていくとされている（氏原ほか，1992）

語句説明
忠誠葛藤
両親が子どもの親権等を巡って争っている場合に，子どもが，どちらの親につくかという選択を迫られながら，しかしどちらも裏切れないという引き裂かれるような思いを抱くこと。両親それぞれと愛着が強いほどその忠誠葛藤は激しくなる。（岡本ほか，1998）。

171

表13-3 **子どもの年齢と両親の別居や紛争に対する反応**

年齢	両親の別居や紛争に対する反応
乳児期 （～1歳6か月）	①不安や恐れを示す。 ②食事，排せつ，睡眠の習慣が障害を受ける。
幼児期前半 （～3歳）	①主たる養育者から離れる時に分離不安を示す。 ②かんしゃくを起こしたり，無気力になる。 ③両親間の緊張，怒り，暴力に敏感になる。
幼児期後半 （～6歳）	①両親の別居について，いずれ仲直りしてくれるはずだと空想する。 ②親の別居が自分の責任だと感じる。 ③親から捨てられるのではないかという恐れを感じる。
学童期前半 （～9歳）	①両親の不和を理解できるようになるが，両親の問題と自分の問題を分けて考えることができない。 ②両親の不和を自分のせいだと感じたり，両親とも裏切れないという忠誠葛藤を抱くが，そうした気持ちを内に溜め込みやすい。
学童期後半 （～12歳）	対処困難な場面では親に依存しているため，両親間の紛争に巻き込まれやすく，忠誠葛藤を起こしたり，一方の親と強く結びつき，他方の親が全て悪いと考えて，他方の親に対して敵意を示すことがある。
思春期 （～15歳）	①家族が不安定になり，子の自立に困難を伴うことがある。 ②親の養育する力が弱まり，子の行動の統制がうまくできない。 ③両親の不和を男女関係の失敗と認識し，自身の異性関係に不安を抱く。

出所：小澤，2009 を一部抜粋

　これに対し，学童期後半になると，一方の親（多くは子どもと一緒に暮らす親）と強く結びつき，他方の親（多くは子どもと離れて暮らす親）がすべて悪いと考えて，他方の親に対して敵意を示すことがあります。これは，親との心理的距離ができ，現実認識力が向上する一方で，対処困難な場面では親に依存しているため，父母の争いに巻き込まれやすいこと，道徳的判断ができるようになることや良い・悪いという二分法で物事をみる傾向が高まることなどによるものです（McIntosh et al., 2009）。そのため，子どもが話したことをどのように評価するのかについて，慎重に検討する必要があります（この点は第3節3項②で詳しく解説します）。

　このほかにも，子どもたちは親の離婚を恥じ，普通の家庭ではないと感じやすいこと（小田切，2005），離婚の理由や今後の生活に疑問や不安を抱き，親にきちんと説明をしてほしいと感じていること（家庭問題情報センター，2005）がわかっています。父母は，子どもに疑問や不安を抱かせないよう，子どもが理解できる言葉で適切に説明をするとともに，子どもの気持ちに耳を傾けることが求められるといえるでしょう。

②親の離婚が子どもの適応に与える影響

　以上のように，親の別居や争いによる子どもの反応をみていくと，離婚は子どもにとって有害であって，避けるべきことのように思われます。しかし，海外の研究から，(a) 離婚自体よりも親の争いが続くことの方が子どもに広く

大きな影響を与えること，（b）離婚直後，特に最初の 1 年間は子どもの適応は良好でないとしても，長期的な観点からみると，離婚家庭の子どもと離婚していない家庭の子どもの適応には，大きな違いがないことがわかっています（Schaffer, 1998/2001）。日本でも，藤田（2016）の質的研究で，親の離婚を経験した子どもは一時的に不適応に陥っても，レジリエンス（回復力）を発揮して適応的になったり，経験を生かして成長していくことが見出されています。そのため，親が離婚した子どもを一括りにするのではなく，親が離婚した子どもの適応に違いをもたらす要因を見つけ出すことが重要と考えられています。主に米国を中心とした研究では，離婚後の子どもの適応を左右する要因は，別居後も続く父母の葛藤，面会交流，子どもと一緒に暮らす親のメンタルヘルスや養育力，再婚等であることが明らかになっており（Amato, 2010; Kelly & Emery, 2003），これらに注目して介入や研究を行うことが重要と考えられます。

　以上のような知見は，1960 年代後半に米国での離婚率の高まりを受け，ウォーラスタインらが行った縦断研究を皮切りに，欧米で蓄積されてきた研究結果によるものです。日本でも欧米の研究結果があてはまるのかについては，従前，量的研究がほとんど行われていないと指摘されてきました（本田ほか，2011）が，2010 年以降は，たとえば別居・離婚後の父母の葛藤や協力が子どもに与える影響に関する量的研究も少しずつ増加しています（直原・安藤，2020，2021，2022）。しかし，大規模な研究や縦断研究は行われておらず，今後の課題とされています（直原ほか，2021）。

　なお，両親間の不和や強い葛藤，親の精神疾患などが，発達途上にある子どもの適応あるいは不適応にどのように影響していくかを明らかにする学問分野として「発達精神病理学（Developmental psychopathology）」があります。たとえば，川島ほか（2008）は，両親の夫婦間葛藤が，子どもの巻き込まれ感，恐れ・自己非難を媒介して，青年期の子どもの抑うつと関連することを実証しています。親の離婚を経験した子どもたちの適応を考える上では，発達精神病理学で得られた知見を参照することも必要と考えられます。

3 別居・離婚した家族への支援

　つぎに，日本では，離婚前後に親や子どもに対してどのような支援が行われているのかをみていきます。

①面会交流や養育費の取り決め，履行を促す取り組み

　前述のとおり，面会交流や養育費の取り決めは義務とはなっていませんが，法務省は，「子どもの養育に関する合意書」のテンプレートや Q&A などをホームページで公開し，父母に面会交流や養育費を取り決めるよう促しています（法務省，2023）。地方自治体では，兵庫県明石市が先進的な取り組みを続

けています。たとえば，面会交流の際の父母の情報交換を目的とした養育手帳のテンプレートを公開したり，養育費の不払いがあった場合に養育費を立替えて支払う事業が注目されています。

②情報提供や心理教育プログラム

多くの家庭裁判所では，離婚調停の初期段階において，子どもがいる父母に対し，紛争下の子どもの心理や話し合いにあたっての留意点などの情報を提供する，いわゆる親ガイダンスプログラムが行われています（知野・藤田，2021; 香川ほか，2020）。

また，米国の心理教育プログラムが邦訳され，日本でも実践されるようになっています。たとえば，ブラウン（Brown et al., 1994）が開発し，福丸と中釜が中心となって日本語版が作成された Families In Transition（日本語では FAIT プログラム）があります。このプログラムでは親と子どもがそれぞれグループワークを行い，親の離婚に際して子どもと家族に生じやすい課題や問題を理解し，その意味や対処法などを具体的に学びます。日本でも実践や効果検証が積み重ねられています（福丸，2013; 福丸ほか，2014; 福丸，2023; 大西ほか，2022; 曽山ほか，2021）。また，フロリダ州立大学が開発した「離婚と親教育プログラム」は，インターネットを利用してどこでも誰でも受講が可能です（小田切・青木，2019）。

ただし，海外では，このようなプログラムを受講しないと離婚できない仕組みになっている国や州が多くなっているのに対し，日本では任意の受講にとどまっていることが課題といえます（二宮・渡辺，2014; 棚村，2010）。

③その他支援場面での関わり

以上のような離婚に特化した支援に限らず，親の別居や離婚を経験した子どもたちにとっては，日常場面での大人の関わりも重要です。たとえば，藤田・石田（2014）は，小学校から高校の教員が，親の離婚を経験した子どもたちのケアを行っていることを明らかにしており，子どもたちの語りからも，教員の関わりの重要性が示唆されます（直原・安藤，2019）。親と子どもにかかわる対人援助職は，離婚と子どもに関する基本的な知識を身につけておく必要があると考えられます。

図13-3 FAIT プログラムのパンフレット

出所：FAIT-JAPAN，2017

3 ｜ 面会交流（親子交流）

1 面会交流の現状

　従前，面会交流は法律上の規定がありませんでしたが，2012 年の民法改正
により，離婚時の協議事項として列挙され，子どもの利益を最も優先して考慮
しなければならないと明文化されました（民法 766 条 1 項）。

①統計からみた面会交流

　2021 年に調査が行われた厚生労働省の「全国ひとり親世帯等調査」の母子
世帯を例として取り上げます（図13-4）。離婚をした母子世帯のうち，約
45％が「面会交流を（一度も）行ったことがない」，約 21％が「面会交流を
行ったことがある（ものの現在は行っていない）」と回答しています。そのため，
継続して面会交流を実施しているのは約 30％にすぎません。そして，面会交
流を実施していない理由は，「相手が面会交流を求めてこない」，「子どもが会
いたがらない」の順で多くなっています（厚生労働省，2022）。また，2015 年
の家庭裁判所の面会交流の新受件数は，10 年前の 2.46 倍，5 年前の 1.59 倍
に増加しており（最高裁判所，2017），父母間で円滑に話し合うことが難しい
状況がうかがわれます。

②面会交流の実際

　面会交流がどのように実施されるかを具体的に説明します。
面会交流にはいくつか種類がありますが，ここでは離れて暮
らす親と子どもが直接会う直接交流の例をあげます。子ども
が中学生くらいになれば，離れて暮らす親と自分で連絡を取
り，会いに行くこともできるかもしれませんが，小学生以下
の子どもの場合は，父母同士が連絡を取り合い，日程調整を
して，一緒に暮らす親が待ち合わせ場所まで子どもを連れて
行き，受け渡すことが必要になります。子どもの体調が悪く
なった場合には，急きょ日程を変更することも考えられます。
これらは，父母の関係が良好であれば問題がないことが多い
ですが，そうでない場合には，さまざまな行き違いが生じ争
いになることがあります。また，父母間で暴力があった場合
などは，顔を合わせることや連絡を取り合うことも難しい場
合がありますし，子どもの安心・安全が確保される必要もあ
ります。

　このように面会交流は，父母の関係性により当事者だけで

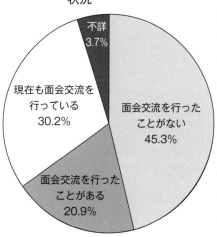

図13-4 母子世帯の面会交流の実施状況

- 不詳 3.7％
- 現在も面会交流を行っている 30.2％
- 面会交流を行ったことがある 20.9％
- 面会交流を行ったことがない 45.3％

●面会交流を実施していない理由（最も大きな理由）

相手が面会交流を求めてこない	28.5％
子どもが会いたがらない	16.1％
その他	16.0％

出所：厚生労働省，2022

【語句説明】

面会交流支援団体

当事者だけでは面会交流の実施が難しい場合に，当事者間の連絡問題や子の受渡し，見守りなど様々な支援を行っている民間の団体・個人。

【プラスα】

面会交流

小田切（2009）はインタビュー調査により，面会交流の意義を（a）離れて暮らす親と会うことで，愛されていることを確認できること，（b）両親の気持ちと考えを知ることができ，一緒に暮らす親の意見や感情に巻き込まれずに，両親から等距離をおいて親離れが可能になること，（c）自分自身のルーツを知ることでアイデンティティの確立が可能になることを明らかにした。また，面会交流を行っていた子どもは，行っていなかった子どもと比べると，自己肯定感が高く親和不全が低い（青木，2011），親子間の信頼感が高い（野口ほか，2016）といった結果や，父親との面会交流を実感できているほど自尊感情が高い（直原・安藤，2020）といった結果が示されている。

は実施が難しい場合があります。そのような場合は，民間の**面会交流支援団体**[*]に，日程調整，受け渡し，面会交流場面への立ち会い等を依頼することもできます。ただし，支援の際は多くの場合費用が発生する，都市部以外では利用が難しい場合があるという課題があります（二宮・渡辺，2014）。

2 面会交流はなぜ必要か：面会交流の意義

①基本的な考え方

そもそも面会交流は，子どもにとってどのような意義があるのでしょうか。米国のウォーラスタインらが離婚家庭を追跡調査した研究（Wallerstein & Kelly, 1980; Wallerstein & Blakeslee, 1989/1997）により，離婚後の適応が最も良好であったのは，別居親との関わり（面会交流）をもち続けた子どもであったことが明らかになりました。その後の研究でも，面会交流は基本的には，子どもの適応に良好な影響を与えることがわかっています（Amato & Gilbreth, 1999; Kelly & Emery, 2003）。

日本での研究はわずかですが，海外の研究と同様に，面会交流が子どもの心理的な適応に，基本的に良好な影響を与えることが示唆されます。ただし，離れて暮らす親から子どもに暴力や不適切なかかわりがあった場合にはこの限りではありません。

②父母の葛藤が高い場合の考え方

では，父母の葛藤が高い場合，たとえば親同士が激しく争い子どもを巻きこんでいるような場合はどのように考えればよいでしょうか。父母の葛藤が高い場合，面会交流により子どもが父母の間を行き来することで，父母の板ばさみになるなどして，子どもの適応に悪影響を与えるという研究結果があります（Amato & Rezac, 1994; McIntosh & Chisholm, 2008）。また，ウォーラスタインらはのちに，裁判所命令によるスケジュール通りの面会は子どもにとってつらい体験であると指摘しています（Wallerstein et al., 2000/2001）。そのため，父母の葛藤が高い場合には，面会交流を実施すべきではないとする立場があります。一方で，葛藤の高さは考慮すべきではないとする立場もあり，海外では結論が分かれています（横山，2016）。日本でも，面会交流を巡り，父母の意見が激しく対立するようなケースの場合，面会交流を行うことが必ずしも子どもの利益にならないと主張する立場もあり（熊上・岡村，2023；梶村・長谷川，2015），今後，さらなる研究知見の蓄積が必要になると考えられます。

3 面会交流事件における家庭裁判所の手続

①子の利益を優先した手続の進行

面会交流は，父母の話し合いにより実施できることが望ましいのですが，話し合いがまとまらない場合には，家庭裁判所に面会交流の調停や審判を申し立

てることができます。

　家庭裁判所では，子どもと離れて暮らす親との適切な面会交流が，基本的に子どもの健全な成長に有益なものといえることを前提に，面会交流を実施することが子どもの利益に反するかどうかを，子どもの安全，子どもの状況，親子関係，親同士の関係，子どもや親を取り巻く環境などの事情を丁寧に聴き取り，検討しています（小澤ほか，2020；東京家庭裁判所面会交流プロジェクトチーム，2020）。そのなかで，家庭裁判所調査官が子どもに面接をして子どもの心情を把握したり，裁判所の児童室（プレイルーム）で家庭裁判所調査官の立ち会いの下，離れて暮らす親と子どもの面会場面をつくり，様子を観察する試行的面会交流を行うこともあります。

②子どもが面会交流を拒む場合

　家庭裁判所では面会交流の調停や審判が増加しており，複雑困難な事例も多くなっています。その類型の一つが，子どもが離れて暮らす親との面会交流を拒む事例です（田高，2020；横山，2018）。特に，小学校 4，5 年生以降になると，明確に言葉で拒否をする子どもも増えてきます。別居前から，子どもと離れて暮らす親が不適切な関わりをしていたり，親子関係が良好でなかった場合であれば一定の理解はできます。これに対し，別居前は関係が良好であったにもかかわらず，別居後に子どもが面会交流を拒むようになった場合は，どのように考えればよいでしょうか。

　米国では，1980 年代に子どもの監護をめぐる争いが増加するなかで，精神科医のガードナーが，子どもが面会交流を拒むのは，子どもと一緒に暮らす親が子どもと離れて暮らす親の悪口を吹き込むなど洗脳しているためであるとして，このような現象を**片親疎外症候群**（Parental Alienation Syndrome：PAS）と概念化しました（Gardner, 1985）。しかし，この片親疎外症候群という概念は，現象を単純化しすぎていると批判を浴びました。現在では，図13-5のとおり，一緒に暮らす親の影響だけではなく，さまざまな要因が関連するとされています（Kelly & Johnston, 2001）。

　たとえば，学童期後半の子どもの場合は，発達段階別の反応でみたように，親との心理的距離ができ，現実認識力が向上して親の争いが理解できるようになる一方，対処困難な場面では親に依存しているため，父母の争いに巻き込まれやすいこと，良い・悪いという二分法で物事をみて，離れて暮らす親が完全に悪いなどと極端なものの見方をしてしまうことが子どもの反応に影響している可能性もあります。また，父母それぞれの別居後の子どもへの対応，きょうだいや親族の意見による影響も考慮する必要もあります。そのため，子どもが離れて暮らす親に「会いたくない」と述べるとき，子どもの発言がどのような要因により形成されたのか，働きかけによって変化する可能性があるのかについて，さまざまな側面から丁寧に検討することが必要です。

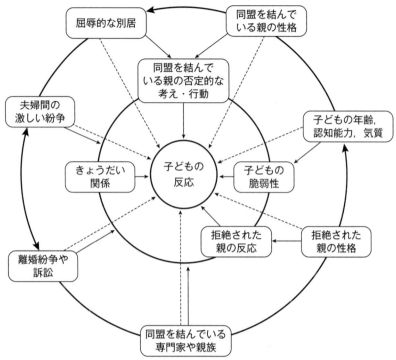

図13-5 子どもの面会交流に対する反応に影響を与える要因

屈辱的な別居

同盟を結んでいる親の性格

同盟を結んでいる親の否定的な考え・行動

夫婦間の激しい紛争

子どもの年齢，認知能力，気質

きょうだい関係

子どもの反応

子どもの脆弱性

離婚紛争や訴訟

拒絶された親の反応

拒絶された親の性格

同盟を結んでいる専門家や親族

出所：田高，2020

考えてみよう

1. 親が離婚するときに，子どもの気持ちを聴くのは，どのような理由からでしょうか。第三者（支援者など）が子どもから話を聴く場合に留意すべきことも考えてみましょう。
2. 子どもにとって，面会交流はどのような意義があるでしょうか。また，面会交流を行うべきでないのはどのような場合かを考えてみましょう。

🖋 本章のキーワードのまとめ

親権者	子どもが成人になるまで責任をもって育てる者。日本では，離婚時に父母のどちらか一方に親権者を定める必要があり，これを単独親権制度という。
面会交流 （親子交流）	子どもと離れて暮らす親が子どもと定期的に会ったり，電話や手紙などの方法で交流すること。2012 年の民法改正で明文化された（民法 766 条 1 項）。
養育費	子どもの監護や教育のために必要な費用のこと。具体的には，衣食住に必要な経費，教育費，医療費などであり，子どもを監護・養育している親は，他方の親に支払いを求めることができる。
家事事件	家庭裁判所が扱う家庭に関する事件のこと。離婚，面会交流，養育費などのほか，成年後見等事件，遺産分割，養子縁組などの幅広い類型がある。
家事事件手続法	家庭裁判所が管轄する家事事件の手続について定めた法律で，2013 年に施行された。
ハーグ条約	国境を越えた子どもの不法な連れ去りや留置をめぐる紛争に対応するための国際的なルール。条約締結国間の移動で，子どもが 16 歳未満の場合，子どもを元いた国に返還することが原則である。ただし，返還拒否事由がある場合には，返還を命じないこともある。
忠誠葛藤	両親が子どもの親権等を巡って争っている場合に，子どもはどちらの親につくかという選択を迫られながら，しかしどちらも裏切れないという引き裂かれるような思いを抱くこと。
面会交流 支援団体	当事者だけでは面会交流の実施が難しい場合に，当事者間の連絡問題や子の受渡し，見守りなど様々な支援を行っている民間の団体・個人。
片親疎外症候群	子どもが面会交流を拒むのは，子どもと一緒に暮らす親が子どもと離れて暮らす親の悪口を吹き込むなど洗脳していることが原因であるとして，米国の精神科医ガードナーが提唱した概念。その後，現象を単純化しすぎていると批判を受け，現在では，面会交流を子どもが拒む場合には，同居親の影響だけでなく，さまざまな要因を考慮する必要があるとされている。

引用文献・参考文献

●第1章

引用文献

Agnew, R. (1992). Foundation for a general strain theory of crime and delinquency. *Criminology*, **30**, 47-87.

Agnew, R., Brezina, T., & Wright, J. P. (2002). Strain, personality traits, and delinquency: Extending general strain theory. *Criminology*, **40**, 43-71.

Bohman, M. (1996). Predisposition to criminality: Swedish adoption studies in retrospect. In G. R. Bock & J. A. Goode (Eds.), *Genetics of criminal and antisocial behavior* (Ciba Foundation Symposium 194) (pp. 99-114) Chichester: Wiley.

Cloward, R. A. & Ohlin, L. E. (1960). *Delinquency and opportunity: A theory of delinquent gangs*. Glencoe, Ill: Free Press.

Cohen, A. K. (1966). *Deviance and control. Englewood Cliffs*, NJ: Prentice-Hall. (宮沢洋子(訳)(1968). 逸脱と統制　至誠堂)

Durkheim, É. (1897). *Suicide: A Study in Sociology*. London: Routledg. (デュルケーム　宮島喬(訳)(1985). 自殺論　中公文庫)

Eysenck, H. J. (1977). *Crime and personality* (3rd ed). Longon: Routledge and Kegan Paul.

Farrington, D. P. (2003). Key results from the first forty years of the Cambridge Study in Delinquent Development. In T. P. Thornberry & M. D. Krohn (Eds.), *Taking stock of delinquency: An overview of findings from contemporary longitudinal studies* (pp. 137-183)

Glueck, S. & Glueck, E. (1950). *Unraveling juvenile delinquency*. Cambridge, MA: Harvard University Press. (中央青少年問題協議会(訳)(1961). 少年非行の解明　大蔵省印刷局)

Gottfredson, M. R. & Hirschi, T. (1990). *A general theory of crime. Stanford*, CA: Stanford University Press. (大渕憲一(訳)(2017). 犯罪の一般理論——低自己統制シンドローム　丸善出版)

Goring, C. (1913). *The English convicts: A statistical study*. London: HMSO.

Healy, W. & Bronner, A. F. (1936). *New light on delinquency and its treatment*. New Haven: Yale University Press (樋口幸吉(訳)(1956). 少年非行　みすず書房)

Hirschi, T. (1969). *Causes of delinquency*. Berkeley: University of California Press. (森田洋司・清水新二(監訳)(1995). 非行の原因——家庭・学校・社会へのつながりを求めて　文化書房博文社)

Hirschi, H. (2004). Self-control and crime. In R. F. Baumeister & K. D. Vohs (Eds.), *Handbook of self-regulation: Research, theory, and applications* (pp. 537-552) New York: Guilford Press.

Hollin, C. R. (2002). Criminological psychology. In M. Maguire, R. Morgan, & R. Reiner (Eds.), *The Oxford handbook of criminology* (3rd ed) (pp. 144-174) Oxford: Oxford University Press.

Lange, J. (1929). *Crime as destiny* (translated 1931). London: Unwin.

Lombroso, C. (1876). *L'uomo delinquente*. Milan: Hoepli.

Lynam, D. R., Caspi, A., Moffitt, T. E., Raine, A., Loeber, R., & Stouthamer-Loeber, M. (2005). Adolescent psychopathy and the Big Five: Results from two samples. *Journal of Abnormal Child Psychology*, **33**, 431-443.

Menninger, K. A. (1938). *Man against himself*. New York: Harcourt, Brace, & Co. (草野栄三良(訳)(1963). おのれに背くもの　上・下　日本教文社)

Merton, R. (1957). *Social theory and social structure*. New York: Free Press. (森東吾・森好夫・金沢実・中島竜太郎(訳)(1961). 社会理論と社会構造　みすず書房)

Park, R. E. & Burgess, E. W. (1925). *The city*. Chicago: University of Chicago Press. (大道安次郎・倉田和四生(訳)(1972). 都市——人間生態学とコミュニティ論　鹿島出版会)

Shaw, C. R. & Mckay, H. D. (1931). *Juvenile delinquency and urban areas: A study of rate of delinquency in relation to differential characteristics of local communities in American cities*. Chicago: The University of Chicago Press.

Sutherland, E. H. (1939). *Principles of criminology*. Chicago: Lippincott.

●第2章

引用文献

Bonta, J. & Andrews, D. A. (2017). *The Psychology of Criminal Conduct* (6th ed). New York: Routledge. (ボンタ, J. & アンドリュース, D. A.　原田隆之(訳)(2018). 犯罪行動の心理学 [原著第6版]　北大路書房)

Guyatt, G. H. (1991). Evidence-based medicine. ACP Journal Club, march/April, A-16.

原田隆之 (2015a). 心理職のためのエビデンス・ベイスト・プラクティス入門——エビデンスをまなぶ, つくる, つかう　金剛出版

原田隆之 (2015b). 入門 犯罪心理学　ちくま新書

Lilienfeld, S. O., Lynn, S. J., & Lohr, J. M. (Eds.) (2003). *Science and Pseudoscience in Clinical Psychology*. New York: Guilford Press. (リリエンフェルド, S. O., リン, S. J., & ロー, J. M.(編)厳島行雄・横田正夫・齋藤雅英(監訳)(2007). 臨床心理学における科学と疑似科学　北大路書房)

Moffitt, T. E. (1993). Adolescence-limited and life-course-persistent antisocial behavior: A developmental taxonomy. *Psychological Review*, 100(4), 674-701.

Sacket, D. I., Straus, S. E., Richardson, W. S., Rosenberg, W., & Haynes, R. B. (2000). *Evidence-Based Medicine: How to Practice and Teach EBM* (2nd ed). London: Churchill Livingstone.

参考文献

ボンタ, J. & アンドリュース, D. A. 原田隆之(訳) (2018). 犯罪行動の心理学 [原著第6版] 北大路書房

原田隆之 (2015). 入門 犯罪心理学 ちくま新書

●第3章

引用文献

水島恵一 (1964). 非行少年の解明 新書館

Andrews, D. A. (1989). Recidivism is predictable and can be influenced: Using risk assessments to reduce recidivism. *Forum on Corrections Research*, 1(2), 11-18.

Bartol, C. R., & Bartol, A. M. (2017). *Criminal behavior: A psychological approach* (11th ed) Harlow: Pearson Education Ltd.

Bonta, J. & Andrews, D. A. (2017). *The psychology of criminal conduct*. N. Y: Routledge. (ボンタ, J.・アンドリュース, D. A. 原田隆之(訳) (2018). 犯罪行動の心理学 北大路書房)

Engel, G. (1977). The need for a new medical model: A challenge for biomedicine. *Science*, 196, 129-136.

Eysenck, H. J. (1964). *Crime and personality*. Boston, MA: Houghton Mifflin. (アイゼンク, H. J. MPI研究会(訳) (1966). 犯罪とパーソナリティ 誠信書房)

Glueck, S., & Glueck, E. (1950). *Unraveling juvenile delinquency*. Cambridge, MA: Harvard University Press. (グリュック, S.・グリュック, E. 中央青少年問題協議会(訳) 法務大臣官房司法法制調査部 補訂 (1961). 少年非行の解明 [補訂版] 法務大臣官房司法法制調査部)

Farrington, D. P., Coid, J. W., Harnett, L. M., Jolliffe, D., Soteriou N., Turner, R. E., & West, D. J. (2006). *Criminal careers up to age 50 and life success up to age 48: New findings from the Cambridge Study in Delinquent Development*. London: Home Office Research, Development and Statistics Directorate.

Fletcher, R. H., Fletcher, S. W., & Fletcher, G. S. (2014). *Clinical epidemiology: The essentials*. (5th ed). Baltimore, MD: Lippincott Williams & Wilkins. (フレッチャー, R. H. ほか 福井次矢(訳) (2016). 臨床疫学——EBM実践のための必須知識 [第3版] メデイカル・サイエンス・インターナショナル)

Hawkins, J. D., Herrnkohl, T, Farrington, D. P., Brewere, D., Catalano, R. F., & Harachi, T. (1998). A review of predictors in youth violence. In R. Loeber & D. P. Farrington (Eds.), *Serious and violent offenders: Risk factors and successful interventions* (pp. 106-146). Thousand Oaks, CA: SAGE Publications.

Healy, W., & Bronner, A. F. (1937). *New lights on delinquency and its treatment*. New Haven, CT: Yale University Press. (ヒーリー, W., ブロンナー, A. F., 樋口幸吉(訳) (1956). 少年非行 みすず書房)

Hempel, S. (2006). *The Medical detective: John Snow and the mystery of cholera*. London: Granta Books. (ヘンペル, S. 杉森裕樹・大神英一・山口勝正(訳) (2009). 医学探偵ジョン・スノウ——コレラとブロード・ストリートの井戸の謎 日本評論社)

Lipsey, M. W., & Derzon, J. H. (1998). Predictors of violent and serious delinquency in adolescence and early adulthood. In R. Loeber & D. P. Farrington (Eds.), *Serious and violent offenders: Risk factors and successful interventions* (pp. 86-105). Thousand Oaks, CA: SAGE Publications.

Loeber, R., Slot, N. W., & Stouthamer-Loeber, M. (2006). A three-dimensional, cumulative developmental model of serious delinquency. In Wikström P-O. H. & Sampson R. J. (Eds.), *The Explanation of crime: Context, mechanisms and development* (pp. 153-194). Cambridge: Cambridge University Press. (ローバー, R., スロット, N. W., & サウサマーローバー, M. (2013). 重大な非行の累積的3次元発育モデル ウイクストラム, P. H. & サンプソン, R. J.(編)松浦直己(訳) 犯罪学研究 (pp. 177-218) 明石書店)

Lösel, F., & Farrington, D. P. (2012). Direct protective and buffering protective factors in the development of youth violence. *American Journal of Preventive Medicine*, 43(2S1), S8-S23.

Maruna, S. (2001). *Making good: How ex-convicts reform and rebuild their lives*. Washington D. C.: American Psychological Association. (マルナ, S. 津富宏・河野荘子(監訳) (2013). 犯罪からの離脱と「人生のやり直し」 明石書店)

Moffitt, T. (1993). Adolescent-Limited and Life-Course Persistent antisocial behavior: A developmental taxonomy. *Psychological Review*, 100(4), 674-701.

Moffitt, T., & Caspi, A. (2006). Evidence from behavioral genetics for environmental contributions to antisocial conduct. In Wikström P-O. H. & Sampson R. J. (Eds.), *The Explanation of crime: Context, mechanisms and development* (pp. 108-152). (モフィット, T. & キャスピ, A. (2013). 行動遺伝学から得た反社会的行動に対する環境の影響を示すエビデンス ウイクストラム, P. H. & サンプソン, R. J.(編)松浦直己(訳) (2013). 犯罪学研究 (pp. 123-176) 明石書店)

Office of the Surgeon General (2001). *Youth violence: A report of the Surgeon General*. Washington D. C.: U. S. Department of Health and Human Services.

Peskin, M., Gao, Y., Glenn A. L., Rudo-Hutt A., Yang, Y., & Raine, A. (2013). Biology and crime. In F. T. Cullen & P. Wilcox (Eds.), *The Oxford handbook of criminological theory* (pp. 23-39). Oxford: Oxford University Press.

Raine, A. (2013). *The anatomy of violence*. (レイン, A. 高橋洋(訳) (2015) 暴力の解剖学 紀伊國屋書店)

Steinberg, L. (2007). Risk taking in adolescence: New perspectives from brain and behavioral science. *Current Directions in Psychological Science*, **16**(2), 55-59.

Sampson, R. J., & Laub, J. H. (1993). *Crime in the making: Pathways and the turning points through life*. Cambridge, MA: Harvard University Press.

Sampson, R. J., & Laub, J. H. (2003). Life-course desisters? Trajectories of crime among delinquent boys followed to age 70. *Criminology*, **41**, 301-339.

Sampson, R. J., Raudenbush, S. W., & Earls, F. (1997). Neighborhoods and violent crime: A multilevel study of collective efficacy. *Science*, **277**, 918-924.

Tanner-Smith, E. E., Wilson, S. J., & Lipsey, M. W. (2012). Risk factors and crime. In F. T. Cullen & P. Wilcox (Eds.), *The Oxford handbook of criminological theory* (pp. 89-111). Oxford: Oxford University Press.

Ward, T., & Maruna, S. (2007). *Rehabilitation: Beyond the risk paradigm*. London: Routledge.

Williams III, F. P., & McShane, M. D. (2018). *Criminological theory* (7th ed). N. Y., NY: Pearson.

Wolfgang, M. E., Figlio, R. M., & Sellin, T. (1972). *Delinquency in a birth cohort*. Chicago: University of Chicago Press.

山根清道(編) (1974). 犯罪心理学 新曜社

Yukhnenko, D., Blackwood, N., & Fazel, S. (2019). Risk factors for recidivism in individuals receiving community sentences: A systematic review and meta-analysis. *CNS Spectrums* Jun 20: 1-12. doi: 10.1017/S1092852919001056.

Zara, G. (2012). Adult onset offending: Perspectives for future research. In R. Loeber & B. C. Welsh (Eds.), *The future of criminology* (pp. 85-93). Oxford: Oxford University Press.

参考文献

ボンタ, J.・アンドリュース, D. A. 原田隆之(訳) (2018). 犯罪行動の心理学 北大路書房

レイン, A. 高橋洋(訳) (2015). 暴力の解剖学——神経犯罪学への招待 紀伊国屋書店

ウォルシュ, A. 松浦直己(訳) (2017). 犯罪学ハンドブック 明石書店

●第4章

引用文献

土井隆義 (2013). 後期近代の黎明期における少年犯罪の減少 (課題研究 犯罪率の低下は, 日本社会の何を物語るのか？) 社会緊張理論と文化学習理論の視点から 犯罪社会学研究, **38**, 5-108.

土井隆義・宮澤節生・石塚伸一・浜井浩一・大庭絵里 (2013). 課題研究「犯罪率の低下は, 日本社会の何を物語るのか？」 犯罪社会学研究, **38**, 5-108.

廣瀬健二 (2011). 少年法制の現状と展望 立教法務研究, **4**, 85-132.

法務省矯正局 (2020). 法務技官 (心理) とは http://www.moj.go.jp/kyousei1/kyousei_kyouse15.html (最終アクセス日：2020 年 5 月 26 日)

法務省保護局 (2020). 保護観察官になるには http://www.moj.go.jp/hogo1/soumu/hogo_hogo04-01.html (最終アクセス日：2020 年 5 月 26 日)

法務省法務総合研究所 (2022). 犯罪白書 (令和 4 年版)

法務省法務総合研究所 (2019). 犯罪白書〈令和元年版〉平成の刑事政策昭和情報プロセス

警察庁生活安全局 (2019). 少年非行の現状や少年警察活動について紹介する資料「少年からのシグナル (令和元年)」 https://www.npa.go.jp/bureau/safetylife/syonen/index.html (最終アクセス日：2020 年 5 月 26 日)

小林寿一 (2008). 少年非行の行動科学——学際的アプローチと実践への応用 小林寿一(編著) 少年非行の定義と動向 (pp. 2-19) 北大路書房

厚生労働省子ども家庭局 (2020). 平成 30 年「社会福祉施設等調査」 https://www.mhlw.go.jp/toukei/saikin/hw/fukushi/18/index.html (最終アクセス日：2020 年 5 月 26 日)

厚生労働省子ども家庭局 (2007). 児童相談所運営指針 https://www.mhlw.go.jp/bunya/kodomo/dv11/01.html (最終アクセス日：2020 年 5 月 26 日)

松尾浩也 (2007). 少年非行と少年法——戦後 60 年の推移 日本学士院紀要, **62**(1), 69-79.

森丈弓・津富宏 (2007). 年齢犯罪曲線に対する Moffitt 仮説と General Theory of Crime の検証 犯罪心理学研究, **44**(2), 23-38.

最高裁判所 (2020). 裁判の登場人物 (家庭裁判所調査官) https://www.courts.go.jp/saiban/zinbutu/tyosakan/index.html (最終アクセス日：2020 年 5 月 26 日)

渡辺則芳 (1980). パレンス・パトリエ思想の再検討 比較法制研究, **4**, 45-63.

藤岡淳子(編)(2007). 犯罪・非行の心理学　有斐閣ブックス

小林寿一(編著)(2008). 少年非行の行動科学——学際的アプローチと実践への応用　北大路書房

岡邊健 (2013). 現代日本の少年非行　その発生態様と関連要因に関する実証的研究　現代人文社

●第5章

引用文献

法務省法務総合研究所 (2022). 犯罪白書 (令和4年版)

法務省法務総合研究所 (2007). 犯罪白書 (平成19年版)

今福章司 (2013). 更生保護と刑の一部執行猶予　更生保護学研究, 3, 20-35.

伊東裕司・綿村英一郎・荒川歩・白取祐司・小原健司 (2016). 裁判員研究の現状とこれから：(法と心理学会第16回大会ワークショップ)　法と心理, 16(1), 94-99.

閣議決定 (2017). 再犯防止推進計画

厚生労働科学研究分担研究班 (2009). 通院処遇ハンドブック. https://www.ncnp.go.jp/nimh/chiiki/shihou/tsuin_syogu_handbook.pdf (最終アクセス日：2022年12月25日)

三木良子・淺沼太郎 (2018). 刑事事件に関与した障害者への『入り口支援』の現状と課題——東京における弁護士会と社会福祉職能団体の連携実践を通して　帝京科学大学紀要, 14, 1-8.

西瀬戸伸子・横地環・押切久遠・新海浩之・菊池安希子・平尾博志 (2018). 大会企画セッション 次代の保護観察官を考える——その役割と専門性(日本更生保護学会第6回大会報告)　更生保護学研究, (12), 77-86.

荻上チキ・浜井浩一 (2015). 新・犯罪論——「犯罪減少社会」でこれからすべきこと　現代人文社

田島良昭 (2009). 罪を犯した障がい者の地域生活支援に関する研究——平成18-20年度厚生労働科学研究 (障害保健福祉総合研究事業) 報告書

山本譲司 (2009). 累犯障害者　新潮社

参考文献

法務省法務総合研究所 (2023). 犯罪白書 (令和4年版)

Newburn, T. (2018). *Criminology: A Very Short Introduction*. Oxford University Press. (ティム・ニューバーン. 岡邊健(監訳) (2021). サイエンス超簡潔講座 犯罪学　ニュートンプレス)

荻上チキ・浜井浩一 (2015). 新・犯罪論——「犯罪減少社会」でこれからすべきこと　現代人文社

●第6章

引用文献

Andrews, D. A., & Bonta, J. (2006). *The psychology of criminal Conduct* (4th ed). New Province: Matthew Bender & Company.

Andrews, D. A., & Bonta, J. (1995). Level of service inventory-revised: LSI-R. Multi Health Systems.

Andrews, D. A., Bonta, J., & Wormith, J. S. (2004). *The Level of Service/ Case Management Inventory (LS/CMI): User's manual*. Toronto, Canada: Multi-Health Systems.

Andrews, D. A., Bonta, J., & Wormith, J. S. (2006). The recent past and near future of risk and/or need assessment. *Crime and Delinquency*, 52, 7-22.

Boer, D. R., Hart, S. D., Kropp, P. R., & Webster, C. D. (1997). Manual for the Sexual Violence Risk (SVR20). Mental Health, Law, and Policy Institute (p. 96).

Bonta, J., & Andrews, D. A. (2016). *The psychology of criminal conduct* (6th ed). New York: Routledge. (ボンタ, J., & アンドリュース, D. A.　原田隆之(訳) (2018). 犯罪行動の心理学　北大路書房)

Borum, R., Bartel, P., & Forth, A. (2006). SAVRY Structured Assessment of Violence Risk in Youth, PAR. de Vogel, V., Ruiter, C., Bouman, Y., & de Vries Robbé, M. (2014). *SAPROF (Structured Assessment of Protective Factors for violence risk)*. Van Der Hoeven Kliniek.

Burgess, E. W. (1928). Factors determining success or failure on parole. In A. A. Bruce, A. J. Harno, E. W. Burgess & J. Landesco (Eds.), *The workings of the indeterminatesentence law and the parole system in Illinois* (pp. 203-249). Springfield, IL: State Board of Parole.

Copas, J., & Marshall, P. (1997). The offender group reconviction scale: A statistical reconviction score for use by probation officers. *Journal of Applied Atatistics*, 47(1), 159-171.

Everitt, B. S., & Skrondal, A. (2010). *The Cambridge Dictionary of Statistic* (4th ed). Cambridge: Cambridge University Press.

Gottfredson, S. D., & Moriarty, L. J. (2006). Statistical risk assessment: Old problems and new applications. *Crime & Delinquency*, 52, 197-200.

Grove, W. M., Zald, D. H., Lebow, B. S., Snitz, B. E., & Nelson, C. (2000). Clinical versus mechanical prediction: A meta-analysis. *Psychological Assessment*, 12(1), 19-30.

Higley, C. A., Lloyd, C. D., & Serin, R. C. (2019). Age and motivation can be specific responsivity features that moderate the relationship between risk and rehabilitation outcome. *Law and Human Behavior,* **43**(6), 558-567.

Hanson, R. K., & Thornton, D. (2000). STATIC-99: Improving risk assessments for sex offenders: A comparison of three actuarial scales. *Law and Human Behavior,* **24**, 119-136.

Hamilton, Z., Kowalski, M. A., Kigerl, A., & Routh, D. (2019). Optimizing Youth Risk Assessment Performance: Development of the Modified Positive Achievement Change Tool in Washington State. *Criminal Justice and Behavior,* **46**(8), 1106-1127.

Hilterman, E. L., Bongers, I., Nicholls, T. L., & van Nieuwenhuizen, C. (2016). Identifying gender specific risk/need areas for male and female juvenile offenders: Factor analyses with the Structured Assessment of Violence Risk in Youth (SAVRY). *Law and Human Behavior,* **40**(1), 82-96.

法務省法務総合研究所 (2019). 令和元年版 再犯防止推進白書

Laws, D. R., & Ward, T. (2011). *Desistance from Sex Offending: Alternatives to Throwing Away the Keys.* New York: Guilford Publications. (ローズ, D. R. & ウォード, T. 津富宏・山本麻奈(監訳) (2014). 性犯罪からの離脱 日本評論社)

森丈弓 (2010). 犯罪・非行のリスクアセスメント 青少年問題, **640**, 8-13.

森丈弓・東山哲也・西田篤史 (2014). 法務省式ケースアセスメントツール(MJCA)に係る基礎的研究Ⅰ——MJCA の開発及び信頼性・妥当性の検証 犯罪心理学研究, **52** (特別号), 54-55.

Prendergast, M. L., Pearson, F. S., Podus, D., Hamilton, Z. K., & Greenwell, L. (2013). The Andrews' principles of risk, need, and responsivity as applied in drug abuse treatment programs: Meta-analysis of crime and drug use outcomes. *Journal of Experimental Criminology,* **9**, 275-300.

生島浩 (2011). 非行臨床モデルの意義と課題 生島浩・岡本吉生・廣井亮一(編著) 非行臨床の新潮流 (pp. 135-147) 金剛出版

寺村堅志 (2007). 犯罪者・犯罪少年のアセスメント 藤岡淳子(編) 犯罪・非行の心理学 (pp. 193-211) 有斐閣

Van Voorhis, P., Wright, E. M., Salisbury, E., & Bauman, A. (2010). Women's Risk Factors and Their Contributions to Existing Risk/Needs Assessment. *Criminal Justice and Behavior,* **37**(3), 261-288.

Youth Justice Board (2006). *Asset* (Introduction). London, UK: Youth Justice Board.

●第7章

引用文献

American Psychiatric Association 日本精神神経学会(監修)高橋三郎・大野裕(監訳) (2014). DSM-5 精神疾患の診断・統計マニュアル (pp. 124-125) 医学書院

Andrews, D. A., Bonta, J., & Wormith, J. S. (2006). The Recent Past and Near Future of Risk and/or Need Assessment. *Crime & Delinquency*, **52**(1), 7-27.

法務省法務総合研究所(編) (2022) 令和4年版犯罪白書 http://www.moj.go.jp/housouken/housouken03_00027.html (最終アクセス日：2023年5月30日)

古茶大樹 (2020). クレプトマニアの責任能力について 精神神経学雑誌, **122**(11), 822-831.

厚生労働省 心神喪失者等 医療観察法 https://www.mhlw.go.jp/stf/seisakunitsuite/bunya/hukushi_kaigo/shou-gaishahukushi/sinsin/index.html International Classification of Diseases and Related Health Problems 10th Revision (最終アクセス日：2023年5月30日)

Skeem, J. L., Manchak, S., & Peterson, J. K. (2011). Correctional policy for offenders with mental illness: Creating a new paradigm for recidivism reduction. *Law and Human Behavior*, **35**(2), 110-126.

World Health Organization https://www.who.int/classifications/icd/ICD10Volume2_en_2010.pdf (最終アクセス日：2023年5月30日)

参考文献

山下格 (2022). 精神医学ハンドブック [第8版] 日本評論社

落合慈之(監修) (2015). 精神神経疾患ビジュアルブック 学研

日本精神神経学会医師臨床研修制度に関する検討委員会(編集) (2020). 研修医のための精神科ハンドブック 医学書院

●第8章

引用文献

Burlingame, G. M., MacKenzie, K. R., & Strauss, B. (2004). Small group treatment: Evidence for effectiveness and mechanisms of change. In M. J. Lambert (Ed.), *Bergin and Garfields' handbook of psychotherapy and behavior change* (5th ed) (pp. 647-696). New York: Wiley & Sons.

Hayes, S. C., Strosahl, K. D., & Wilson, K. G. (1999). *Acceptance and commitment therapy: An experiential approach to behavior change.* New York: Guilford Press.

本田恵子 (2010). キレやすい子へのアンガーマネージメント——段階を追った個別指導のためのワークとタイプ別事例集 ほんの森出版

法務省性犯罪者処遇プログラム研究会 (2006). 性犯罪者処遇プログラム研究会報告書　法務省矯正局・保護局

Mallion, J., Wood, J. L., & Mallion, A. (2020). Systematic Review of 'Good Lives' Assumptions and Interventions. *Aggression and Violent Behavior*, 55, 101510.

Marlatt, G. A., & Donovan, D. M. (2005). *Relapse prevention: Maintenance strategies in the treatment of addictive behaviors* (2nd ed). New York: Guilford Press.

Miller, W. R., & Rollnick, S. (2002). *Motivational interviewing: Preparing people for change* (2nd ed). New York: Guilford Press.

Rosengren, D. B. (2009). *Building motivational interviewing skills: A practitioner workbook*. New York: Guilford Press

Ward, T., Mann, R. E., & Gannon, T. A. (2007). The good lives model of offender rehabilitation: Clinical implications. *Aggression and Violent Behavior*, 12, 87-107.

参考文献

坂野雄二(監修) (2012). 60 のケースから学ぶ認知行動療法　北大路書房

門本泉・嶋田洋徳 (2017). 性犯罪者への治療的・教育的アプローチ　金剛出版

ローゼングレン，D. B.　原井宏明(監訳) (2013). 動機づけ面接を身につける——一人でもできるエクササイズ集　星和書店

●第9章

引用文献

法務省 (2022). 矯正統計　http://www.moj.go.jp/housei/toukei/toukei_ichiran_kousei.html（最終アクセス日：2023 年 5 月 1 日）

法務省 (2022). 少年矯正統計　http://www.moj.go.jp/housei/toukei/toukei_ichiran_shonen-kyosei.html（最終アクセス日：2023 年 5 月 1 日）

厚生労働省 (2021). 令和 2 年度福祉行政報告例 児童福祉　https://www.e-stat.go.jp/statistics/00450046（最終アクセス日：2023 年 5 月 1 日）

厚生労働省子ども家庭局長 (2018). 一時保護ガイドラインについて　https://www.mhlw.go.jp/content/000477825.pdf（最終アクセス日：2023 年 5 月 1 日）

厚生労働省雇用均等・児童家庭局家庭福祉課 (2014). 児童自立支援施設運営ハンドブック　https://www.mhlw.go.jp/seisakunitsuite/bunya/kodomo/kodomo_kosodate/syakaiteki_yougo/dl/yougo_book_5_0.pdf（最終アクセス日：2023 年 5 月 1 日）

富田拓 (2017). 非行と反抗がおさえられない子どもたち——生物・心理・社会モデルから見る素行症・反抗挑発症の子へのアプローチ(子どものこころの発達を知るシリーズ 08)　合同出版

参考文献

法務省矯正局編 (2018). 子ども・若者が変わるとき——育ち・立ち直りを支え導く少年院・少年鑑別所の実践　公益財団法人矯正協会

門本泉 (2019). 加害者臨床を学ぶ——司法・犯罪心理学現場の実践ノート　金剛出版

内海新祐 (2013). 児童養護施設の心理臨床——「虐待」のその後を生きる　日本評論社

●第 10 章

引用文献

Chadwick, N., Dewolf, A., & Serin, R. (2015). Effectively training community supervision officers: A meta-analytic review of the impact on offender outcome. *Criminal justice and behavior*, 42(10), 977-989.

Confederation of European Probation (2021). The 14th United Nations Crime and Justice Congress, Kyoto 2021　https: //www. cep-probation. org/the-14th-united-nations-crime-and-justice-congress-kyoto-2021/（最終アクセス日：2023 年 5 月 30 日）

今福章二 (2016). 保護観察とは　今福章二・小長井賀與(編著)　保護観察とは何か——実務の視点からとらえる (pp. 2-26)　法律文化社

法務省法務総合研究所 (2021). 犯罪白書（令和 3 年版）

法務省保護局 (2020). 保護観察所における性犯罪者処遇プログラム受講者の再犯等に関する分析結果について（令和 2 年 3 月版）　http://www.moj.go.jp/hogo1/soumu/hogo02_00001.html（最終アクセス日：2023 年 5 月 30 日）

Latessa, E. J., Smith, P., Schweitzer, M., & Labrecque, R. M. (2013). *Evaluation of the effective practices in community supervision model (EPICS) in Ohio*. Cincinnati, OH: University of Cincinnati.

内閣府 (2018). 再犯防止対策に関する世論調査　https://survey.gov-online.go.jp/h30/h30-saihan/index.html（最終アクセス日：2023 年 5 月 30 日）

Risk Management Authority (2007). Standards and guidelines: risk management of offenders subject to an order for lifelong restriction.

参考文献

藤本哲也・生島浩・辰野文理(編著)(2016)．よくわかる更生保護　ミネルヴァ書房

ボンタ, J. アンドリュース, D. A. 原田隆之(訳)(2018)．犯罪行動の心理学　北大路書房

マーラット, G. A. ドノバン, D. M. 原田隆之(訳)(2011)．リラプス・プリベンション　日本評論社

●第11章

引用文献

American Psychiatric Association (2013). Diagnostic and statistical manual of mental disorders, the 5th edition: DSM-5. Washington, DC: American Psychiatric Publishing. (米国精神医学会　高橋三郎・大野裕(監訳)染矢俊幸・神庭重信・尾崎紀夫・三村將・村井俊哉(訳)(2014)．DSM-5——精神疾患の診断・統計マニュアル　医学書院)

Canter, D., & Youngs, D. (2009). Introducing investigative psychology. In D. Canter & D. Youngs, *Investigative psychology: Offender profiling and the analysis of criminal action*. Chichester, England: John Wiley & Sons.

Fawcett, J. M., Russell, E. J., Peace, K. A., & Christie, J. (2013). Of guns and geese: A meta-analytic review of the 'weapon focus' literature. *Psychology, Crime & Law*, **19**, 35-66.

Fisher, R. P., & Geiselman, R. E. (1992). Memory-enhancing Techniques for investigative interviewing: The cognitive interview. Charles C. Thomas Publisher. (フィッシャー, R. P. & ガイゼルマン, R. E. 宮田洋(監訳)・高村茂・横田賀英子・横井幸久・渡邉和美(訳)(2012)．認知面接——目撃者の記憶想起を促す心理学的テクニック　関西学院大学出版会)

Gudjonsson, G. H. (2018). The development of the science: The evidence base. In G. H. Gudjonsson (Ed.), *The psychology of false confessions: Forty years of science and practice* (pp. 87-137). Chichester, England: John Wiley.

橋本和明 (2016)．犯罪心理鑑定の意義と技術　橋本和明(編)　犯罪心理鑑定の技術 (pp. 19-59)　金剛出版

Hershkowitz, I., Lamb, M. E., Katz, C., & Malloy, L. C. (2013). Does enhanced rapport-building alter the dynamics of investigativeinterviews with suspected victims of intra-familial abuse? *Journalof Police and Criminal Psychology*, **30**, 6-14.

Kassin, S. M., & Wrightsman, L. S. (1985). Confession evidence. In S. Kassin & L. Wrightsman (Eds.), *The psychology of evidence and trial procedure* (pp. 67-94). Beverly Hills, CA: Sage.

警察庁刑事企画課 (2012)．取調べ (基礎編)　https://www.npa.go.jp/sousa/kikaku/20121213/shiryou.pdf (最終アクセス日：2021年6月25日)

Lamb, M. E., Orbach, Y., Hershkowitz, I., Esplin, P. W., & Horowitz, D. (2007). A structured forensic interview protocol improves the quality and informativeness of investigative interviews with children: A review of research using the NICHD Investigative Interview Protocol. *Child Abuse & Neglect*, **31**(11-12), 1201-1231.

Loftus, E. F., & Loftus, G. R., & Messo, J. (1987). Some facts about "weapon focus". *Law and human behavior*, **11**, 55-62.

松田いづみ (2016a)．ポリグラフ検査の生理指標　日本犯罪心理学会(編)　犯罪心理学事典 (pp. 248-249)　丸善出版

松田いづみ (2016b)．隠すことの心理生理学——隠匿情報検査からわかったこと　心理学評論, **59**(2), 162-181.

松嶋祐子 (2020)．情状鑑定の現状について　専修人文論集, **107**, 103-121.

Memon, A., Meissner, C. A., & Fraser, J. (2010). The Cognitive Interview: A meta-analytic review and study space analysis of the past 25 years. Psychology, *Public Policy, and Law*, **16**(4), 340-372.

仲真紀子 (2016a)．司法面接　日本犯罪心理学会(編)(2016)　犯罪心理学事典 (pp. 240-243)　丸善出版

仲真紀子 (2016b)．司法面接とは何か　仲真紀子(編)　子どもへの司法面接——考え方・進め方とトレーニング (pp. 2-14)　有斐閣

NICHD ガイドライン (2007年版)．http://nichdprotocol.com/nichdprotocoljapanese.pdf (最終アクセス日：2021年6月21日)

日本司法精神医学会刑事精神鑑定倫理ガイドライン　http://jsfmh.org/oshirase/pdf/kanteirironGL.pdf (最終アクセス日：2021年6月24日)

小川時洋 (2016)．ポリグラフ検査の質問法　日本心理学会(編)　犯罪心理学辞典 (pp. 250-251)　丸善出版

岡田幸之 (2011)．精神鑑定　越智啓太・藤田政博・渡邉和美(編)　法と心理学の事典——犯罪・裁判・矯正 (pp. 518-521)　朝倉書店

岡田幸之 (2016)．精神鑑定　日本犯罪心理学会(編)(2016)　犯罪心理学事典 (pp. 684-687)　丸善出版

大上渉 (2016)．目撃者の記憶　日本犯罪心理学会(編)(2016)　犯罪心理学事典 (pp. 230-233)　丸善出版

須藤明 (2016)．情状鑑定　日本犯罪心理学会(編)(2016)　犯罪心理学事典 (pp. 688-689)　丸善出版

谷口麻起子 (2015)．鑑定人としての心理士の役割について　聖泉論叢, **23**, 121-133.

和智妙子 (2011)．被疑者が知的障害者である場合の取調べ　捜査研究, **60**(8), 2-16.

渡辺昭一 (2004a)．心理学と犯罪捜査のかかわり　渡辺昭一(編)　捜査心理学 (pp. 1-6)　北大路書房

渡辺昭一 (2004b)．目撃証言の心理　渡辺昭一(編)　捜査心理学 (pp. 8-19)　北大路書房

渡邉和美（2011）．日本のプロファイリング　越智啓太・藤田政博・渡邉和美（編）　法と心理学の事典——犯罪・裁判・矯正（pp. 288-289）　朝倉書店

山本直宏・廣田昭久・新岡陽光（2017）．ポリグラフ検査　越智啓太・桐生正幸（編）　テキスト司法・犯罪心理学（pp. 357-402）　北大路書房

横田賀英子（2004）．イギリスにおける犯罪情報分析と心理学　渡辺昭一（編）　捜査心理学（pp. 210-219）　北大路書房

Yokota, K., Kuraishi, H., Wachi, T., Otsuka, Y., Hirama, K., & Watanabe, K. (2017). Practice of offender profiling in Japan. *International Journal of Police Science and Management*. 19(3), 187-194.

参考文献

日本犯罪心理学会（編）（2016）　犯罪心理学事典　丸善出版

越智啓太・藤田政博・渡邉和美（編）（2011）　法と心理学の事典——犯罪・裁判・矯正　朝倉書店

仲真紀子（編）（2016）　子どもへの司法面接——考え方・進め方とトレーニング　有斐閣

●第 12 章

引用文献

警察庁「地方公共団体における犯罪被害者等施策に関する基礎資料」　https://www.npa.go.jp/hanzaihigai/local/toukei.html（最終アクセス：2023 年 6 月 9 日）

警察庁「犯罪被害者等基本法」　https://www.npa.go.jp/hanzaihigai/hourei/kihon_hou.html（最終アクセス：2023 年 6 月 9 日）

警察庁　犯罪被害者等施策　警察の犯罪被害者等施策　https://www.npa.go.jp/higaisya/index.html（最終アクセス：2023 年 6 月 9 日）

検察庁「犯罪被害者の方々へ　被害者保護と支援のための制度について」　http://www.moj.go.jp/content/001317511.pdf（最終アクセス：2023 年 6 月 9 日）

内閣府男女共同参画局（2018）．男女間における暴力に関する調査　http://www.gender.go.jp/policy/no_violence/e-vaw/chousa/h11_top.html（最終アクセス：2023 年 6 月 9 日）

仲真紀子（2017）．事件，事故のことを子どもからどう聴き取ればよいか？——子どもへの司法面接，サイナビ！　ブックレット，vol. 15，ちとせプレス

全国被害者支援ネットワーク　https://www.nnvs.org/（最終アクセス：2023 年 6 月 9 日）

参考文献

警察庁（2021）．犯罪被害者白書　令和 3 年版　https://www.npa.go.jp/hanzaihigai/whitepaper/top.html（最終アクセス：2023 年 6 月 9 日）

特定非営利活動法人性暴力救援センター・大阪 SACHICO（2017）．性暴力被害者の法的支援——性的自己決定権・性的人格権の確立に向けて（性暴力被害者の総合的・包括的支援シリーズ 1）　信山社

齋藤梓・大竹裕子（編著）（2020）．性暴力被害の実際——被害はどのように起き，どう回復するのか　金剛出版

●第 13 章

引用文献

Amato, P. R. (2010). Research on Divorce: Continuing Trends and New Developments. *Journal of Marriage and Family,* 72, 650-666.

Amato, P. R., & Gilbreth, J. G. (1999). Nonresident Fathers and Children's Well-Being: A Meta-Analysis. *Journal of Marriage and the Family,* 61, 557-573.

Amato, P. R., & Rezac, S. J. (1994). Contact with Nonresident Parents, Interparental Conflict, and Children's Behavior. *Journal of Family Issues,* 15, 191-207.

青木聡（2011）．面会交流の有無と自己肯定感／親和不全の関連について　大正大学カウンセリング研究所紀要，34, 5-17.

Brown, J. H., Portes, P. Cambron, M. L., Zimmerman, D., Rickert, V., & Bissmeyer, C. (1994). Families in Transition: A Court-Mandated Divorce Adjustment Program for Parents and Children, *Juvenile and Family court Journal,* 45, 27-32.

知野明・藤田奈緒子（2021）．札幌家裁における親ガイダンス（子どもを考えるプログラム）について　甲斐哲彦（編著）　家庭裁判所の家事実務と理論——家事事件手続法後の実践と潮流（pp. 79-99）　日本加除出版

FAIT-JAPAN（2017）．家族のかたち，子どものきもち——親と子が幸せになるために　http://fait-japan.com/pamphlet/FAIT_pamphlet_2.pdf（最終アクセス：2022 年 8 月 14 日）

藤田博康（2016）．親の離婚を経験した子どもたちのレジリエンス——離婚の悪影響の深刻化と回復プロセスに関する「語り」の質的研究　家族心理学研究，30, 1-16.

藤田博康・石田真由子（2014）．親の離婚を経験した子どものケアに関する教員の意識調査——小学校・中学校・高校におけるアンケート調査，インタビュー調査を通じて　帝塚山学院大学人間科学部研究年報，16, 19-36.

福丸由佳（2013）．離婚を経験する移行期の家族への心理教育　家族心理学年報，31, 81-91.

福丸由佳・小田切紀子・大瀧玲子・大西真美・曽山いづみ・村田千晃・本田麻希子・山田哲子・渡辺美穂・青木聡・藤田博康（2014）．離婚を経験する家族への心理教育プログラム FAIT の実践——親に向けた試行実践から得られた示唆と今

後の課題　明治安田こころの健康財団研究助成論文集，**49**，38-44.

福丸由佳（編著）（2023）．離婚を経験する親子を支える心理教育プログラム FAIT——ファイト　新曜社

外務省（2019）．ハーグ条約を知ろう！　①ハーグ条約のしくみ　https://www.youtube.com/watch?v＝BrezDmg9I98（最終アクセス：2022 年 8 月 14 日）

Gardner, R. (1985). Recent Trends in Divorce and Custody Litigation, *Academy Forum*, **29**(2), 3-7.

本田麻希子・遠藤麻貴子・中釜洋子（2011）．離婚が子どもと家族に及ぼす影響について——援助実践を視野に入れた文献研究　東京大学大学院教育学研究科紀要，**51**，269-286.

法務省（2020）．父母の離婚後の子の養育に関する海外法制について　http://www.moj.go.jp/content/001318630.pdf（最終アクセス：2022 年 8 月 14 日）

法務省（2023）．子どもの養育に関する合意書作成の手引きと Q&A　https://www.moj.go.jp/content/001322060.pdf（最終アクセス：2023 年 4 月 18 日）

直原康光・安藤智子（2019）．別居・離婚後の子どもが体験する父母葛藤や父母協力の探索的検討　発達心理学研究，**30**，86-100.

直原康光・安藤智子（2020）．別居・離婚後の父母葛藤・父母協力と子どもの心理的苦痛，適応等との関連——児童期から思春期に親の別居・離婚を経験した者を対象とした回顧研究　発達心理学研究，**31**，12-25.

Jikihara Y., & Ando S. (2020). Reliability and validity of the Fisher Divorce Adjustment Scale: Japanese and Japanese Short Versions, *Journal of Divorce & Remarriage*, **61**, 487-503.

直原康光・安藤智子（2021）．離婚後の父母コペアレンティング，ゲートキーピング尺度の作成と子どもの適応との関連　教育心理学研究，**69**，116-134.

直原康光・安藤智子（2022）．離婚後の父母コペアレンティングと子どもの心理的苦痛，適応等との関連——別居後面会交流を実施していた児童期後半から思春期の子どもと母親の親子対応データを用いた検討　教育心理学研究，**70**，163-177.

直原康光・曽山いづみ・野口康彦・稲葉昭英・野沢慎司（2021）．父母の離婚後の子の養育の在り方に関する心理学及び社会学分野等の先行研究に関する調査研究報告書　https://www.moj.go.jp/content/001365906.pdf（最終アクセス：2022 年 8 月 24 日）

香川礼子・畔上早月・中山一広.（2020）．東京家庭裁判所における親ガイダンスの取組について——現状と課題　家庭の法と裁判，**24**，36-42.

梶村太市・長谷川京子（編）（2015）．子ども中心の面会交流——こころの発達臨床・裁判実務・法学研究・面会支援の領域から考える　日本加除出版

家庭問題情報センター（2005）．離婚した親と子どもの声を聴く——養育環境の変化と子どもの成長に関する調査研究　家庭問題情報センター

金子修（編著）（2013）．逐条解説家事事件手続法　商事法務

加藤司（2009）．離婚の心理学——パートナーを失う原因とその対処　ナカニシヤ出版

川島亜紀子・眞榮城和美・菅原ますみ・酒井厚・伊藤教子（2008）．両親の夫婦間葛藤に対する青年期の子どもの認知と抑うつとの関連　教育心理学研究，**56**，353-363.

Kelly, J, B., & Emery, R, E. (2003). Children's adjustment following divorce: Risk and resilience perspectives. *Family Relations*, **52**, 352-362.

Kelly, J. B., & Johnston, J. R. (2001). THE ALIENATED CHILD A Reformulation of Parental Alienation Syndrome. *Family Court Review*, **39**, 249-266.

Kessler, R. C., Walters, E. E., & Forthofer, M. S. (1998). The social consequences of psychiatric disorders, III: Probability of marital stability. *American Journal of Psychiatry*, **155**, 1092-1096.

厚生労働省（2022）．令和 3 年度全国ひとり親世帯等調査結果報告（令和 3 年 11 月 1 日現在）　https://www.mhlw.go.jp/content/11920000/001027808.pdf（最終アクセス：2023 年 4 月 18 日）

厚生労働省（2023）．令和 3 年人口動態統計—VITAL STATISTICS OF JAPAN 2021—　https://www.mhlw.go.jp/toukei/saikin/hw/jinkou/houkoku21/dl/all.pdf（最終アクセス：2023 年 4 月 18 日）

McGoldrick, M. & Carter, B (2016). The remarriage cycle: Divorced, multi-nuclear and recoupled families. In McGoldrick, M., Preto, N. G., & Carter, B (Ed.), *The expanding Family Life Cycle: The Individual, Family, and Social Perspectives* (5th ed) (pp. 408-429). Massachusetts: Pearson.

McIntosh, J., Burke, B., Dour, N., & Gridley, H. (2009). Parenting after Separation: A Position Statement prepared for The Australian Psychological Society　https://psychology.org.au/getmedia/f5dfbf01-b110-4ecf-b04f-578e7dc8136a/parenting_separation_2009-position-statement.pdf（最終アクセス：2022 年 8 月 22 日）

McIntosh, J., & Chisholm, R. (2008). Shared Care and Children's Best Interests In Conflicted Separation. *AUSTRALIAN FAMILY LAWYER*, **20**, 3-16.

夏目誠・村田弘（1993）．ライフイベント法とストレス度測定　公衆衛生研究，**42**，402-412.

二宮周平（2020）．子どもの意見表明権と子どもへの情報提供——尊厳と育ちへのサポート　離婚・再婚家族と子ども研究，**2**，16-28.

二宮周平・渡辺惺之 (2014). 離婚紛争の合意による解決と子の意思の尊重 日本加除出版

野口康彦・青木聡・小田切紀子 (2016). 離婚後の親子関係および面会交流が子どもの適応に及ぼす影響 家族療法研究, **33**, 331-337.

野末武義 (2019). 夫婦関係の危機と援助——愛情は幻だったのか 中釜洋子・野末武義・布柴靖枝・無藤清子(編著) 家族心理学——家族システムの発達と臨床的援助 (pp. 159-175) 有斐閣ブックス

小田切紀子 (2005). 離婚家庭の子どもに関する心理学的研究 応用社会学研究, **15**, 21-37.

小田切紀子 (2009). 子どもから見た面会交流 自由と正義, **60**(12), 28-34.

小田切紀子・青木聡 (2019). 離婚後の面会交流のためのオンライン親ガイダンス 大正大学カウンセリング研究所紀要, **42**, 25-42.

岡本吉生・金子隆男・濱本園子 (1998). 家事事件における子どもの調査方法に関する研究 家庭裁判所調査官実務研究(指定研究)報告書第 7 号 家庭裁判所調査官研修所

大西真美・曽山いづみ・杉本美穂・大瀧玲子・山田哲子・福丸由佳 (2022). 離婚を経験する家族への心理教育 FAIT (Families in Transition)プログラムによる支援——同居親と別居親の体験の違いに注目して 家族心理学研究, **35**, 137-154.

小澤真嗣 (2009). 家庭裁判所調査官による「子の福祉」に関する調査——司法心理学の視点から 家庭裁判月報, **61**(11), 1-60.

最高裁判所 (2017). 平成 27 年度司法統計年報家事事件編——9 家事審判・調停事件の事件別新受件数 家庭裁判所別 https://www.courts.go.jp/app/files/toukei/703/008703.pdf (最終アクセス：2022 年 8 月 14 日)

Schaffer, H. R. (1998). *Making decisions about children* (2nd ed). Oxford: Blackwell Publishers. (シャーファー, H. R. 無藤隆・佐藤恵理子(訳) (2001). 子どもの養育に心理学がいえること——発達と家族環境 新曜社)

曽山いづみ・大西真美・杉本美穂・大瀧玲子・山田哲子・福丸由佳 (2021). 離婚を経験した家族に対する心理教育, FAIT プログラムのオンライン試行実践 質的心理学研究, **20**, S35-42.

田高誠 (2020). 面会交流をめぐる「子どもの拒否」の考え方 小田切紀子・町田隆司(編著) 離婚と面会交流——子どもに寄りそう制度と支援 (pp. 114-133) 金剛出版

棚村政行 (2010). 面会交流への社会支援のあり方 家族 社会と法, **26**, 75-98.

東京家庭裁判所面会交流プロジェクトチーム. (2020). 東京家庭裁判所における面会交流調停事件の運営方針の確認及び新たな運営モデルについて 家庭の法と裁判, **26**, 129-136.

氏原寛・小川捷之・東山紘久・村瀬孝雄・山中康裕(編) (1992). 心理臨床大事典 培風館

Wallerstein, J. S., & Kelly, J. (1980). Effects of divorce on the visiting father-child relationship. *American Journal of Psychiatry,* **137**, 1534-1539.

Wallerstein, J. S., Lewins, J. M., & Blakeslee, S. (2000). *The unexpected legacy of divorce*. New York: Carol Mann Literary Agency. (ウォーラスタイン, J. S., ルイス. J. M., &, ブレイクスリー, S. S. 早野依子(訳) (2001). それでも僕らは生きていく——離婚・親の愛を失った 25 年間の軌跡 PHP 研究所)

横山和宏 (2016). 面会交流及び共同監護に関する米国等の心理社会学的研究の動向 家調協フォーラム, **290**, 47-69.

横山和宏 (2018). 子が面会交流を拒否する事例での調査及び調整の方法の検討 家裁調査官研究紀要, **25**, 55-109.

参考文献

村尾泰弘(編著) (2022). Q&A 離婚・再婚家族と子どもを知るための基礎知識——当事者から心理・福祉・法律分野の実務家まで 明石書店

Wallerstein, J. S., Lewins. J. M., & Blakeslee. S. (2000). *The unexpected legacy of divorce*. New York: Carol Mann Literary Agency. (ウォーラスタイン, J. S., ルイス. J. M., &, ブレイクスリー, S. S. 早野依子(訳) (2001). それでも僕らは生きていく——離婚・親の愛を失った 25 年間の軌跡 PHP 研究所)

Schaffer, H. R. (1998). *Making decisions about children* (2nd ed). Oxford: Blackwell Publishers. (シャーファー, H. R. 無藤隆・佐藤恵理子(訳) (2001). 子どもの養育に心理学がいえること——発達と家族環境 新曜社)

このページでは，「考えてみよう」の回答例や回答するためのヒントを示しています。
自分で考える際の参考にしましょう。

■第1章（14ページ）

1．例：共通に見いだされているのは社会不適応を招きやすい特性で，欲望を抑えられないとか自分の行為がもたらす結果を考慮しないなどの衝動性がしばしば見いだされてきた。

2．例：緊張とは差別や疎外などの社会的要因によって生み出されるストレスや欲求不満，あるいはそうした社会的状況の特徴を指す。マートンの理論では，合法的社会制度から疎外されて緊張状態におかれた人の中に，非合法的手段に訴えてでも目標達成を図ろうとする人がおり，それが犯罪となる。

■第2章（27ページ）

例：貧困や精神障害は犯罪の原因だと思っていたが，そうではないことがわかった。暗いところで本を読むと目が悪くなると思っていたが，医学的根拠はないことがわかった。

■第3章（42ページ）

　日本では重要な時期の一つに老年期があげられる。老年期犯罪のリスク要因は十分知られていないが，生物学的要因としては認知症（例：ピック病［前頭側頭型認知症の一病型］），心理的要因としては孤独感や生活面での先行き不安，社会的要因としては近隣・家族からの孤立等が促進要因となり得る。保護因子としては，心身の健康増進活動参加や対人的つながりを高めるための地域の見守り活動のサービス対象とするなどの対策が考えられる。

■第4章（58ページ）

　犯罪が減少する理由を知ることは，犯罪が増加する原因を列挙するよりも難しいと考えられる。なぜならば，後者においては，急増している犯罪内容やその手口，犯行動機・原因を直接調べることはできても，前者では間接的に推測するような方法しか用いることができない。

　わが国では，2002年，刑法犯の認知件数は戦後最多を記録したが，2015年から刑法犯認知件数は，戦後最少を記録し続けている。また，その減少傾向は，特に少年非行において顕著である。その理由としては，犯罪防止・啓発活動の活発化，防犯意識の高まり，防犯カメラの普及，再犯防止施策の推進などが考えられる。

　土井（2013）は，主要な犯罪原因論のうち，社会緊張理論と文化学習理論を用いて，現在の日本の状況は，社会的緊張が弛緩する一方で，逸脱文化が衰退する方向にあり，そのため，逸脱行動への促進力は削がれることになっていることを各種の統計や調査結果を参照しながら詳説している。

■第5章 (72 ページ)

1. 統計上に現れる犯罪は，社会の犯罪の実態を表しているわけではなく，警察などの捜査機関がどの程度犯罪をコントロールしているか，という側面を表すものと考える見方もある。実際に犯罪の被害にあった人はいろいろな事情からその被害を警察に申告しないかもしれないし，逆に窃盗などの被害にあった人が保険の請求のために今までは申告しなかった犯罪被害を申告したり，性犯罪への意識の高まりや警察の態度の変化によって被害者が被害の報告を行いやすくなることもあるかもしれない。さらには，薬物犯罪のように被害者がいなくても社会の圧力から捜査機関が重点的に取り締まりをしている可能性もある。

また，マスコミは一部の重大な犯罪だけをセンセーショナルに取り上げて問題視する傾向があり，必要以上に社会の不安をあおっているのかもしれないと考えられる一方，法律がまだ犯罪と認定していない社会的に望ましくない行為を社会にあぶりだすという機能もあるのかもしれない。

したがって，犯罪の増減を考えるときには私たちは公式統計やマスメディアの主張をうのみにするのではなく，事象を多面的に考えることが必要となる。

2. 犯罪を行った人は確かに自分の快楽や利益のためにその行為をしたかもしれず，また，被害者がある場合はその権利を侵害したことは確かである。

しかし，刑事司法の現状をみると違反者のすべてが処罰されているわけではない。

その理由の一つは，違反者すべてを処罰することは不経済であり，すべての犯罪者を刑事施設に拘禁した場合，拘禁によって犯罪者が被る不利益が与えた被害と不均衡である場合（たとえば，数百円の万引きのために何年も刑務所に収容され，家族に会うことができない等の場合を考えてみよう）も考えられる。

さらに，刑務所に入った人であっても，刑期が終われば，最終的に私たちの社会に戻ってくるものである。その時に社会がその人を受け入れないとしたら，行き場を失ったその人は再犯を行ってしまうかもしれず，そうすると社会に再び不利益を与えることになるかもしれない。また，犯罪を行う多くの人が社会的，心理的な負因を持った人なのであれば，その部分に対して援助を行うことで再犯を防ぎ，その人が社会に積極的な還元を行うことを手助けする意味があると考えられる。

■第6章 (86 ページ)

非行・犯罪のリスクアセスメントを適切に行うことで，そのリスクやニーズに対応した適切な処遇や治療を行うことが可能になり，犯罪者が再犯をする可能性を減らすことができる。よって，科学的な研究の成果基づいたリスクアセスメントの手法を開発し，社会に定着させていくことが，われわれの社会の安全を高めることに結びついているといえる。

■第7章（100ページ）

　精神疾患における世界共通の診断基準の一つである。Diagnostic and Statistical Manual Disorders 5th edition（DSM-5）の前文では「その人の行動制御能力の低下が診断の特徴である場合すら，診断を有すること自体が，特定の個人が特定の時点において自己の行動を制御できない（あるいはできなかった）ということを示しているわけではない」と注意喚起をしている。つまり一定の診断基準を満たしているからといって，それだけで限定的責任能力であると結びつけることはできない。診断を直接責任能力に結び付けずに「その精神障害によって，犯行時に全自我による意思決定がその程度，阻害されていたのかを吟味しなければならない」（古茶，2020）とすることが全体的傾向となっている。つまり統合失調症における幻覚妄想などの症状があるだけで，ただちに責任能力が減免されるわけではなく，その妄想がどの程度，犯罪の意図を反映しているか，またその犯罪行為が行われたときに，その程度，現実を検討する能力が保たれていたのか，それらを丁寧に評価することが大切である。

■第8章（114ページ）

1．正の強化の具体例：好みの女性が目の前にいる状況で，手を伸ばしてさわると，相手の女性にいつ騒がれるだろうかというスリルを感じた。

負の強化の具体例：好みの女性が目の前にいる状況で，手を伸ばしてさわると，ストレス解消ができてすっきりした。

2．回答例：「つまらないときに，違法薬物は気分転換になるから必要だと思う。……一方で，このまま続けては良くないと思い半月ほどやめていたこともあったのですね」

「このまま使い続けると，最悪の場合どうなってしまうと考えていますか……」

「半月の間やめられていたときは，どうしてやめ続けていられたのでしょうね……」

■第9章（130ページ）

1．回答には，さまざまなパターンがあり得る。可能であれば，自分の直感的な回答を作成したうえで，周囲の人と比べてみるとよい。周囲と比べることによって，犯罪者や処遇機関に対する自分の基本的な態度を認識することができ，そうした態度の違いが，ふだんの物事の判断に影響している可能性を考えることにつながる。

2．こちらも，さまざまな回答パターンがあり得る。一般的には，未成年者にはより改善更生を期待する割合が高く，成人には他を期待する割合をより高くすることが望ましいと考える人が多い。また，同じ成人でも，若年成人の場合や，高齢者の場合には異なる機能を期待すると考える人もいる。年齢以外に考慮すべき条件としては，知的障害や精神障害の有無，

疾病の有無，育ってきた環境の違い，事件に至った背景要因等が挙げられるだろう。

3.「老人法」が不要であるという回答では，年齢を犯罪の理由とすべきでないこと，仮に認知症や精神障害が犯罪の原因となっている場合には，公判段階において心神喪失または心神耗弱の対象となっているはずであるので，受刑が確定した場合には考慮する必要がないこと等が理由としてあり得る。

一方で，「老人法」が必要であるという回答では，高齢者の場合には，他の成人と同等の保安警備が不要な例が多いこと，刑罰よりも福祉的支援が必要な対象者が多いことなどが理由としてあり得る。ただし，高齢者の心身の状況には個人差が大きく，「少年法」以上に年齢による一律の適用は困難であると考えられる。年齢を適用基準としない場合には，心身の疾患の有無，認知症の有無，社会内での生活ぶり等が判断材料として想定され，それを判断する担当者としては，精神科医のほか心理師，社会福祉士等が適任と考えられる。さらに，「老人法」を適用するかどうかは，犯した犯罪の内容によって検討するべきだという意見も想定される。たとえば，万引きや無銭飲食等の財産犯については老人法を適用し，暴力行為や性犯罪については適用外とする，などの回答があり得る。

罪を犯した高齢者に必要な処遇は，本人への働きかけもさることながら，社会内で必要な支援を受けながら罪を犯さずに生活を続けるための枠組みづくりに重点を置くべき，ということに言及する回答もあるかもしれない。一方で，社会内には必要な介護が受けられなかったり，介護を受けるための施設に入所できなかったりするなどの事情を抱えた高齢者も多数いることから，彼らに対する支援の充実を並行して実施すべきであるという視点も重要といえる。このような高齢者全般に対する福祉的支援の充実化には，高齢者の犯罪を未然に防ぐ効果も期待される。

■第10章（142ページ）

犯罪や非行をした者に対する心理支援として用いられるリラプス・プリベンション技法において，違法薬物の具体的な使用場面や引き金（性行為等），性犯罪の犯行場面を思い出させることは，要支援者対象者の状態によっては渇望感を引き起こし，社会内では一時的に再犯のリスクを高めるおそれがある。しかし，矯正施設内ではこれが実際の犯行につながることはない。また，行動のモデリングについて理解を深めるために自身の被虐待経験等を想起させるなど心情不安定となる可能性もある介入でも，自傷・自殺を防ぐための必要な監視等がある矯正施設内ならば安全に行うことができる。他方，地域社会で再犯をしないための具体的な方策については，施設内処遇では基本的に想像することしかできず，実際の社会で日々変化する環境のなか，その取り組みの状況や成否をホームワークによりモニタリングするなど社会内処遇で行うほうがより効果的である。重要なのはいずれか一方の心理支援では

なく，施設内処遇と社会内処遇の特性を踏まえた役割分担をしつつ，両者が要支援対象者のため連携して一貫した支援がなされることである。

■第11章（152ページ）

　被面接者の記憶を汚染したり，回答を誘導したりしないよう注意する必要がある。そのためには，なるべく自由再質問や焦点化質問などのオープン質問を多く用いるようにし，面接者の側からは事件などに関する情報を出さないようにする配慮が求められる。

■第12章（164ページ）

1.　犯罪の被害者や遺族は，心身への影響に対する精神的支援のみならず，刑事手続きへの支援や経済的支援など，多岐にわたる支援が必要となる。現在，警察に被害届が出された出来事については，警察がカウンセリング費用の助成をする，あるいは被害者支援センターや性犯罪・性暴力被害者のためのワンストップ支援センターを紹介するなど，さまざまな支援の制度が存在する。また，刑事手続きに関する支援も，警察，検察，民間団体などいろいろな機関で制度が存在している。経済的支援については，犯罪被害者等給付金支援法の活用，あるいは各自治体の犯罪被害者支援に関する条例に基づいた制度なども活用可能である。しかし，いずれも支援を受けるためには条件があり，どのような被害でも受けられるわけではない。また，現在，自治体は条例の制定状況に差があり，受けられる支援も地域によって異なる。さまざまな支援制度はできているが，今後，それらの制度の一層の充実や質の向上，対象範囲の拡大が望まれる。

2.　警察の捜査段階では，たとえば，「被害者の手引」という，被害者が利用できる制度や各種相談機関をまとめた冊子を配布している。また，捜査状況や加害者の処分について事件を担当する捜査員が連絡を行う被害者連絡制度もある。その他，性犯罪・性暴力被害の場合は，担当する捜査員の性別について希望を伝えられるなど，いろいろな配慮がなされている。

■第13章（178ページ）

1.　子どもの気持ちを聴く理由については，子どもの権利条約第12条に規定されている「子どもの意見表明権」や近年注目を集めている「子どもアドボカシー（advocacy）」等で調べてみるとよい。留意することについては，子どもに責任を負わせないことのほかにも，子どもの話を誘導しないようニュートラルな質問を心がけること，必ずしも子どもの希望どおりにならない可能性があることをどのように説明するかなどが考えられる。

2.　面会交流の意義については，日本でもいくつかの研究があるので，それらを調べてみるとよい。面会交流を実施することが子どもの利益に反する場合の典型例は，別居親による子

どもへの暴力（虐待等）があった場合であるが，そのような事情はなく子どもが面会交流を拒んでいる場合を想定して，子どもの年齢，父母の葛藤の程度，これまでの父母との関係性などにより，場合分けをして考えてみてほしい。

執筆者紹介 (執筆順, ＊は編著者)

＊原 田 隆 之 （はらだ・たかゆき，筑波大学人間系教授）はじめに・第2章・第7章

大 渕 憲 一 （おおぶち・けんいち，東北大学名誉教授）第1章

寺 村 堅 志 （てらむら・けんじ，常磐大学人間科学部教授）第3章

小 板 清 文 （こいた・きよふみ，徳島文理大学人間生活学部非常勤講師）第4章

新 海 浩 之 （しんかい・ひろゆき，神奈川大学法学部教授）第5章

森 　 丈 弓 （もり・たけみ，甲南女子大学人間科学部准教授）第6章

白 坂 知 彦 （しらさか・ともひろ，手稲渓仁会病院精神保健科部長）第7章

嶋 田 洋 徳 （しまだ・ひろのり，早稲田大学人間科学学術院教授）第8章

浅 見 祐 香 （あさみ・ゆか，新潟大学人文社会科学系講師）第8章

朝比奈牧子 （あさひな・まきこ，法務省矯正研修所・効果検証センター長）第9章

谷 　 真 如 （たに・まさゆき，内閣サイバーセキュリティセンター参事官補佐官，法務省保護局専門官）第10章

大 塚 祐 輔 （おおつか・ゆうすけ，科学警察研究所犯罪行動科学部捜査支援研究室主任研究官）第11章

齋 藤 　 梓 （さいとう・あずさ，上智大学総合人間科学部准教授）第12章

直 原 康 光 （じきはら・やすみつ，富山大学学術研究部専任講師）第13章

監修者
――――

下山晴彦 （しもやま・はるひこ，跡見学園女子大学心理学部教授）

佐藤隆夫 （さとう・たかお，人間環境大学総合心理学部教授）

本郷一夫 （ほんごう・かずお，東北大学名誉教授）

編著者
――――

原田隆之 （はらだ・たかゆき）

東京大学大学院医学系研究科，博士（保健学）
現在：筑波大学人間系教授
主著：『入門 犯罪心理学』（ちくま新書）
　　　『公認心理師ベーシック講座 司法・犯罪心理学』（講談社）

公認心理師スタンダードテキストシリーズ⑲
司法・犯罪心理学

2024年2月1日 初版第1刷発行　　　〈検印省略〉

定価はカバーに
表示しています

監 修 者	下　山	晴　彦
	佐　藤	隆　夫
	本　郷	一　夫
編 著 者	原　田	隆　之
発 行 者	杉　田	啓　三
印 刷 者	坂　本	喜　杏

発行所　株式会社　ミネルヴァ書房
607-8494　京都市山科区日ノ岡堤谷町1
電話代表 (075) 581-5191
振替口座 01020-0-8076

© 原田ほか，2024　冨山房インターナショナル・新生製本

ISBN 978-4-623-08629-0

Printed in Japan

公認心理師スタンダードテキストシリーズ

下山晴彦・佐藤隆夫・本郷一夫　監修

全23巻

B5判／美装カバー／各巻 200 頁程度／各巻予価 2400 円（税別）

※黒丸数字は既刊

—— ミネルヴァ書房 ——
https://www.minervashobo.co.jp/